어른들의 문장력

어른들의 문장력

초판 1쇄 인쇄 2023년 10월 30일
초판 1쇄 발행 2023년 11월 6일

지은이 김옥림

펴낸이 박세현
펴낸곳 팬덤북스

기획 편집 김상희 곽병완
디자인 김민주
마케팅 전창열
SNS 홍보 신현아

주소 (우)14557 경기도 부천시 조마루로 385번길 92 부천테크노밸리유1센터 1110호

전화 070-8821-4312 | **팩스** 02-6008-4318
이메일 fandombooks@naver.com
블로그 http://blog.naver.com/fandombooks

출판등록 2009년 7월 9일(제386-2510020090000081호)

ISBN 979-11-6169-270-8 03700

어른들의 문장력

팬덤북스

글쓰기를 두려워하는 이들에게

말은 잘하면서도 글을 쓰라고 하면 어려워하는 이들이 많다. 왜 그러는 걸까.

이는 말과 글의 차이 때문이다. 말은 잘하든 못하든 상대방이 알아듣고 이해하면 된다. 물론 그렇다고 해서 조리 없이 말을 해도 괜찮다는 것은 절대 아니다. 어쨌든 말은 상대방이 듣고 이해하면 그 역할이 끝난다.

그런데 글은 그렇지 않다. 글은 짜임새 있고 논리에 맞게 써야 한다. 문법이라든가, 맞춤법이라든가, 어휘라든가 쓰고자 하는 글의 목적에 잘 맞게 써야 한다. 그런 까닭에 말을 잘하는 사람도 글 쓰는 것을 어려워하는 것이다.

글을 잘 쓰기 위해서는 타고나야 하지만, 재능이 없더라도 꾸준한 읽기와 사색과 글쓰기를 통해 얼마든지 실력을 기를 수 있다. 물론 시인이나 소설가와 같은 전문작가가 되기 위해서는 재능이 있어야 하겠지만, 그렇지 않은 일반 생활에서의 글쓰기는 어느 정도 잘하게 된다.

이렇게 자신 있게 말할 수 있는 건, 나는 30여 년 동안 문예창작과 일반 글쓰기를 강의해 왔다. 문예창작 수강생들 중엔 시인, 수필가, 동시, 동화 작가가 된 이들이 많다. 그리고 일반 글쓰기 수강생들 중에서도 꾸준한 글쓰기를 통해 실력을 키움으로써 작가가 된 이들도 있다.

여기서 주목할 것은 이들에겐 뚜렷한 두 가지 공통점이 있다는 것이다. 첫째는 최소한 3년 이상 꾸준히 강의를 듣고 글쓰기 공부를 했다. 둘째는 배움으로 끝난 것이 아니라 배운 대로 꾸준히 읽고, 생각하고, 쓰다 보니 자신도 모르는 사이에 글쓰기를 잘하게 되었다.

또한 일반 글쓰기 공부를 함으로써 자신이 필요로 하는 글을 능숙하게 쓸 수 있게 된 수강생들 역시, 글쓰기 공부에 오랜 시간을 들이고 공을 들였다. 그렇다. 글쓰기는 하루아침에 잘할 수 없다. 거듭 강조하지만 시간을 들이고 공을 들여 꾸준히 읽고, 생각하고, 써야 한다. 이는 글쓰기의 불문율不文律과도 같다. 그런 까닭에 살아가면서 자신이 필요로 할 만큼 글을 잘 쓰길 원한다면, 그만한 시간과 공을 투자해야 한다.

이 책은 글쓰기를 두려워하는 이들을 위해 쓴 책이다. 재미없고 딱딱한 이론서가 아니다. 오랜 글쓰기 강의를 바탕으로 하여 쓴, 나만의 개성과 글쓰기 노하우를 담은 백퍼센트 글쓰기의 실제實際라고 할 수 있다.

이 책만이 지닌 몇 가지 특징은 다음과 같다.

첫째, 각 장과 꼭지마다 필요한 이론만 살짝 다루고 읽는 것만으로도 쉽게 이해하고 따라 할 수 있도록 풍부한 예문을 두어 실제 글쓰기에 도움이 되게 했다. 둘째, 누구나 이해할 수 있도록 쉬운 말로 설명함으로써 읽는 사람으로 하여금 흥미를 갖도록 했다. 셋째, 맞춤법, 어휘력, 사자성어를 넣어 문해력과 문장력을 기르는 방법에 대해 구체적으로 밝혀 썼다. 넷째, 시, 수필, 소설, 감상문, 기행문, 동시, 동화 등 다양한 글쓰기에 대해 다루었음을 밝힌다.

기존의 글쓰기 책들과는 확연히 다르다는 것이 이 책만이 지닌 변별력이자 장점이라고 할 수 있다. 그런 까닭에 이 책 한 권이면 맞춤법, 어휘력은 물론 글쓰기 전반에 대해 두루

섭렵涉獵할 수 있을 것이다.

　끝으로 이 책이 글쓰기를 두려워하는 이들의 충실한 글쓰기 동무가 되어 주리라 믿으며, 이 책을 대하는 모든 이들이 자신이 바라는 대로 글쓰기를 즐기길 바란다.

김옥림

Chapter 1 _____

어른들의 맞춤법

Chapter 4

어른들의 글쓰기

Chapter 1 ─── 어른들의 맞춤법

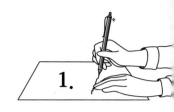

문장의 기본은
맞춤법이다

° 문장과 맞춤법

나는 오랜 글쓰기 강의를 통해 어른들이나 10대들이나 할 것 없이 맞춤법에 매우 취약하다는 것을 알았다. 그들이 쓴 글을 읽다 보면 흔히 쓰는 사소한 맞춤법도 많이 틀리게 썼다. 그것은 맞춤법의 중요성을 모르고 '뜻만 통하면 되지 뭐'라는 마음으로 아무렇지도 않게 글을 쓰기 때문이다.

물론 의식적으로 그렇게 쓴다고 생각하지는 않는다. 하나, 수강생이 바뀔 때마다 짠 것처럼 똑같은 현상이 일어나다 보니 매우 심각하다는 생각을 떨쳐 버릴 수가 없었다. 나는 수강생들이 쓴 글을 읽고 틀린 맞춤법을 일일이 교정 부호로 표시하며 고쳐 주었다. 그렇게 했는데도 수강생들의 맞춤법은 크게 달라지지 않았다.

나는 강의할 때마다 맞춤법의 중요성을 말하고, 글을 쓰고 나서는 반드시 여러 번 읽으면서 잘못 쓴 맞춤법이 있으면 사전을 찾아 가며 고치라고 강조하였다. 그렇게 6개월이 지나자 서서히 달라지기 시작했다. 맞춤법에 관심을 갖고 집중해서 글을 쓰기 시작한 것이다. 그 후 수강생들의 맞춤법 실력은 놀라우리만치 달라졌다.

"저는 글을 쓰면서 맞춤법에 대해 그다지 신경 쓰지 않고 썼어요."

"저는 글쓰기에서 맞춤법이 왜 중요한지 몰랐습니다."

"저는 글만 잘 쓰면 되는 줄 알았지, 맞춤법까지 잘해야 한다는 생각은 전혀 하지 않았어요."

수강생들은 글쓰기를 배우기 전에 가졌던 자신들의 생각이 얼마나 잘못되었는지를 솔직하게 말하며 부끄러운 듯 겸연쩍게 웃었다.

"여러분뿐만 아니라 대개의 사람들이 그러리라고 생각합니다. 백일장 심사를 하다 보면 글 내용은 좋은데 맞춤법이 많이 틀리더군요. 그것은 글을 쓰는 데 있어 맞춤법을 그다지 중요하게 여기지 않기 때문이지요. 보세요. 여러분들이 지금 이렇게 쓰기까지 6개월이나 걸렸습니다. 맞춤법 하나 고치는 데 이렇게 걸렸다는 것은 평소 맞춤법에 대해 무덤덤했다는 거예요. 맞춤법 하나만으로도 그 사람이 달라 보이는 법이지요. 아무리 학력이 높은 사람도 맞춤법이 틀리면 '많이 배웠다는 사람이 이런 것도 제대로 못 쓴단 말이야?' 하고 낮춰 보이게 되지요. 하지만 맞춤법만 잘 써도 "학교 다닐 때 국어 공부를 참 잘했나 봐요."라며 사람들이 말할 정도로 좋은 이미지를 심어 줍니다. 그러니 맞춤법을 잘 갖춰 글을 쓰기 바랍니다."

나는 이렇게 말하며 맞춤법의 중요성을 다시 한 번 강조하였다.

◦ 왜 맞춤법을 어렵다고 생각할까?

"여러분, '**일찍이**'와 '**일찌기**' 중 어느 것이 맞을까요?"

내 질문에 어떤 수강생이 손을 번쩍 들더니 자신 있게 말했다.

"저는 '**일찍이**'가 맞다고 생각합니다."

그러자 이번엔 다른 수강생이 말했다.

"저는 '**일찌기**'가 맞다고 생각합니다."

내가 두 수강생의 말을 듣고 "'**일찍이**'가 맞다고 생각하는 분들과 '**일찌기**'가 맞다고 생각하는 분들은 손들어 보세요."라고 말했더니 '**일찌기**'가 맞다고 생각하는 수강생이 더 많았다.

나는 "정해진 시간보다 이르다는 의미를 사용하는 부사는 **'일찌기'**가 아니라 **'일찍이'**가 맞습니다."라고 말하며 예문을 들어 설명하였다.

🎵 예문

오늘은 우리 도서관에서 안동에 있는 이육사 문학 기념관으로 문학기행을 가는 날이라 나는 **일찍이** 서둘러 집을 나섰다.

예문을 들어 주자 수강생들은 진지한 표정으로 메모하였다. 그런데 바로 그때 한 수강생이 말했다.

"아무리 잘 쓰려고 해도 어떤 것은 맞춤법이 틀리거든요. 그런데 틀리는 것만 계속 틀리게 되더라고요. 그러다 보니 맞춤법이 어렵다는 생각이 들어 글 쓰는데 자신감이 떨어졌어요."

수강생의 말을 듣고 나는 이렇게 말했다.

"꼭 틀리는 맞춤법이 틀리다 보니 어렵게 느껴지는 겁니다. 생각해 보세요. 지금은 맞춤법을 맞게 했더라도 다음에 쓸 땐 또 틀리니까 '아, 맞춤법은 어려운 건가 보구나.' 하고 스스로가 단정지어 버리는 겁니다. 그러니까 자신감을 잃고 어렵다고 느끼는 거지요. 분명히 말하지만 맞춤법이 틀리는 건 어려워서가 아니라, 제대로 익히지 않았기 때문이에요. 머리에 깊이 인식되도록 저장해 놓으면 좀처럼 틀리지 않습니다. 그렇게 하기 위해서는 반복적으로 꾸준히 쓰는 연습을 해야 합니다."

내 말에 수강생들은 고개를 끄덕이며 수긍하였다.

그렇다. 맞춤법은 어려운 것이 아니다. 그만큼 관심을 갖지 않기 때문에 어렵게 느껴지는 것이고, 대충 넘어가니까 중요성을 갖지 못할 뿐이다.

맞춤법 하나만으로도 자신의 이미지를 좋게 할 수도 있고, 부정적인 이미지를 심어 주기도 한다. 그러니 어찌 맞춤법을 소홀히 할 수 있겠는가.

모든 것은 정성이 들어가야 그만한 효과를 보게 되는 것이다. 자신이 잘 틀리거나 모른다고 생각되는 맞춤법을 한번 점검해 보라. 그리고 꾸준히 반복해서 써 보라. 그렇게 하다 보면 맞춤법을 익히게 되고, 그렇게 해서 익힌 맞춤법은 좀처럼 틀리지 않고 잘 쓰게 된다.

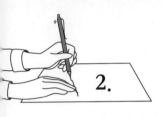

2.

한 편의 글과
맞춤법의 예

글을 쓰다 보면 자신도 모르게 맞춤법을 틀리게 쓰는 경우
가 많다. 이럴 경우 알면서도 틀리면 퇴고할 때 고치면 된다.
하지만 몰라서 틀린다면 문제가 된다. 이럴 경우 공부를 통해
서라도 반드시 익혀야 한다. 그렇지 않으면 맞춤법 하나 제대
로 모른다고 스스로 무식을 드러내는 것과 같다.

다음 글을 읽고 맞춤법이 잘못된 곳이 어디에 몇 개나 되는
지 한번 찾아 보라. 그래서 자신의 맞춤법 실력이 어느 정도
되는지, 스스로 진단하는 것도 맞춤법을 이해하는 데 큰 도움
이 된다.

🖋 예문 1

서울에 급한 볼일이 있어 고속버스에 몸을 실었습니다. 급한 원고를 쓰느라 여러 날 잠을 줄였더니 몸은 연신 휴식을 취하라고 신호를 보냈습니다. 하지만 그럴 수 없다 보니 어쩔 수 없이 서울길에 나선 것입니다. 나는 무거운 머리를 창가에 기대고 눈을 감았습니다. 눈을 감는 순간 아득해지며 파도처럼 잠이 밀려왔습니다. 나는 그대로 잠들어 버렸습니다.

내가 잠에서 깨어났을 때 이상한 느낌이 들었습니다. 마치 베개를 밴 것처럼 머리가 편안했던 것입니다. 나는 살며시 눈을 떴습니다. 그 순간 정신이 번쩍 들었습니다. 염치없게도 옆 사람 어깨에 내 머리가 기대져 있었습니다. 그것도 20대 후반의 아리따운 아가씨였던 것입니다. 차가 출발하기 전엔 내 옆자리에 아무도 없었는데 내가 잠든 사이에 앉았던 모양입니다.

나는 무안한 마음에 얼른 자세를 고쳐 앉아 말했습니다.

"아가씨, 미안해요. 나도 모르게 그만 결례를 했군요."

"아닙니다. 너무 피곤하신 것 같아 잠시 제 어깨를 빌려드린 것뿐이에요."

아가씨는 이렇게 말하며 빙그레 웃었습니다. 그 모습이 참 밝고 고왔습니다.

"본의 아니라서 매우 난처했었는데 그렇게 말해주니 참 고맙군요. 아가씨가 어깨를 빌려준 덕에 피로도 풀리고, 기분이 흐뭇하네요."

나는 아가씨의 마음 씀씀이가 너무도 고마워 이렇게 말했습니다.

"별일도 아닌데 그렇게 말씀하시니 제가 막 무안해 지려고하네요."

"하하, 그래요? 아가씨 예쁜 마음에 오늘 하루가 참 행복할 것 같군요. 정말 고마워요."

나는 이렇게 말하며 다시 한 번 고마움을 전했습니다.

서울에 도착하여 일을 보는 내내 마음이 참 유쾌했습니다. 마음이 즐거우니 일도 잘 보았습니다. 일을 마치고 나자 아침에 있었던 일이 생각났습니다. 요즘 젊은 사람 같지 않은 보기 드문 아가씨였습니다. 내가 무안해 할까봐, 어깨를 빌려주었다고 말하는 그 센스 있는 배려가 참 따뜻하고 고마웠습니다. 아가씨의 앞날에 좋은 일만 있기를 바랐습니다.

누군가가 고마움을 갖게 한다는 것은 스스로를 복되게 하는 일입니다. 그런 행동은 몸과 마음이 잘 가꾸어진 사람이나 할 수 있지요. 누군가가 감사하고 고마워할 수 있는 사람이 되도록 몸과 마음을 잘 가꾸어야 하겠습니다.

이는 〈어깨를 빌려주다〉라는 에세이다. 글쓴이가 무안해하지 않도록 배려하는 아가씨의 고운 마음씨가 잘 나타나 읽는 이들의 마음을 참 따뜻하게 한다. 마치 한 편의 짤막한 드라마를 본 듯 여운을 준다.

이 글에는 두 개의 틀린 낱말이 있다. 하나는 일곱째 줄 뒷부분에 있는 '밴'이고, 또 하나는 아래에서 네 번째 줄 뒷부분에 있는 '**바랬습니다**'이다.

베개를 '**밴**'은 베개를 '**벤**'으로 해야 한다. '**베다**'는 '누울 때, 베개 따위를 머리에 받치다', '날이 있는 연장으로 무엇을 끊거나 자르거나 가르다'라고 쓸 때 쓰는 말이다. 반면에 '**배다**'는 '스며들거나 스며나오다', '버릇이 되어 익숙해지다' 등에 사용하는 말이다.

'**바랬습니다**'는 '**바랐습니다**'로 해야 한다. '**바라다**'는 '생각이나 바람대로 어떤 일이나 상태가 이루어지거나 그렇게 되었으면 하고 생각하다'를 뜻하는 말이다. 그러나 '**바래다**'는 '볕이나 습기로 인해 색이 변하다'라는 뜻이다.

🖋 예문 2

일주일 동안 집을 비운 후, 집에 오자 정원의 풀들이 한 뼘이나 자라 있었다. 나는 옷을 갈아입고 낫으로 풀을 **베었다**. 그러고 나니 이발을 한 듯 산뜻하니 보기가 좋았다.

이번 승진 시험에 꼭 합격되길 간절히 **바랐다**. 그랬더니 내 바람대로 승진하였다. 그 날 하루는 큰 선물을 받은 듯 내내 행복한 마음으로 보냈다.

'~을 베다'와 '~을 바라다'는 우리가 흔히 쓰는 말이지만, 잘 혼동함으로써 많이 틀리는 맞춤법 가운데 하나이다. 이를 응용해서 문장 꾸며 쓰는 연습을 꾸준히 하면 맞춤법을 익힘은 물론, 자신감을 기르는 데 큰 도움이 될 것이다.

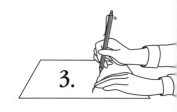

3.

자주 실수하고
혼동하기 쉬운 맞춤법

　글을 쓰다 보면 자주 실수하고 혼동하는 낱말이 꼭 있다. 그럴 땐 참 난감하다는 생각이 든다. 그래서 '내가 이런 것도 잘 모르다니.' 하는 자괴감이 들기도 한다. 그러나 그렇다고 해서 글을 안 쓸 수는 없다.

　맞춤법도 운동과 같은 원리이다. 운동을 꾸준히 해야 실력이 늘듯 맞춤법도 꾸준히 연습하는 것 밖에 없다.

　다음 소개하는 예문에 주목해 주기 바란다. 여기에 소개하는 예문은 실제 글쓰기에 있어 도움이 되는 다양한 맞춤법과 그 사례들이다. 이 예문들을 통해 꾸준하게 연습한다면 쉽게 이해하게 됨으로써 맞춤법 공부에 큰 도움이 될 것이다.

◦ '정확하다'와 '적확하다'

'**정확하다**'는 '바르고 확실하다'를 뜻하고, '**적확하다**'는 '정확하게 맞아 조금도 틀리지 아니하다'는 뜻이다. 그런데 대개의 사람들은 '**정확하다**' 낱말은 알아도 '**적확하다**'는 잘 모르는 것 같다.

'**적확하다**'에서 '**적**的'은 '과녁 적'을 뜻하는 한자어다. 그러니까 '**적확**的確**하다**'는 말은 '화살이 과녁 중심에 한 치의 어긋남도 없이 명중했다'는 의미이다.

> **정확하다**: "김 선생님, 이번 세미나 날짜가 **정확히** 언제 입니까?"
> **적확하다**: 자신의 의견을 말할 땐 **적확하게** 표현해야 효과적이다.

◦ '않' 과 '안'

'**~않**'은 동사나 형용사 아래에 붙어 부정의 뜻을 더하는 보조 용언 '~아니하다'의 줄임말이고, '**안**'은 부정 또는 반대의 뜻을 나타내는 부사 '아니'의 줄임말이다. 둘 다 부정을 뜻하지만 이 말 또한 사람들이 많이 헷갈려 한다. 다음 예문을 통해 나름대로 문장을 꾸며 쓰며 연습한다면 충분히 구별하게 됨으로써 잘못 쓰는 우를 범하지 않게 될 것이다.

않: "당신이 아무리 그렇게 말할지라도 내 마음은 결코 변하지 **않** 아요. 그러니까 내 말 절대 허투루 듣지 마세요."

안: "김 과장, 오늘 발표날인데 자료를 **안** 가져오면 어떡합니까?"

◦ '겸연쩍다'와 '계면쩍다'

실수를 하거나 잘못을 했을 때 미안한 마음에 어색한 웃음을 짓게 된다. 이때 쓰는 말이 '**겸연쩍다**'와 '**계면쩍다**'이다. 이 말은 '쑥스럽거나 미안하여 어색하다'는 뜻이다. 이 중 어느 말이 맞춤법에 맞는 말일까. 답은 '**겸연쩍다**'이다. 그런데 많은 사람들이 '**계면쩍다**'라는 말을 많이 쓴다. '**계면쩍다**'는 말은 '**겸연쩍다**'가 변한 말로 '**겸연쩍다**'로 해야 한다.

상담 중에 고객이 차를 마시다 실수로 찻잔을 잘못 건드리는 바람에 차를 쏟았다. 그로인해 찻물이 내 바지에 묻고 말았다. 순간 고객은 당황한 얼굴로 "죄송합니다."라고 말하며 **겸연쩍어**했다.

◦ '부딪치다'와 '부딪히다'

'**부딪치다**'는 '무엇과 무엇이 힘 있게 마주 닿거나 마주

대다. 또는 닿거나 대게 하다'라는 뜻을 가진 **'부딪다'**를 강조하는 뜻으로 쓰이고, **'부딪히다'**는 **'부딪다'**의 피동사로 그 의미를 나타낸다.

'부딪치다'와 **'부딪히다'**는 주어의 행위가 능동인지 피동인지에 따라 달리 쓰이는데, **'부딪치다'**는 주어가 능동적으로 부딪는 행위를 한 경우에 사용하고, **'부딪히다'**는 주어가 부딪는 행위를 당한 경우에 사용한다.

> **부딪치다**: 나는 길을 가다 잠시 한 눈을 파는 사이, 길가에 세워둔 자전거와 **부딪쳤다.**
>
> **부딪히다**: 지나가는 수레에 **부딪혀** 넘어졌다.

∘ '더욱이'와 '더우기'

사람들이 흔히 쓰는 말 중 잘못 알고 사용하는 말 중에는 **'더욱이'**와 **'더우기'**가 있다. 이 중 어느 것이 정답일지 묻는다면 이 중 맞는 말은 **'더욱이'**로, '그러한데다가 더'를 뜻하는 말이다.

> 돈을 잃는 것도 좋은 일은 아니지만, **더욱이** 건강을 잃는 것은 더 안 좋은 일이다.

◦ '못하다'와 '못 하다'

'못하다'는 능력이 부족하다는 것을 의미하고, '못 하다'는 뒤에 오는 서술어를 부정할 때 사용한다. 그런데 많은 사람들이 이를 매우 헷갈려하는 것을 볼 수 있다. 다음 예문을 통해 나름대로 문장을 꾸며 쓴다면, 헷갈림으로부터 벗어날 수 있다.

못하다: "비록 나는 당신보다 실력은 **못하지만,** 사람들과의 소통 능력은 더 낫습니다."
못 하다: 오늘 몸이 아파서 직장을 가지 **못 했다.** 그랬더니 퇴근 후 동료들이 내가 좋아하는 치킨을 잔뜩 사들고 병문안을 왔다.

◦ '다르다'와 '틀리다'

'다르다'는 비교가 되는 두 대상이 서로 같지 않음을 뜻하고, '틀리다'는 사실과 다르거나 그릇될 때 사용한다.

다르다: 상대방의 생각이 나와 **다르다고** 비판하는 것은 옳지 못하다.
틀리다: 오늘 자동차 운전면허 학과시험을 보았는데 두 문제가 **틀렸지만** 기분은 썩 좋았다.

∘ '깨치다'와 '깨우치다'

'**깨치다**'는 모르던 것을 알게 되는 것을 말하고, '**깨우치다**'는 잘못을 깨닫도록 가르쳐 주는 것을 의미한다.

깨치다: 잘 모르는 수학문제도 공식을 **깨치면** 쉽게 풀 수 있다.

깨우치다: 나는 무심코 하는 내 행동이 잘못된 것인지 잘 몰랐다. 그런데 오늘 선생님께서 기분 나쁘지 않게 내 잘못을 **깨우쳐** 주셨다.

∘ '왠'과 '웬'

'**왠**'은 '왜인지'의 줄임말로 '왠지'라고 쓸 때만 사용한다. '**웬**'은 '어찌된' 또는 '어떠한'의 뜻으로 '왠지'를 제외한 모든 경우에 사용한다.

왠지: 내일 결혼식이라고 생각하니 **왠지** 가슴이 설레 잠을 못 이뤄 가만히 일어나 어릴 때 사진첩을 들춰 보았다.

웬: 그녀를 만나고부터 **웬일인지** 그녀만 보면 귓불이 발개질 정도로 가슴이 두근거렸다.

∘ '사용하다'와 '이용하다'

'**사용하다**'는 일정한 목적이나 기능에 맞게 활용하는 것을 의미하고 '**이용하다**'는 대상을 필요에 따라 이롭게 사용하는 것을 의미한다. 그런 까닭에 글에서 '쓰다'라는 의미가 주가 되는 경우에는 '**사용하다**'를 쓰고, '이롭게'라는 의미가 포함된 '이롭게 쓰다'라는 뜻이 나타나는 경우에는 '**이용하다**'를 쓰면 된다.

사용하다: 영화를 볼 때는 핸드폰을 **사용하면** 안 된다. 그것은 영화를 보는 사람들에게 큰 결례가 되기 때문이다.

이용하다: 새로 이사한 아파트 근처에 지하철이 있어 별 다른 일이 없으면, 주로 지하철을 **이용한다.** 지하철을 이용하다 보니 많이 걸을 수 있어 건강에도 좋고, 경제적으로도 절약이 되어 이곳으로 이사 오길 잘했다고 만나는 사람들에게 말하곤 한다.

∘ '비키다'와 '비끼다'

'**비키다**'는 무언가를 피해 옆으로 방향을 바꾸는 것을 의미한다. '**비끼다**'는 비스듬히 놓이거나 늘어지는 것을 의미한다.

비키다: 나는 문화의 거리를 걸어갈 때 사람들이 워낙 많아 부딪치지 않으려고 이리저리 **비켜가며** 걸었다.

비끼다: 우리나라와 독일의 축구 경기가 열렸다. 그런데 아쉽게도 우리 선수가 찬 공이 골대를 살짝 **비껴갔다.**

◦ '거치다'와 '걷히다'

'**거치다**'는 도중에 어디를 지나거나통과하거나 들르다는 의미이다. '**걷히다**'는 안개나 구름처럼 가려져 있는 무언가가 흩어져 없어진다는 의미이다.

거치다: 우리 가족은 이번 여름휴가 때 외할머니 댁이 있는 대전을 **거쳐** 부산 해운대로 갈 겁니다.

걷히다: 한 치의 앞도 분간하지 못할 만큼 짙은 안개가 **걷히고** 나니 저 멀리 치악산이 보이기 시작했다.

◦ '몇일'과 '며칠'

"오늘, 몇일인가요?"라고 쓰는데, '**몇일**'은 잘못된 표현이며, '**며칠**'로 표현해야 한다.

"김선희 씨, 생일이 **며칠**인가요?"

"엄마, **며칠** 후에 갈게요. 그러니 걱정하지 마세요."

◦ '달리다'와 '딸리다'

'**달리다**'는 능력이나 힘이 모자라는 것을 의미한다. '**딸리다**'는 어떤 것에 매이거나 붙어 있는 것을 말하거나, 어떤 부서나 종류에 속한 것을 의미한다.

달리다: 작년에만 해도 잘 몰랐는데 올해 들어서는 힘이 **달린다**는 것을 부쩍 느낀다.

딸리다: 새로 이사한 집에는 화장실이 세 개나 **딸려있다**.

예문을 들어 맞춤법을 이해하기 쉽게 설명하였다. 맞춤법 하나를 놓고 보면 이해가 잘 안되는 것도 예문을 들어 보이면 이해를 하는 데 큰 도움이 된다.

다시 한 번 말하지만 맞춤법을 잘하기 위해서는 어렵다는 생각을 마음으로부터 지워야 한다. 앞의 예문처럼 자기 나름대로 맞춤법을 사용하여 꾸준히 연습해 보라. 그렇게 하다 보면 어느 날부터인가 자연스럽게 머릿속에 기억으로 남게 될 것이다.

그렇다. 연습만이 최선의 방법이다. 연습을 하는 만큼 맞춤법을 잘 사용하게 될 것이다.

알아 두면
유익하게 써먹는 맞춤법

앞에서도 잠시 언급했지만 맞춤법은 어려운 것이 아니라, 관심을 갖고 하지 않기 때문에 어렵다고 착각하는 것이다. 물론 혼동하거나 실수하기 쉬운 것들이 더러 있지만, 이 또한 익히기 연습을 꾸준히 한다면 얼마든지 잘할 수 있다.

이 글에선 알아 두면 유익하게 써먹는 맞춤법을 정리해 보았다. 우리가 흔히 쓰는 것을 위주로 해서 쉽게 활용할 수 있다. 여기에 소개하는 예문처럼 자신이 나름대로 문장을 꾸며 꾸준히 연습한다면 맞춤법은 어려운 것이 아니라는 것을 깨닫게 될 것이다.

◦ 문장으로 꾸며 쓴, 유익하게 써먹는 맞춤법의 예

(1) '부치다'와 '붙이다'

'부치다'는 물건을 보낸다는 의미이다. '붙이다'는 벽에다 물건을 부착하는 것을 말한다.

부치다: 오늘 우체국에 가서 시골에 계신 어머니께 소포를 **부쳤다.**

붙이다: 선거철이 되자 벽마다 포스터가 다닥다닥 **붙여져** 온 동네가 산만하였다.

(2) '반드시'와 '반듯이'

'반드시'는 '틀림없다'라는 의미이고, '반듯이'는 '올바르다'는 말이다.

반드시: 우리 팀이 해체가 되지 않으려면 이번엔 **반드시** 우승해야 한다.

반듯이: 반듯한 자세는 몸의 균형을 이뤄 건강에 도움을 준다.

(3) '~을'과 '~를'

'을'은 앞의 명사에 받침이 있을 때 사용하고, '를'은 앞의 명사에 받침이 없을 때 사용한다.

을: 아내와 백화점에 가서 그녀가 좋아하는 **가방을** 사 주었더니, 너무도 좋아하여 내 마음이 참 흐뭇하였다.

를: 아내가 아침부터 **나를** 위해 내가 좋아하는 팥죽을 쑤었다. 두 그릇이나 비울 만큼 참 맛있었다.

(4) '~이' 와 '~히'

① '~이'로 적는 형용사와 부사: 간간이, 겹겹이, 깨끗이, 굳이, 같이, 깊숙이

지방으로 내려간 친구에게 **간간이** 소식이 오더니, 무슨 일이지 한참 동안이나 소식이 없다.

날씨가 너무 추워 **겹겹이** 옷을 입었더니, 몸이 둔해 일하는 데 아주 불편했다.

손을 씻을 땐 비누칠을 하고 흐르는 물에 여러 번 **깨끗이** 씻어야 한다.

그가 **굳이** 왜 그렇게 해야만 하는지 난 도저히 이해가 되지 않았다.

"나와 **같이** 갈 사람은 내일 아침 8시까지 우리 집 앞으로 오도록 해."

나는 아버지께서 주신 땅문서를 금고 **깊숙이** 넣었다.

② '~히'로 적는 부사: 급히, 속히, 꼼꼼히

아침에 **급히** 서두르다 보니 그만 도장을 놓고 왔다.

나는 네가 **속히** 어려움에서 벗어나길 간절히 바란다.

"무슨 일을 할 땐 **꼼꼼히** 잘 살펴 가며 해. 그래야 탈이 없는 법이야."

(5) '미처'와 '미쳐'

'**미처**'는 아직 제대로 못했다는 의미이고, '**미쳐**'는 '미치어'의 준말로 '미치다'라는 의미이다.

> **미처:** "제가 오늘 **미처** 일을 끝내지 못했습니다. 야근을 해서라도 내일 아침까지는 완벽하게 해 놓겠습니다."
>
> **미쳐:** 우리 팀 김 과장의 잘못으로 인해 큰 손해를 보았다. 그 소식을 들은 사장은 **미쳐** 날뛰며 소리쳤다.

(6) '~하는데' 와 '~하는 데'

'**~하는데**'는 앞과 뒤의 말이 연결될 때 쓰이는 말이고, '**~하는 데**'는 장소나 일을 의미할 때 사용한다.

> **~하는데:** 골프를 **하는데** 갑자기 소나기가 내리기 시작했다.
>
> **~하는 데:** "여기 한우 곰탕 잘 **하는 데**는 어디입니까?"

(7) '가리키다'와 '가르치다'

'**가리키다**'는 위치나 물건을 알려주는 것을 의미하고, '**가르치다**'는 지식을 알려주는 것을 의미한다.

가리키다: 내가 찾는 곳을 묻자 어르신께서 말없이 오른손으로 학교 방향을 **가리켰다.** 나는 감사하다는 인사를 드린 후 부리나케 어르신이 **가리킨** 곳으로 달려갔다.

가르치다: 아내는 고등학교에서 국어를 **가르친다.**

(8) '반대로'와 '거꾸로'

'**반대로**'는 두 사물의 모양, 위치, 방향, 순서 등이 등지거나 의견이 서로 맞서는 것을 의미한다. '**거꾸로**'는 차례나 방향, 형편 따위가 반대로 되어진 경우에 사용한다.

반대로: 새로운 직장은 우리 집에서 **반대** 방향에 있다. 그러다 보니 처음 얼마 간은 출근할 때 가끔 헷갈리기도 했다.

거꾸로: 올해 들어 할아버지께서는 가끔 바지를 **거꾸로** 입곤 하신다. 그 모습을 볼 때마다 짜르르 가슴이 저려온다.

(9) '~던지'와 '~든지'

'**~던지**'는 과거에 있었던 일을 말할 때 사용하고, '**~든지**'는 둘 중 하나를 선택할 때 사용하거나 아무 상관없을 때 사용한다.

~던지: 어제는 비가 얼마나 **오던지** 퇴근 때 온통 옷이 다 젖었다.

~든지: "이 일을 **하든지 말든지** 알아서 해. 하지만 하는 게 좋지

않을까?”

⑽ '갖은'과 '가진'

'갖은'은 '갖다'라는 서술어의 형용사로 많은 것을 의미한다. '가진'은 '가지다'라는 의미이다.

> **갖은**: 그는 **갖은** 고생을 한 끝에 지금의 회사를 이룰 수 있었다.
> **가진**: 그는 많은 부를 **가진** 억만장자이지만, 인색하기 짝이 없다.

⑾ '다리다'와 '달이다'

'다리다'는 구김이나 주름을 펴기 위해 다리미 등으로 문지르는 것을 의미하는 말이다. '달이다'는 액체 따위를 끓여서 줄이는 행위를 뜻하는 말이다.

> **다리다**: 나는 군대에서 배운 솜씨로 아내의 블라우스를 깔끔하게 **다려** 주었다. 그랬더니 출근 준비로 바쁜 아내가 너무나 좋아하였다.
> **달이다**: 아내는 장인어른의 한약을 정성껏 **달여** 가져다 드렸다. 그래서일까, 일주일 후 장인어른은 자리를 툭툭 털고 일어나셨다.

⑿ '묻히다'와 '무치다'

'묻히다'는 가루, 풀, 물 따위가 그보다 큰 다른 물체에 '묻다'는 것을 의미한다. '무치다'는 나물 등을 양념과 골고루 한데 뒤

섞는 것을 의미한다.

묻히다: 그림을 그리다 실수로 물감을 옷에 **묻히고** 말았다.
무치다: 김장을 담글 때는 양념을 골고루 잘 섞어서 **무쳐야** 간이
잘 배어서 맛이 좋다.

⑬ '~튼'과 '~케'

'**아무튼**'은 의견이나 일의 성질, 형편, 상태 따위가 어떻게
되어 있든, 같다는 의미로 쓰이는 말이다.

"시작이 반이라는 말이 있듯 **아무튼** 일은 시작하고 볼 일이야."

'**여하튼**'은 '어떻게 됐든지, 어떤 상황에서도'와 같은 의미
로 쓰이는 말이다.

"**여하튼** 이왕 할 거면 어서 하기나 해. 하다 보면 길이 열리겠지."

'**하여튼**'은 '어쨌든, 요컨대'와 같은 의미로 쓰이는 말이다.

"해 보지도 않고 그래? **하여튼** 해 봐. 그러면 다 방법이 생길 거야."

'**부리나케**'는 '서둘러서, 아주 급하게'라는 의미로 쓰이는

말이다.

"**부리나케** 가면 지금도 늦지 않았어. 그러니 어서 빨리 가렴."

⑭ '이따가'와 '있다가'

'**이따가**'는 '시간이 조금 지난 뒤에'라는 의미이다. '**있다가**'는 '어느 장소에서 벗어나지 않고 머물다'라는 의미이다.

이따가: "지금 바쁘니 조금 **이따가** 오세요."
있다가: "조금만 그 곳에 더 **있다가** 와. 곧 일이 끝날 거야."

⑮ '저리다'와 '절이다'

'**저리다**'는 피가 잘 통하지 않아 다리가 찌릿찌릿할 때, 몸의 어느 부위가 통증으로 일 때 사용한다. '**절이다**'는 '소금 등이 배어들다, 간이 배게 할 때'라는 의미이다.

저리다: 어제 자전거를 타다 넘어진 다리가 욱신욱신 거리며 **저렸다.**
절이다: 김치를 할 때는 배추에 소금이 잘 배도록 **절여야** 한다. 그래야 간이 골고루 배어 맛있는 김치가 되기 때문이다.

◦ OX로 배우는 맞춤법의 예

(1) '굳이'와 '굿이'

'**굳이**'는 '단단한 마음으로 굳게'와 '고집을 부려 구태여'라는 의미를 지닌 말로 '고집을 부려 구태여 안 와도 되는데'라는 의미로 사용한다.

굳이 안 와도 되는데다 (O)　굿이 안 와도 되는데 (X)

(2) '굳다'와 '궂다'

'**굳다**'는 무른 물질이 단단하게 되다, 근육이나 뼈마디가 뻣뻣하게 되다, 흔들리거나 바뀌지 않을 만큼 힘이나 뜻이 강하다는 의미이다. '**궂다**'는 비나 눈이 내려 날씨가 나쁘다, 언짢고 나쁘다는 의미이다.

심술굳게 굴지 마 (X)　**심술궂게** 굴지 마 (O)
시멘트가 **굳다** (O)　　시멘트가 궂다 (X)

(3) '닿다'와 '닫다'

'**닿다**'는 어떤 물체가 다른 물체에 맞붙어 사이에 빈틈이 없게 되다, 어떤 곳에 이르다, 소식이 전달된다는 의미이고 '**닫다**'는 열린 문짝, 뚜껑, 서랍 따위를 제자리로 가게 하여

막다, 하루 영업을 마치다, 입을 굳게 다물다는 의미이다.

손끝에 **닿다** (O)　　손끝에 닫다 (X)

현관문을 닿다 (X)　　현관문을 **닫다** (O)

(4) '사글세'와 '삯월세'

'사글세'는 남의 집이나 방을 빌려 살면서 다달이 내는 임대료를 의미하는 말이다. 삯월세에서 '**삯**'은 일을 시키고 그 대가로 지불하는 품값을 의미한다. 사람들 중엔 사글세를 삯월세로 알고 있는 사람들이 많다. 답은 아래와 같다.

사글세 (O)　삯월세 (X)

(5) '어떻게'와 '어떡해'

'**어떻게**'는 '어떻다'의 활용어로 부사로 쓰인다. 의견, 성질, 형편, 상태 따위가 어찌 되어 있다는 의미이다. '**어떡해**'는 어떠하게 하다가 줄어든 말로 주로 문장의 서술어로 쓰인다.

"**어떻게** 하는 게 좋겠어?" (O)　　"어떡해 하는 게 좋겠어?" (X)

"큰 소리로 떠들면 어떻게 해?" (X) "큰소리로 떠들면 **어떡해?**" (O)

(6) '파이다'와 '패이다'

'**파이다**'는 '파여 구멍이 생기다' 라는 의미이고. '**패이다**'는 '**파이다**'를 잘못 알고 쓰는 말이다.

여러 날째 온 비로 인해 길바닥에 큰 구멍이 **파였다.** (O)
여러 날째 온 비로 인해 길바닥에 큰 구멍이 패였다. (X)

(7) '괜스레'와 '괜시리'

'**괜스레**'는 '아무런 까닭이나 실속이 없게'라는 의미를 지닌 부사이다. '**괜시리**'는 '**괜스레**'를 잘못 알고 쓰는 말이다.

노을에 붉게 물든 하늘을 보면 **괜스레** 눈물이 나 (O)
노을에 붉게 물든 하늘을 보면 괜시리 눈물이 나 (X)

(8) '쐬다'와 '쐐다'

'**쐬다**'는 '연기, 햇빛 따위를 얼굴이나 몸에 직접 받다'라는 의미이다. '**쐐다**'는 '기울다, 쌔다'라는 방언으로 쓰인다. 또한 '**쏘이다**'의 줄임말로도 쓰인다.

저녁바람을 **쐬다** (O)   저녁바람을 쐐다 (X)
벌에 쐬다 (X)   벌에 **쐐다** (O)

⑼ '좇다'와 '쫓다'

'**좇다**'는 꿈, 목표, 이상, 행복 등 눈에 보이지 않는 것을 따라 갈 때 사용하고, '**쫓다**'는 어떤 대상을 잡거나 만나기 위하여 뒤를 급히 따르거나, 밀려드는 졸음이나 잡념 따위를 물리치는 등 눈에 보이는 걸 따라가거나 어떠한 것을 물리칠 때 사용하는 말이다.

나는 꿈을 **좇아** 살 거야 (O)   나는 꿈을 쫓아 살 거야 (X)

어서 빨리 그를 좇아 가 (X)   어서 빨리 그를 **쫓아** 가 (O)

⑽ '해이하다'와 '헤이하다'

많이 실수하고 혼동하는 맞춤법 가운데 '**해이하다**'와 '**헤이하다**'가 있다. '**해이하다**'는 '긴장, 규율 따위가 풀려 마음이 느슨해지다'라는 뜻을 나타낼 때 사용한다. '**헤이하다**'는 '**해이하다**'의 잘못된 표기이다.

시험이 코앞인데 그렇게 **해이하게** 행동해서는 안 된다. (O)

시험이 코앞인데 그렇게 헤이하게 행동해서는 안 된다. (X)

'문장으로 꾸며 쓴 유익하게 써먹는 맞춤법의 예'와 'OX로 배우는 맞춤법의 예' 등 두 가지 관점에서 맞춤법에 대해 알아 보았다. 이 예문에서 보듯 맞춤법은 낱말이 대개 비슷비슷하다는 것을 알 수 있다. 그런데 쓰이는 의미는 비슷해도 조금씩 다르기도 하고, 완전히 다르기도 하다. 이로 인해 혼동하거나 실수하기 쉽다. 또 그런 까닭에 대개의 사람들이 맞춤법이 어렵다고 말하는 것이다.

그렇다면 어떻게 해야 맞춤법의 어려움에서 벗어날 수 있을까. 그것은 앞에서도 말했듯이 꾸준히 문장꾸미기 연습을 함으로써 머리에 각인될 수 있도록 해야 한다. 특히, 더러 어렵다고 느끼는 맞춤법은 더더욱 연습이 필요하다는 것을 간과해서는 안 된다.

그렇다. 꾸준한 연습으로 맞춤법의 두려움의 사슬에서 벗어나길 바란다. 맞춤법 하나만 잘해도 어딜 가든, 많이 알고 잘 배운 사람처럼 여김을 받게 될 것이다.

Chapter 2 ———— 어른들의 어휘력

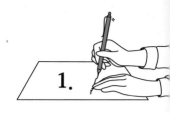

문장력의 내공은
어휘력이 결정한다

글에는 그 글을 쓴 사람의 인품과 배움과 가치관과 삶을 바라보는 눈과 철학이 담겨 있다. 그런 까닭에 그 사람의 쓴 글을 보면 어떤 사람인가를 짐작할 수 있다. 글은 곧 그 사람의 인생의 흔적인 것이다. 이에 대해 프랑스 박물학자 뷔퐁은 이렇게 말했다.

"글은 그 사람이다."

참으로 적확한 표현이 아닐 수 없다. 그런데도 사람들을 이를 잘 모르는 것 같다. 그러다 보니 그저 두서없이 쓰기도 하고, 대충 쓰기도 한다. 물론 글쓰기 재능이 없다 보니 그럴 수도 있겠다 싶지만, 문제는 짧은 글일지언정 성의 있게 써야 하는데 그렇지 않다는 데 있다. 이는 곧 스스로 자신을 폄하 시키는 일일 뿐만 아니라, 상대방에게 자신에 대한 나쁜 이미 지를 심어 줄 수 있는 부정적인 일이다. 비록 짧은 글이라고 할지라도 정성껏 쓰면 상대방에게 좋은 이미지를 심어 줄 수 있다.

"선생님, 글을 잘 쓰기 위해서는 어떻게 해야 하나요?"

내가 글쓰기 강의를 하는 동안 가장 많이 받은 질문이다. 누 구나 학창 시절에 한 번은 들어 보았을 것이다. 많이 읽고多讀, 많이 생각하고多思多思, 많이 쓰라多作多作는 글쓰기의 '삼다 三多원칙'을 말이다. 이는 너무 흔하게 듣는 말이라 '그냥 그렇 지 뭐'라고 생각할지 모르나 이는 글쓰기의 진리인 것이다.

생각해 보라. 많이 읽어야 생각할 거리가 많이 생길 것이 아 닌가. 또 생각할 거리가 많으면 자연히 쓰게 되어 있다. 다만 습관이 되지 않아서 그렇게 하지 못할 뿐이다.

자신이 정말 글을 잘 쓰고 싶다면 많이 읽어야 한다. 많이 읽게 되면, 어휘력도 풍부해지고, 내용을 이해하는 문해력도 좋아질 뿐만 아니라, 상상력도 좋아진다.

글을 잘 쓰기 위해서 많이 읽고, 많이 생각하고, 많이 써야 한다는 것은 가장 기본적인 일이다.

원론적인 이야기는 이쯤에서 접고, 현실적이고 구체적이고 피부에 와닿는 이야기를 해 보기로 하겠다.

글쓰기 강의를 하면서 느낀 것은 누구나 좋은 글을 쓰고 싶은 열망을 갖고 있다는 사실이다. 다만 말을 하지 않을 뿐이다. 그 이유는 무엇일까. 좋은 글을 쓰려면 재능이 뛰어나야만 한다는 생각이 그 사람의 마음을 지배하기 때문이다. 물론 재능을 갖고 있다면 금상첨화다. 하지만 사람에 따라서 재능이 부족하더라도, 끊임없이 쓰는 연습을 하면 좋아진다는 것을 누차 볼 수 있었다.

이는 무엇을 말하는가. 재능을 뛰어넘는 길은 곧 꾸준한 글쓰기에 있다는 것이다. 노력을 이길 재능은 없다. 그렇다면 좋은 글을 쓰기 위해서는 어떻게 해야 할까.

우선 내용과 짜임새가 잘 갖춰져야 한다. 그리고 이를 갖추기 위해서는 여려가지 조건도 갖추어져야 한다. 첫째, 문법에 맞게 써야 한다. 둘째, 맞춤법에 맞게 써야 한다. 셋째, 어휘와 표현력을 잘 살려 써야 한다. 넷째, 처음, 가운데, 끝이 잘 갖춰져야 한다. 다섯째, 자신의 생각이 잘 나타나게 써야 한다.

이 다섯 가지가 현실적이고 피부에 닿을 수 있는 좋은 글을 쓸 수 있는 조건이다. 이 중 어휘력에 대해서 집중적으로 이야기하고자 한다. 나머지 네 가지 조건은 4장 '어른들의 글쓰기'에서 구체적으로 다루기로 하겠다.

° 어휘와 어휘력

좋은 글을 쓰기 위해서 문장에 가장 큰 영향을 끼치는 것은 단연 어휘이다. 어휘란 '어떤 일정한 범위 안에서 쓰이는 단어의 수효 또는 단어의 전체, 어떤 종류의 말을 간단한 설명을 붙여 순서대로 모아 적어 놓은 글'을 뜻한다. 보다 자세한 것은 어휘의 유형에서 다루기로 하겠다.

한마디로 말해 어휘란 글에 쓰이는 갖가지 낱말 및 표현력 등 문장 자료의 총체적인 것이라고 할 수 있다. 그리고 어휘력이란 어휘를 잘 선택하고 구사하는 능력을 일러 말한다. 글을 잘 쓰기 위해서는 어휘력이 좋아야 한다는 것은 바로 이를 두고 하는 말이다.

그러면 '왜 어휘가 그토록 문장에서 또는 글에서 중요한 것일까?' 하는 의문이 들 것이다. 거대한 점보 비행기가 있다고 하자. 그 점보 비행기에 필요한 엔진을 비롯한 항법 시스템 등 주요 부품과도 같은 것이 어휘다. 비행기를 완성시키기 위해서는 주요 부품들이 있어야 하듯 좋은 글을 쓰기 위해서는 갖가지 글의 부속품이라고 할 수 있는 어휘가 잘 갖춰져야 한다.

○ 문장력의 결정체, 어휘력

글을 잘 쓰기 위해서는 어휘를 맘대로 부리는 어휘력이 좋아야 한다. 같은 문장도 어떤 어휘를 선택하고, 어떻게 표현하느냐에 따라 문장의 맛이 달라진다. 그래서 시인들이나 작가들 중엔 어휘의 선택에 매우 신중함을 보이는 이들이 있다. 어휘 하나가 문장을 완전히 다르게 만들어 놓기 때문이다.

널리 알려진 얘기지만 조지훈 시인이 시 〈승무〉를 쓰게 된 동기는 어느 절에서 스님이 추는 승무僧舞를 보고 크게 감흥을 받은 것이 계기가 되었다고 한다. 그 후 조지훈은 당대 최고의 무용수인 최승희와 조태권이 추는 승무를 보고 더욱 승무를 시로 써야겠다고 다짐했다고 한다. 그리고 수원 용주사에서 열린 법회에서 여승이 추는 승무를 보고 시를 구상하는 데 열한 달이 걸렸고, 집필한지는 칠 개월이 걸렸다고 한다. 초고草稿를 쓰고 마음에 들지 않아 퇴고推敲에 퇴고를 거듭한 끝에 비로소 〈승무〉가 탄생되었다고 한다.

조지훈 시인이 〈승무〉 한 편을 쓰면서 오랫동안 시간을 들인 것은 자신이 원하는 마땅한 '시의 말' 즉 시어詩語를 찾지 못해서이다. 시에 있어 시의 말은 곧 어휘인 것이다.

나 역시 글을 쓰다 보면 가끔 어휘로 인해 고민을 할 때가 있다. 막상 글을 썼는데 내가 생각하는 만큼 감칠맛이 나지 않거나, 의도하는 대로 써지지 않아서이다. 그럴 땐 남의 글을 읽어 보기도 하고, 사전을 뒤적이기도 하고, 내가 썼던 에세이나 시집을 읽어 보기도 한다. 그래서 내가 원하는 문장을 쓰는 데 적합한 어휘를 찾게 되면 그렇게 마음이 흡족할 수가 없다.

이는 비단 조지훈 시인이나 내 얘기만이 아니다. 시인이나 소설가라면 누구나 이런 경험을 하게 될 것이다. 이는 무엇을 말하는가. 글에서 어휘가 차지하는 비중이 그만큼 크다는 방증이다. 그런 까닭에 어휘력이 문장의 결정체라는 데는 이의가 없을 것이다.

그렇다면 문장에 생명력을 불어넣기 위해서는 어떻게 해야 할지 예문을 들어 설명하고자 하니 비교해 본다면 쉽게 이해가 될 것이다.

● 예문 1

등산을 하고 나니 힘은 들었지만 개운했다. 등산을 해 보지 않으면 이 기분을 알 수 없다.

● 예문 2

등산을 하고 나니 힘은 들었지만 **날아갈듯** 참 개운했다. 등산을 해 보지 않으면 이 **짜릿한** 기분을 어찌 알겠는가.

이 두 문장은 등산을 하고 나서의 느낌을 쓴 문장이다. 예문 1의 문장은 등산 후의 느낌을 느낀 그대로 썼다. 꾸밈없이 덤덤하게 쓴 문장이라고 할 수 있다. 반면에 예문 2의 문장은 표현력에 있어서 예문 1의 문장보다 더 낫다는 것을 알 수 있다. 그 이유는 '**날아갈듯**'이라는 직유적 표현과 '**짜릿한**'이라는 형용사를 사용함으로써 글의 맛의 살려 주었기 때문이다.

같은 느낌을 담아 쓴 글도 어떤 어휘를 선택하고 어떻게 표현하느냐에 따라 문장력이 차이를 보이게 되는 것이다. 이번엔 좀 더 문장을 늘려 비교해 보기로 하자.

🖋 예문 1

어느 날 산책을 하다 거대한 콘크리트 틈사이로 활짝 피어난 풀꽃을 보았습니다. 풀꽃을 보는 순간 어떻게 콘크리트 사이에서 풀꽃이 자랄 수 있을 까 생각했습니다. 나는 그 자리에 멈추어 서서 스마트 폰으로 사진을 찍었습니다. 그리고는 예쁜 아가를 바라보듯 풀꽃을 바라보았습니다.

작고 여린 풀꽃이 거대한 코크리트를 뚫고 꽃을 피웠다는 것은 크나큰 감동이었습니다. 그것은 생명의 존귀함을 보여 주는 것과도 같았기 때문이지요.

생명의 존귀함은 사람이든 풀꽃이든 같을 수밖에 없습니다. 살아 있다는 것은 엄숙하고 경탄스러운 일이니까요.

풀꽃의 강인함의 지혜를 배워야 합니다. 그래서 그 어떤 상황에서도 포기하지 말고 자신의 길을 가야합니다. 그래야 자신이 원하는 것을 이룰 수 있을 테니까요.

🖋 예문 2

어느 날 산책을 하다 거대한 콘크리트 틈 사이로 활짝 피어난 풀꽃을 보았습니다. 풀꽃을 보는 순간 **뜨거운 것이 가슴 깊은 곳으로부터 올라와 온 마음을 뒤 흔들어 놓았습니다.** 나는 그 자리에 멈추어 서서 스마트 폰으로 사진을 찍었습니다. 그리고는 예쁜 아가를 바라보듯 풀꽃을 바라보았습니다. **보면 볼수록 풀꽃은 그 어떤 꽃보다도 예쁘고 아름다웠습니다.**

작고 여린 풀꽃이 거대한 콘크리트를 뚫고 꽃을 피웠다는 것은 **위대한 경이로움이며** 크나큰 감동이었습니다. 그것은 생명의 존귀함을 보여 주는 **생생한 증명**과도 같았기 때문이지요.

생명의 존귀함은 사람이든 풀꽃이든 같을 수밖에 없습니다. 살아 있다는 것은 **거룩한 종교와 같이** 엄숙하고 경탄스러운 일이니까요.

풀꽃의 강인함의 지혜를 배워야 합니다. 그래서 그 어떤 상황에서도 포기하지 말고 자신의 길을 가야합니다. 그래야 자신이 원하는 것을 이룰 수 있을 테니까요.

이는 〈콘크리트 벽 위의 풀꽃〉이란 에세이다. 예문 1과 예문 2를 비교해 보면 확연히 다르다는 것을 느끼게 될 것이다.

예문 1은 콘크리트 위에 피어난 풀꽃을 보고 놀라워하며 생명의 존엄성에 대해 본 대로, 느낀 대로, 생각한 대로 썼다는 것을 알 수 있다. 그런데 글이 단순하고 밋밋하다는 것을 알 수 있다. 문장을 돋보이게 하는 수사적 표현이나 그 어떤 꾸밈의 장치가 없기 때문이다.

반면에 예문 2는 보고, 느끼고, 생각한 것을 더 잘 나타냈다는 것을 알 수 있을 것이다. 그러면 같은 소재와 주제의 글에서 왜 이런 현상을 보이는 것일까. 그것은 어휘의 선택과 문장을 꾸며 주는 표현력 등 수사적 장치에 그 원인이 있다. 예문 1에 없는 '뜨거운 것이 가슴 깊은 곳으로부터 올라와 온 마음을 뒤 흔들어 놓았습니다.'를 씀으로 해서 감동의 폭을 크게 확장시켰다는 것을 알 수 있다. 이는 읽는 이들에게 그대로 전달되어 공감을 불러일으키게 되는 것이다. 그리고 '보면 볼수록 풀꽃은 그 어떤 꽃보다도 예쁘고 아름다웠습니다.'라고 표현함으로써 풀꽃에 대한 느낌을 강하게 증폭시켰다. 그냥 보면 그리 예쁠 것도 없는 풀꽃이지만, 이처럼 문장을 구사함으로써 마치 풀꽃이 그 어떤 꽃보다도 부각이 된 것이다.

'위대한 경이로움이며', '생생한 증명', '거룩한 종교와 같이'라는 꾸며 주는 말로 인해 생명의 경탄스러움과 존엄성이 한껏 강조되었다는 것도 알 수 있다. 그로 인해 문장력이 탄탄해지고 글맛이 한층 좋아졌다는 것 역시 알 수 있다.

두 가지 예문에서 보듯 어떤 어휘를 선택하고, 수식하고, 표현하느냐에 따라 문장에 미치는 영향이 얼마나 큰지를 잘 알수 있다.

앞의 예문에서 보듯 문장에 맞는 적절한 낱말과, 수식하는 말, 비유와 같은 표현의 말은 어휘이자 어휘의 총체라고 할수 있다. 이처럼 어휘를 잘 부릴 수 있는 것이 곧 어휘력인 것이다.

다음 글은 〈바람이 아름다운 날〉이란 에세이다. 이 에세이를 통해 어휘력의 진수가 어떤 것인지를 스스로 느껴 보기 바란다.

🖋 예문

아름다운 바람은 사랑하는 사람 따뜻한 손길처럼 부드럽고 평온합니다. 그래서일까, 아름다운 바람은 몸과 마음을 상쾌하게 하고 산뜻한 기분에 젖게 합니다. 아름다운 바람이 부는 날은 가슴 깊은 곳으로부터 설렘이 밀물처럼 밀려와 마음을 들뜨게 합니다. 바람이 아름다운 날은 집에서 나와 산으로 가기도 하고, 들로 가기도 하고, 제방 둑길을 걷기도 하고, 발에 익은 산책 코스를 걷기도 하고, 공원벤치에 앉아 시집을 읽기도 하고, 시를 쓰기도 합니다.

바람이 아름다운 날은 잊고 있던 사람들을 떠올리기도 하고, 그러다 누군가에게 전화가 걸고 싶어지면 전화를 걸기도 합니다. 그리고 편지가 쓰고 싶어지면 편지를 쓰기도 하고, 노래가 부르고 싶으면 노래를 부르기도 하지요.

바람이 아름다운 날은 혼자 있어도 외롭지 않습니다. 바람이 나의 외로움을 달래 주고, 자신의 아름다운 목소리로 나만을 위한 사랑의 세레나데를 불러주기 때문이지요. 아름다운 바람은 아름다운 목소리를 가져서 아무리 듣고 들어도 질리지가 않는답니다.

바람이 아름다운 날엔 바람을 앞에 앉게 하고 바람하고 커피를 나누어 마십니다. 아름다운 바람과 나누어 마시는 커피는 아름다운 바람처럼 마음을 촉촉하게 적셔 주니까요. 아름다운 바람도 나와 커피 마시는 것을 매우 좋아합니다.

바람이 아름다운 날은 시가 되기도 하고, 노래가 되기도 하고, 그림이 되기도 하고, 민들레가 되기도 하고, 무지개가 되기도 하고, 뻐꾸기 울음소리가 되기도 하고, 갈대가 되기도 하고, 오색구름이 되기도 하고, 하얀 목련나무가 되기도 하고, 노을이 되기도 하고, 풍경 소리가 되기도 하고, 쇼팽의 피아노 선율이 되기도 하고, 한강의 유람선이 되기도 하고, 덕수궁이 되기도 하고, 남산 한옥마을 한옥이 되기도 하고, 열두 줄의 가야금이 되기도 하고, 구름 한 점 없는 푸른 하늘의 되기도 합니다.

그러나 바람이 아름다운 날은 스물한 살 그 시절로 돌아가 다시 한 번 멋진 사랑을 하고 싶습니다.

에세이지만 한편의 산문시처럼 언어의 빛깔이 참 맑고 예쁘고 따뜻하다는 것을 알 수 있을 것이다. 문장 하나하나가 시구詩句처럼 맛깔스럽게 표현되어 글 읽는 맛을 한층 돋워 준다. 이 글을 읽고 나면서 진한 여운이 남는 것은 바로 어휘력이 좋기 때문이다.

이처럼 어휘력은 문장의 결정체라고 할 수 있다. 어휘력이 좋아야 좋은 글이 된다는 것은 바로 이를 두고 하는 말이다.

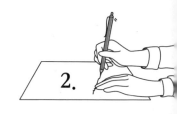

어휘에는
어떤 것이 있을까?

  흔히들 어휘를 단순히 낱말로 아는 경우가 많은데, 어휘는
앞에서도 말했지만 어떤 일정한 범위 안에서 쓰이는 단어의
수효 또는 전체, 어떤 종류의 말을 간단한 설명을 붙여 순서
대로 모아 적어 놓은 글을 말한다.

  우리나라 단어는 그 수효도 많을 뿐만 아니라, 단어 하나하
나가 뜻을 지니고 있고, 짝을 이루는 낱말 등 그 형태나 쓰임
도 매우 다양하다. 하나하나의 단어는 다양한 어휘 중 하나의
종류에 불과할 뿐이다.

  이를 몇 가지 관점에서 살펴보기로 하겠다.

◦ 어휘의 개념

어휘를 구성하는 총제적인 특정한 언어체계는 다음과 같다. 첫째 한국어, 영어를 비롯한 특정한 개별 언어, 둘째 강원도 방언, 경상도 방언 등 특정 지역의 언어, 셋째 여러 사회 계층의 언어 및 전문분야의 등의 사회적 언어 넷째, 개인의 언어 및 실제로 사용하는 언어 등 여러 종류의 언어체계를 총체적으로 일컬어 '어휘'라고 한다.

◦ 기본어휘

기본어휘란 사회 구성원으로서 정상적인 기본생활을 하는데 필요하다고 여기는 언어를 말한다. 기본어휘는 언어의 학습 등 언어의 교육에서 중요한 의미를 가진다고 하겠다. 언어학 연구에 의하면 기본어휘는 대략 1,500개에서 3,000개라는게 정설이다.

기본어휘를 우리말의 기준으로 보자면 고유어, 한자어, 외래어 등으로 나눌 수 있다. 고유어란 우리말에 본래 있거나 우리글을 기초로 하여 만든 말이나 새로 생긴 말을 말한다. 한자어는 우리말 용어처럼 일상적으로 쓰는 말을 말한다. 외래어는 외국에서 들어온 말을 우리말처럼 쓰는 말을 말한다.

기본 어휘의 예

고유어_ 김치, 산울림, 풀꽃, 꽹과리, 항아리, 가람 등

한자어_ 군자, 성인, 도덕, 사회, 결혼, 식사, 법률 등

외래어_ 버스, 라디오, 스푼, 스튜디오, 피아노, 컴퓨터, 리모컨 등

○ 일상어휘

일상적으로 쓰는 말을 말하는 것으로 일상어의 범주 안에
는 학술적인 분야나 전문적인 특정한 분야에서 쓰는 말까지
도 포함한다.

일상어휘의 예

맛있다, 예쁘다, 보고 싶다, 새 구두, 영화를 보다, 세미나, 포럼 등

○ 유행적으로 쓰는 어휘

인터넷, SNS 등에서 사용하는 언어가 주를 이룬다. 즉 사회
적 상황을 유행적으로 표현하는 말을 말한다.

개이득, 이생망_{이번 생은 망했다} 흙수저, 금수저, 헬조선, 개편
하다 등

◦ 높임(경어)을 뜻하는 어휘

사람이나 사물을 높여서 부르는 말을 말한다. 존댓말은 높
임을 뜻하는 말로 상대방이 자기보다 연배일 때, 상대방을 존
중해서 높여 쓰는 말을 말한다.

높임을 뜻하는 어휘의 예

"저녁 드셨습니까?", "안녕히 주무세요.", "기침하셨습니까?" 등
밥 → 진지, 웃다 → 웃으시다, 주다 → 드리다, 보다 → 뵙다, 있다 →
계시다, 눕다 → 누우시다 등

◦ 낮춤(평어)을 뜻하는 어휘

사람이나 사물을 낮추어 부르는 말을 말한다. 하대말은 낮
춤을 뜻하는 말로 상대방이 자기보다 아래일 때 쓰는 말을 말

한다.

낮춤을 뜻하는 어휘의 예

"저녁은 먹었니?", "잘 자거라.", "일어났니?" 등

◦ 동음이의어와 다의어 어휘

동음이의어란 '소리는 같지만 의미가 다른 말'이라는 뜻
으로, 단어의 소리가 같을 뿐 의미의 유사성은 없는 말을 뜻
한다. 반면에 다의어란 의미적으로 유사성을 가지는 관계를
뜻한다. 다의어는 기본적인 의미를 중심으로 하면서, 그 기본
적 의미로부터 연상되는 주변적인 의미들을 가지고 있다.

동음이의어의 예

'다리'는 사람의 다리, 동물의 다리 등을 말하고, 또 사람이 건너
다니는 다리를 뜻한다. 또 '쓰다'는 '붓이나 펜으로 글씨를 쓰다,
또 약이 입에 쓰다'를 뜻한다. '붓다'는 '물을 붓다, 또 벌에 쏘여
손등이 붓다' 등을 뜻한다.
'뜨겁다'는 '국물이 뜨겁다, 햇살이 뜨겁다, 열기가 뜨겁다'로 쓰
인다. 그리고 '팔다'는 '구두를 팔다, 웃음을 팔다, 한눈을 팔다'
등으로 쓰인다. 이를 동음이의어라고 한다.

다의어의 예

'시원하다'는 형용사로 '에어컨이 참 시원하다, 물김치를 먹었더니 속이 시원하다, 말과 행동이 시원시원하다, 답답한 마음이 곧 시원해졌다'에서의 '시원하다'처럼 낱말은 하나인데 유사한 여러 가지 뜻을 나타낸다.

또 한 가지 예를 더 든다면 '발'은 '발이 크다, 발이 넓다, 발이 빠르다' 등으로 쓰인다. 이를 다의어라고 한다.

◦ 유의어 어휘

한자어와 외래어로 인해 유의어가 많이 생겼다. 유의어는 비슷한 뜻을 가진 다른 낱말을 의미한다. 유의어는 명확성에 부정적인 영향을 주지만, 표현에 있어서는 긍정적인 영향을 준다.

유의어의 예

윗옷과 상의, 책과 서적, 대한민국과 한국, 책방과 서점 등

° 상징어 어휘

　의성어, 의태어와 같이 소리와 모양을 나타내는 말을 의미한다. 의성어나 의태어는 표현에 생동감을 주어 읽는 사람에게 재미와 생생한 느낌을 준다.

상징어의 예

　딸랑딸랑, 까르르 깔깔깔, 쿵쾅쿵쾅, 살랑살랑, 흔들흔들, 조랑조랑 등

° 방언(方言)으로서의 어휘

　우리나라는 강원도, 경상도, 충청도, 전라도, 제주도 등 각 도 그리고 각 지방마다 방언이 있다. 방언에는 그 지방의 특색이 담겨 있어 글을 쓸 때 읽는 맛을 새롭게 한다. 박경리의 소설《토지》를 보면 경상도의 방언이 소설 전반全般에 걸쳐 그 시대상과 민초民草들의 삶을 잘 대변해 준다. 만일《토지》를 표준말로 썼다면 어땠을까. 글 읽는 맛이 떨어짐은 물론 소설의 운치와 가치를 제대로 살리지 못했을 것이다.

　표준어로 시를 쓰고 소설을 쓰는 내가 가장 아쉬워하는 것 중 하나가 방언을 잘 모른다는 것이다. 그러다 보니 작품에 방언을 사용하지 못한다. 그런데 일부 시인이나 소설가들의

작품을 읽다 보면 방언이 종종 눈에 띈다. 그때마다 느끼는 것은 방언이 시나 소설의 맛을 한껏 살려 주는 역할을 하는데 손색이 없다는 것이다.

이런 관점에서 볼 때 방언 또한 어휘로서 제 나름의 역할을 훌륭히 해낸다는 것을 알 수 있다. 그런 까닭에 방언은 방언만의 고유의 특징을 지님으로써 문학적으로나 문화적으로 소금 역할을 하는 데 손색이 없다 하겠다.

방언의 예

넣을 것 없어

걱정이던

호주머니는

겨울만 되면

주먹 두 개 갑북갑북

이는 윤동주 시인의 동시 〈호주머니〉이다. 이 동시에서 갑북갑북은 평안도 방언으로 '가득'을 뜻한다. 그러니까 빈 호주머니가 겨울만 되면 주먹 두 개로 가득하다는 것을 뜻한다고 하겠다. 이 동시의 시적 화자인 어린이는 집이 가난하다는 것을 알 수 있다.

만일 '겨울만 되면 / 주먹 두 개로 가득가득'이라고 했다면 이 동시의 맛은 원문에서 느끼는 느낌이 반감될 것이다.

이처럼 방언은 글의 맛을 살려 주고, 작품을 가치 있게 만들어 주는 역할을 한다. 그런 까닭에 방언은 어휘로서 가치를 지닌다고 하겠다.

앞에서 살펴본 바와 같이 우리말은 다양한 종류의 어휘가 있다. 뿐만 아니라 부사와 형용사 등을 어떻게 활용하느냐에 따라, 또 어떻게 표현하느냐에 따라 문장에 큰 영향을 미친다. 이러한 다양한 어휘를 자유롭게 구사할 때 어휘력이 좋다고 말한다.

이렇듯 문장을 잘 쓰기 위해서는 어휘력이 좋아야 한다. 같은 의미를 나타낼 때도 그 의미를 지닌 어휘 중 잘 맞는 어휘를 골라 쓸 때 더 좋은 글이 되기 때문이다.

결국 어휘를 다루는 능력이 떨어지기 때문에 같은 의미를 지닌 문장을 쓸 때도 그저 단순한 글이 되고 마는 것이다. 거듭 말하지만 좋은 글을 쓰기 원한다면 어휘력을 길러야 한다. 앞에서도 말했듯이 어휘력은 문장을 결정짓는 결정체이기 때문이다.

그렇다. 어휘력을 기르지 않고 좋은 글을 쓴다는 것은 꿈도 꾸지 마라. 그것은 다만 꿈에 지나지 않은 요원한 일일 뿐이다.

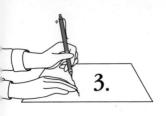

3.

어휘력을
기르는 방법

　어휘력이 다양한 것처럼 어휘력을 기르는 방법 또한 매우 다양하다. 물론 그렇다고 정해진 정석定石은 없다. 다만 어휘력을 기를 수 있는 다양한 단어 익히기와 기본적인 것에서부터 다양한 표현력을 비롯한 수사적 장치의 활용하기 등 생각하기에 따라 다양하게 방법을 시도할 수 있다. 그리고 보다 중요한 것은 그러한 방법들을 최대한 극대화시켜야 하는데, 그것은 곧 꾸준한 반복을 통한 연습이라고 할 수 있다. 즉 연습만이 최선의 지혜요 방법인 것이다.

　어휘력을 기르는 다양한 방법을 설명하기 전에 사전적 의미로서 어휘와 문맥적 의미로서의 어휘가 무엇인지 알고자 한다면 어휘를 기르는 방법에 대해 좀 더 다양한 관점에서 생각하게 됨으로써 큰 도움이 될 것이다.

◦ 사전적 의미로서의 어휘, 문맥적 의미로서의 어휘

사전적인 의미로서의 어휘란 사전에 실린 각 단어의 의미를 말한다. 사전적 의미로서의 단어는 객관적이며 절대성과 고정성을 지는 것이 특징이다.

문맥적 의미로서의 어휘는 문맥 즉 글의 흐름으로 볼 때 그 어휘가 어떤 의미로 쓰이고 있는지를 나타내는 어휘를 말한다. 문맥에 맞는 의미를 찾으려고 한다면 먼저 해당 어휘의 다양한 의미 중 문맥에서 어떤 의미로 쓰이는지를 파악해야 한다.

왜 그럴까. 하나의 어휘에는 하나의 의미만이 있는 것이 아니라 여러 가지 의미를 담고 있기 때문이다. 이를 다의어라고 한다. 또한 소리는 같으나 의미가 다른 어휘를 동음이의어라고 한다. 그러니까 문맥적 의미의 어휘는 다의어와 동음이의어인 것이다. 그런 까닭에 문맥적 의미로서의 어휘는 상대적이고 유동적인 특징을 지닌다고 하겠다.

° 어휘력을 기르는 여러 가지 방법

첫째, 독서이다.

뭐니 뭐니 해도 어휘력을 기를 수 있는 가장 기본적이고 확실한 방법은 독서이다. 독서를 많이 하다 보면 자연스럽게 다양한 단어를 습득하게 되고, 표현을 익히게 된다. 이는 책을 많이 읽는 사람들에게 나타나는 공통점이다. 시를 통해서는 다양한 표현력과 함축적인 문장력을 배울 수 있고, 소설을 통해서는 갖가지 단어와 표현을 배울 수 있고, 수필을 통해서는 일상적인 어휘를 비롯해 문맥적 의미로서의 어휘를 다채롭게 배울 수 있다.

독서를 많이 한다는 것은 단순히 책을 많이 읽는 것이 아니라, 다양한 어휘를 기를 수 있는 좋은 기회가 되어 준다. 시인이나 소설가, 수필가들이 독서를 많이 하는 것은 바로 이 때문이다.

그리고 인문서적이나 교양서, 자기계발서 등도 많이 읽으면, 상식을 키울 수 있고 그에 맞는 어휘력을 기르는 데 큰 도움이 된다.

둘째, 신문이나 시사 잡지이다.

신문이나 시사 잡지를 많이 읽으면 시사時事 및 상식을 키우게 됨은 물론, 신문이란 특성상 그에 맞는 다양한 어휘를 습득하는 데 큰 도움이 된다. 특히, 현장감 있는 어휘를 기르는데는 아주 그만이다. 그리고 논설을 통해서는 사물이나 사건, 사회적인 현상에 대해 비판능력을 기를 수 있어 신문과 시사 잡지 읽기는 그에 맞는 어휘를 기르는 데 아주 그만이다.

🎙 예문

화마火魔는 바람을 타고 더 빠르게 마을을 덮쳤고, 마을은 순식간에 폐허로 변했다. 그 모습은 마치 종말을 맞은 듯 처참했다. 화마가 침투하기 전까지 살아 있는 모든 것들은 흔적조차 찾을 수 없었고, 지옥이 있다면 바로 이와 같을 것이다.

이는 가상으로 쓴 짤막한 신문 기사이다. 하지만 기사 내용이 전달하는 의미는 매우 현장감이 있을 뿐만 아니라, 화마가 인간과 자연에게 미치는 영향이 얼마나 혹독하고 처참한지를 잘 보여 준다.

"지옥이 있다면 바로 이와 같을 것이다."

이 단 한 줄이 그 참혹함의 모든 것을 함축적으로 보여 준다. 지옥이란 이 세상 공간에는 없지만, 누구나 지옥이 어떤 곳이라는 것은 상식적으로 다 아는 사실이다. 지옥이란 단어의 선택과 그에 따른 표현이 어휘력이 왜 글에서 중요한지를 단적으로 보여 준다고 하겠다.

셋째, 명언과 속담 활용하기이다.

명언과 속담은 글을 쓸 때 그 글의 의미를 강조해 줌으로써 글을 돋보이게 하는 데 매우 유익하다. 특히 논설문이나 논술 같은 주장을 펼치는 글에서는 논거論據를 뒷받침하는 장치로써의 역할을 지닌다. 그로 인해 글이 한결 짜임새 있는 글이 된다.

🔵 예문

고대 그리스 철학자인 아리스토텔레스는 이른바 '인간은 사회적 동물이다'라고 말했는데, 사람이 사회적인 동물로 잘 살아가기 위해서는 '도道'는 반드시 필요하다. 그래야 사회질서를 균형 있게 유지시킴으로써 행복을 추구하는 데 도움이 되기 때문이다.

인간이 인간답게 살아가기 위해서는 '도道'를 지키며 살아야 한다. 여기서 도는 '마땅히 지켜야 할 도리'를 의미한다. 그러니까 인간은 인간이 지켜야 할 도리를 지키며 살아야 한다는 것이다. 하지만 이렇게만 표현했다면 2%가 부족하다는 느낌이 든다. 그런데 고대 그리스 철학자인 아리스토텔레스의 '인간은 사회적 동물이다'라는 말을 인용하자 '인간은 사회적인 동물 즉 사회성을 지닌 사람으로서 참되게 살기 위해서는'이라는 의미를 부여해 줌으로써 글의 품격을 높이고 글맛을 살려 주었다고 하겠다.

넷째, 멋진 표현이나 눈에 쏙쏙 들어오는 표현이다.

길을 가거나 지하철 같은 곳에서 가끔씩 보게 되는 짧은 글들이 있다. 어떤 글은 유쾌하고, 또 어떤 글은 여운을 주기도 하고, 웃음을 유발하기도 한다. 이런 글들 중 괜찮다고 생각하는 문구가 있다면 메모하는 것도 어휘를 기르는 데 큰 도움이 된다.

🔵 예문

어서 와 친구, 오늘도 수고 많았어.

몇 해 전 서울에 갔다가 길을 지나다 우연히 보게 된 문구이다. 이는 생맥주를 파는 가게에 써 붙여 놓은 문구였다. 나는 이 재치 있는 표현에 피식 웃음이 났다. 마치 일하느라 힘들었을 친구를 맞아 주듯 친근하고 정겹게 다가왔던 것이다.

나는 이 문구를 통해 에세이를 한 편 썼다. 이처럼 눈에 띄는 문구는 문학작품의 소재가 되기도 한다. 그러니 글을 쓸 때 이러한 문구를 인용하거나 또는 그 문구를 통해 새로운 생각을 발현시킬 수 있다면 이는 어휘력을 기르는 데 아주 그만인 것이다.

다섯째, 모르는 단어 알기이다.

모르는 단어를 보게 되면 답답하다. 이럴때 모르는 단어는 반드시 알고 넘어가야 한다. 모르는 것을 그냥 두면 다음에 또 그 단어를 보게 되었을 때 난감해짐을 느끼게 될 것이다.
아는 것은 힘이 되지만 모르는 것은 병이 된다. 그러니 모르는 것은 메모했다가 반드시 알아야 한다.

● 예문

책을 읽거나 신문을 읽다 '독여취식'이란 사자성어를 보게 될 때 이를 알면 속이 시원하게 이해가 되지만, 모르면 답답함을 느끼게 될 것이다. 또 그로인해 읽은 글이 어떤 의미인지를 알 수 없다. 이때의 난감함이란 말로 다 할 수 없다.

독여취식讀如取食이란 '밥을 먹듯 책을 읽어야 한다'라는 뜻이다. 여기서 독讀은 '읽다'이고, 여如는 '같을 여'이고, 취取는 '취하다'이고, 식食은 '먹다'를 뜻한다.

이렇게 글의 뜻을 알고 나면 답답한 마음은 눈 녹듯 사라진다. 독여취식. 밥 먹듯 책을 읽는다. 참으로 그럴듯한 멋진 말이 아닌가. 이런 어휘를 알고 있어서 독서에 대한 글을 쓸 때 살려 쓰면 글의 묘미를 주기에 부족함이 없다 하겠다.

여섯째, 단문短文 꾸미기이다.

초등학교 다닐 때 짧은 글짓기를 많이 해 보았을 것이다. 긴 글을 쓰기가 힘들다 보니 짧은 문장 꾸며 쓰기를 통해 글쓰기 실력을 기르기 위해서 했던 짧은 글짓기. 단문 꾸미기는 글쓰기 부담을 줄여 주고 글쓰기 실력을 기르는 데 아주 효과적이다. 이를 반복적으로 하면 흥미가 붙는다. 그렇게 되면 한 줄을 두 줄로, 세 줄로, 네 줄로 점점 늘여 나가면 된다. 그렇게 꾸준히 하다 보면 짧은 글은 무리 없이 쓰게 된다.

🌰 예문

'파도'를 넣어 단문 쓰기 - 실로 오랜만에 정동진에 갔지만, 여전히 맑고 푸른 파도는 그리운 친구를 만난 듯 정겹게 다가왔다.

치악산, 구룡사를 넣어 쓰기 - 아침 일찍 치악산에 도착했지만 벌써 많은 사람들도 북적였다. 우리일행은 먼저 구룡사를 들러 보기로 하고 철모르는 아이들 마냥 신이 났다.

첫 문장은 '파도'라는 단어를 넣어 썼고, 두 번째 문장은 '치악산'과 '구룡사'라는 두 단어를 넣어 썼다. 한 단어로 썼을 때와 두 단어로 썼을 때 느낌은 사뭇 다르다. 즉 문장이 길어짐으로써 좀 더 문장다워진다는 느낌이 든다. 이처럼 단어를 세 개, 네 개, 다섯 개 등 이어 쓴다면 문장을 늘려 쓰는 데 큰 도움이 된다. 그리고 어휘에 따라 글에서 느끼는 분위기와 글맛이 다르게 가슴에 와닿을 것이다.

일곱째, 생동감 있고 실감나는 표현이다.

글맛을 살리는 데는 표현력이 최선이다. 비유와 강조, 상징을 통한 표현이나 의태어, 의성어 등은 글을 생동감 있게 해 주고 실감나게 해 준다. 글에서 표현력이 차지하는 비중은 실로 크다고 하겠다. 특히, 시에서는 더더욱 그러하다.

🖋 예문 1

꽃은 우는 적이 없다.

비가 오나
거센 바람이 휘몰아치거나
뜨거운 태양아래에서도
꽃은

웃음을 잃지 않는다.

울면 꽃이 아니다.

언제나 웃어야 꽃이다.

이는 〈언제나 꽃은〉이란 시이다. 이 시에서 주된 비유법은
의인법이다. 꽃은 비가 오거나, 거센 바람이 휘몰아치거나, 태
양이 아무리 뜨거워도 우는 적이 없다는, 언제나 웃어야 꽃임
을 말한다.

왜 그럴까. 그것이 꽃이 지닌 본질이기 때문이다. 이 시를
통해 사람 또한 어떤 어려움도 이겨 내고 꽃처럼 의연해야
한다는 것을 생각하게 된다.

꽃은 연약하지만 비바람과 뜨거운 태양을 이겨 낼 수 있는
진실로 강한 것이다. 그러기에 꽃은 사람들에게 위안을 주고,
사랑받는 것이다.

🖋 예문 2

휘어질 듯 휘어질 듯한 코스모스 핀 길을 걸어가노라면 눈이 까만
어릴 적 그 애 생각난다.

이 문장에서 어릴 적 그 애, 즉 첫사랑이 생각나는 것은 '휘어

질 듯 휘어질 듯한 코스모스 핀 길'을 걸어갔기 때문이다. 어린 시절 코스모스 핀 길이 휘어질 듯이 구부러진 길이었다는 것을 추측하게 한다. 여기서 '휘어질 듯 휘어질 듯한 코스모스 핀 길'이라는 표현이 묘미를 주는 것은 '~ 듯이'라는 직유적 표현이 반복적으로 이어져 강조를 해 주기 때문이다. 그런데 '휘어진 코스모스 핀 길을 걸어가노라면'이라고 했다면, 글맛은 커녕 평범한 문장에 불과할 뿐이다.

그러나 예문처럼 표현력을 높여 주면 글맛을 제대로 느낌으로써, 글이 주는 묘미와 가슴 깊이 젖어 드는 추억에 잠기게 될 것이다.

여덟째, 용언 활용하기이다.

용언用言은 일반적으로 동사와 형용사를 포함하여 부르는 품사분류의 상위 개념이다. 즉, 독립된 뜻을 가지고 어미語尾를 활용하여 문장 성분으로서 서술어의 기능을 하는 말이다. 체언體言에 대립되는 말로, 어간語幹과 어미로 이루어져 있다.

용언은 동사, 형용사로 나누어지고 동사는 사물의 움직임을 나타내고, 형용사는 사물의 성질이나 상태를 나타낸다. 또 다양한 어미와 연결하여 문장의 거의 모든 성분이 될 수 있다. 용언에는 앞뒤 문장 사이의 논리적인 연결 관계가 나타날 뿐만 아니라 화자話者나 청자聽者, 제삼자 사이의 신분이나 지위의 상하관계, 서법書法이나 시제 등 다양한 문법적인 관계가 나타나기 때문에 문장을 이루는 데 중추적인 역할을 한다. 일정한 활용형 뒤에서만 쓰이는 용언은 보조 용언이라고 한다.

동사의 예문

동사_ 비가 **온다**. 비가 **쏟아진다**. 비가 **퍼붓는다**.

비가 온다는 것은 일반적으로 비가 내리는 것을 나타낸다. 비가 쏟아진다는 것은 마치 비가 쏟아져 내리듯 오는 것을 나타낸다. 비가 퍼붓는다는 것은 비가 퍼붓듯이 내리는 것을 나타낸다. 비가 내리는 움직임에 따라 느끼는 느낌의 강도가 다르다는 것을 알 수 있다.

바람이 불고 천둥 번개가 치더니 비가 막 퍼붓는다.

이 문장에서 비가 온다, 비가 쏟아진다는 동사를 썼다면, 문장이 어울리지 않는다. 왜냐하면 바람이 불고 천둥 번개가 친다는 표현만으로도 큰비가 내린다는 것을 짐작하게 된다. 그런 까닭에 '비가 퍼붓는다'로 해야 제대로 된 문장이 될 수 있다.

형용사의 예문

형용사_ 마음 씀씀이가 **예쁘다**. 마음 씀씀이가 **어여쁘다.**

이 둘은 모두 예쁘다는 상태를 나타내는 형용사이다. 마음 씀씀이가 예쁘다는 것은 마음을 쓰는 것이 예쁘다는 것을 나타낸다. 마음 씀씀이가 어여쁘다는 것 역시 마음을 쓰는 것이 예쁘다는 것을 뜻하지만, 어여쁘다는 말은 자태가 아름다움을 나타낼 때 더 잘 어울린다.

그녀는 어쩌면 저리도 마음 씀씀이가 예쁠까.

이 문장에서 '그녀는 어쩌면 저리도 마음 씀씀이가 어여쁠까'라고 했다면 덜 어울릴 것이다. '마음 씀씀이가 예쁘다'라고 해야 더 어울리는 문장이 된다.

이처럼 같은 동사나 형용사도 어떻게 활용하느냐에 따라 문장력이 달라진다. 그런 까닭에 동사나 형용사 같은 용언을 적절하게 활용할 때 어휘는 그만큼 더 빛을 발하게 되는 것이다.

앞에 제시한 여덟 가지 방법을 잘 활용할 수 있도록 연습한다면 어휘력을 기르는 데 큰 도움이 된다. 내가 이렇게 자신 있게 말할 수 있는 것은 오랜 글쓰기 강의를 한 데서 느끼고 터득한 방법이기 때문이다.

그렇다. 이 여덟 가지 방법을 토대로 해서 꾸준히 연습해 보라. 연습만이 어휘력을 기르는 최선의 방법임을 가슴에 깊이 새길 일이다.

4.

문장력은
어떻게 길러지는가?

어휘력을 기르는 이유는 곧 문장력을 기르기 위해서다. 앞에서도 설명했듯이 어휘는 좋은 문장 나아가 좋은 글을 쓰는 데 필수 요소이다. 어휘력을 기르는 궁극적인 목적은 좋은 문장을 쓰는 것이다.

그러나 어휘력은 좋은 문장을 쓰기 위한 하나의 요소일 뿐 전부는 아니다. 다만 그 어떤 요소보다도 중요도가 더 크다는 것이 어휘력이 지니는 강점이다.

문장력을 기르기 위해서는 여러 가지 방법이 있다. 물론 이 또한 정석은 아니다. 하지만 그 어떤 방법보다도 문장력을 기르는 데 큰 도움이 된다는 건 사실이다. 이를 잘 활용해야 한다는 전제하에서 그렇다는 말이다. 그러니 이를 적극 활용해 보기 바란다.

◦ 좋아하는 책 필사하기

학창 시절 나는 시와 에세이 쓰기를 즐겼다. 특히, 내가 쓴 시를 교회에서 여는 문학의 밤에서 낭송하기도 하고, 학생들의 단체에서 발표하는 등 적극적이었다. 나와 같은 또래들이 눈을 반짝이며 나를 주시할 땐 마치 시인이 된 것 같은 착각이 들기도 했다. 그리고 투고한 시가 잡지에 실릴 때면 그 기분이 묘하면서도 너무 좋았다. 게다가 소정의 원고료나 선물을 받았을 땐 그 기분은 한층 배가 되었다.

스승 없이 독학으로 시를 쓴다는 것은 쉬운 일이 아니었기에, 시집을 닥치는 대로 읽었다. 시 읽기는 내게 그 어떤 것보다도 큰 힘이 되었다. 그도 그럴 것이 남이 쓴 시를 읽고 나면 내가 미처 생각하지 못했던 생각들을 배우고 동기 부여가 되었던 것이다. 그런데 그때까지만 해도 필사筆寫라는 말을 들어 보지 못했다.

그러던 어느 날 문학을 전공하는 이웃집 대학생 형이 요즘 소설을 필사한다고 내게 말했다. 글을 잘 쓰기 위해 300쪽, 400쪽이나 되는 책을 또는 그 보다 더 두툼한 책을 필사한다니 그 때는 '그 무슨 헛소리 같은 말이야' 하고 생각한 적도 있다. 하지만 오래 지나지 않아 내 생각이 얼마나 잘못되었는지를 알게 되었다. 대개 소설가를 지망하는 사람들이 필사를 많이 했던 것이다. 소설가치고 소설책 필사를 안 해본 사람은 거의 없을 것이다. 물론 시도 필사하는 사람이 있지만 소설이 더 많았다.

어느 날 후배의 집에 가게 되었다. 그런데 거기서 놀라운 사실을 알게 되었다. 후배 어머니는 독실한 크리스천이었다. 그분은 내가 간 날에도 성경을 펼쳐 놓고 공책에 필사를 하고 있었다. 성경은 신약 27권, 구약 39권 총 66권의 책으로 구성된 아주 방대한 분량의 책이다. 더구나 미농지보다도 얇은 종이로 인쇄되어 분량이 많아 보이지 않지만 일반 종이로 만든다면 엄청난 분량이다. 그런데 그런 성경의 필사를 7번째 한다고 했다. 나는 그 정성과 열정에 크게 감동하였다. 그리고 더 놀라운 것은 성경문구만 대면 어느 책 어디에 있다는 것을 척척 안다는 것이다. 그리고 글쓰기도 잘했다.

그 때 나는 알 수 있었다. 필사가 문장을 이해하는 데 도움이 되고, 어휘력을 길러 문장력에 도움이 된다는 것을.

대하소설 《태백산맥》의 조정래 작가는 아들과 며느리에게 10권이나 되는 《태백산맥》을 필사하라 했다고 한다. 그래야 아버지가, 시아버지가 소설을 쓰는 고통과 희락을 느낄 수 있다는 이유에서다. 물론 이는 글을 잘 쓰기 위한 것과는 다른 얘기지만, 어쨌든 필사를 한다는 것은 시간과 정성을 들여야 할 수 있다.

많은 소설가들이 소설 쓰는 공부로서 필사를 했듯, 그가 누구라 할지라도 문장력을 기르기 위해서는 자신이 좋아하는 책이나 아니면 필사하고 싶은 책을 반드시 필사를 해 보라.

그렇다면 필사를 하면 어떤 이점이 있는가. 첫째는 문장을 이해하는 문해력이 길러진다. 문장을 이해하는 능력이 좋아야 좋은 문장을 쓰는 데 도움이 되기 때문이다. 둘째, 다양한 표현을 기르는 데 도움이 된다. 글 속에는 빼어난 문장들이 곳곳에 있어 표현력을 기르는 데 아주 효과적이다. 셋째, 많은 단어를 알게 되고, 그로 인해 어휘력을 기르는 데 큰 도움이 된다.

◦ 명문장 필사노트를 만들어라

명문장을 메모할 필사노트를 만들어서 명문장을 필사해 보라. 동서고금을 막론한 좋은 책 속에서 마음을 울리는 명문장, 큰 깨우침을 주는 명문장, 읊조리고 싶은 명문장, 두고두고 마음에 새기고 싶은 명문장 등을 수집해서 꾸준히 필사한다면 문장을 익혀 좋은 문장을 쓰는 데 큰 도움이 된다.

🖋 예문 1

사랑은 봄에 피는 꽃과 같다. 온갖 것에 희망을 품게 하고 향기로운 향내를 풍기게 한다. 때문에 사랑은 향기조차 없는 메마른 폐허나 오막살이집일지라도 희망을 품게 하고 향기로운 향기를 풍기게 하는 것이다.

프랑스 소설가인 자크 플로베르가 한 말이다. 이 말은 사랑이 인간에게 미치는 영향이 얼마나 지대한지를 잘 알게 한다.

🖋 예문 2

남을 위해 일을 할 수 있었다는 것은 어린 시절부터 나의 최대의 행복이었으며 즐거움이었다.

이는 악성 베토벤이 한 말로, 행복해지고 싶다면 남을 행복하게 하라는 교훈이 담겨 있다. 왜 그럴까. 그로 인해 자신은 더 행복할 수 있기 때문이다.

🖋 예문 3

자기 자신을 믿어라. 자기의 재능을 인정하라. 그러나 자신의 능력에 겸손하고 확고한 신념이 없다면 성공할 수 없고 행복할 수 없다. 신념이야 말로 가장 빛나는 성공의 원천이다.

이는 자기계발 동기부여가이자 저술가인 노만 V. 필 박사가 한 말로, 스스로 자신을 믿고 자신의 재능대로 노력한다면, 반드시 자신이 원하는 삶, 성공적인 삶을 살 수 있음을 의미한다.

예문에서 보았듯이 인생을 성공적으로 살았던 이들이나 살고 있는 이들의 글은 자신들의 경험에서 깨우침을 얻고 썼기에 그 어떤 문장보다도 깊은 울림을 준다. 이처럼 좋은 문장을 수집해서 노트에 담아 꾸준히 필사해 보라. 좋은 문장을 쓰는 데 큰 도움이 된다는 것을 깨닫게 될 것이다.

◦ 문장 이어쓰기

에세이나 소설과 같은 산문유의 글이 있다면 그 글의 앞이든 중간이든 끝이든 글의 일부를 텍스트로 만들어 연관 짓는 이어쓰기를 해 보라. 예를 들어 앞부분의 일정한 부분을 쓰고, 앞부분과 문맥이 잘 통하도록 자유롭게 생각을 펼치며 글을 쓰는 방식이다.

이런 방식의 글쓰기는 상상력을 높여 주고, 문맥이 잘 통할 수 있는 글을 쓰는 데 큰 도움이 된다. 예문을 통해 보면 한층 이해가 빠를 것이다.

서울에 걷기 좋은 곳으로 삼청동 길을 빼놓을 수 없습니다. 특히 인사동을 거쳐 가는 길은 더 운치가 있지요. 현대와 과거가 조화롭게 어울려 있는 골목길을 걷는 재미란 그 깊이를 더합니다. 그 길을 걷다 보면 어릴 적에 동네 친구들과 날이 어둑해지도록 뛰어 놀던 때가 생각나고, 형과 누나들이 몰래 연애편지를 주고받던 일이 생각납니다. 예전의 골목길은 단순한 골목길이 아니었습니다. 그 길은 사랑의 길이며, 아이들의 놀이터며, 동네 이야기들이 모여들던 사랑방이었으며, 두부장수, 떡장수, 아이스깨끼 장수, 방물장수 등 온갖 살거리들이 지나치던 길이었습니다.

이 글과 문맥이 자연스럽게 이어지도록 이어쓰기를 해 보자.

1.

나는 이 길을 지날 갈 때마다 어린 시절이 떠오르곤 합니다. 어린 시절 내가 살았던 곳도 이와 비슷한 골목길이 있는 동네였으니까요. 몇 해 전에 그 부근에 일이 있어 갔다가 일을 마치고 그 곳을 가 보았습니다. 그런데 어디가 어딘지 알 수가 없었습니다. 그 곳 역시 개발바람을 타고 새롭게 탈바꿈하였던 것입니다.
나는 아쉬운 마음에 몇 번이고 뒤 돌아보며 그 자리를 떠났습니다.

2.

동네 골목길은 어디를 가나 비슷했습니다. 그만큼 골목길은 모든 사람들에게는 정답고 포근한 어머니 품 같은 길이었지요. 그런데 지금은 아파트, 빌라, 다세대주택 등에 밀려 골목길이 점점 사라지고 있어 아쉬움이 큽니다. 이럴 때 삼청동길이나 인사동 길, 덕수궁 길을 걸어 본다면 예전의 정겨웠던 시절을 떠올리며 복잡한 현실에서 잠시 벗어나 여유로운 시간을 즐길 수 있습니다.

1번 글과 2번 글은 앞 문장에 이어쓴 문장이다. 두 문장 중 문맥이 자연스럽게 이어진 문장은 무엇일까. 답은 2번 문장이다.

왜 그럴까. 1번 문장은 앞 문장을 읽고 자신의 어린 시절을 떠올리며 그 부근에 일이 있어 갔다가 너무도 달라진 모습에 아쉬워하는 내용을 보여 주었다. 물론 그럴 수 있다. 그런데 앞문장과 문맥이 어딘가 모르게 어색하다는 것이다. 왜 그런 느낌이 드는 걸까. 앞 문장을 보다 더 꾸며줌으로써 삼청동 골목길의 정감어린 풍경을 읽는 이들에게 보여 줄 때, 삼청동의 골목길이 더 걷고 싶은 길로 부각되기 때문이다. 그런데 1번 문장은 이런 면에서 부족함을 보여 주었다.

그에 비해 2번 문장은 앞 문장을 보다 더 확장시킴으로써 누구나 한 번쯤 걸어 보았으면 하는 생각을 갖게 만든다. 뿐만 아니라 아파트, 빌라, 다세대주택 문화에 밀려 골목길이 사라진 아쉬움에 젖는다. 그런 까닭에 골목길을 걸어 보라고 권유한다. 다시 말해 문맥을 자연스럽게 이어 줌으로써 걷고 싶은 마음이 들도록 공감대를 넓혀 주었기 때문이다.

예문에서 보듯 문장 이어쓰기는 다소 어려울 수도 있다. 하지만 그런 만큼 꾸준히 연습한다면 상상력은 물론 문장을 탄력적으로 쓸 수 있는 능력을 기를 수 있다. 그런 까닭에 다소 힘이 들더라도 꾸준히 해 보라. 힘들이지 않고 되는 것은 이 세상에 아무것도 없다는 것을 깊이 유념했으면 한다.

◦ 여러 단어들을 조합하여 문장 쓰기

여러 개의 단어를 적절하게 조합하여 문장을 쓰는 것도 문장력을 기르는 데 큰 도움이 된다. '어떤 순서로 단어를 나열하여 쓸까, 어떤 식으로 쓸까' 하고 생각하는 것 또한 문장 쓰기에 있어 중요하다.

왜 그럴까. 효과적인 문장을 쓰기 위한 구상은 결국 좋은 문장을 쓰는 것에 목적이 있기 때문이다.

🌰 예문 1

자신, 사랑, 존중, 무시

자신을 사랑하고 존중하는 사람은 생각 자체가 매우 긍정적이다. 매사를 낙관적으로 생각하고 막힘이 없다. 그러나 자신을 무시하고 함부로 대하는 사람은 매사를 부정적으로 생각하고 두려워한다.

🖋 예문 2

인생, 쓴맛, 눈물, 고통, 겪다

인생의 쓴맛을 본 사람은 눈물을 두려워하지 않는다. 고통과 아픔 속에서 충분히 눈물을 흘려 봤기 때문이다. 하지만 인생의 고통과 아픔을 제대로 겪어 보지 않은 사람은 눈물을 두려워한다. 왜 그럴까. 고통과 아픔이 찾아오는 것을 두려워하기 때문이다.

예문 1은 '자신, 사랑, 존중, 무시' 등 네 단어를 가지고 조합하여 쓴 문장이다. 자신을 사랑하고 존중한다는 것이 삶을 살아가는 데 있어 얼마나 긍정적으로 작용하는지를 잘 알게 한다.

예문 2는 '인생, 쓴맛, 눈물, 고통, 겪다' 등 다섯 단어를 조합하여 쓴 문장이다. 인생의 쓴맛, 즉 고통과 아픔을 겪은 사람은 눈물을 두려워하지 않지만, 고통과 아픔을 겪어 보지 않은 사람은 눈물을 두려워한다. 그런 까닭에 고통과 아픔은 스스로를 이기게 하는 힘이 된다는 것을 잘 알게 한다.

예문 1과 예문 2에서 보듯 여러 개의 단어를 조합하여 쓰는 연습을 꾸준히 하면, 그 어떤 방법보다도 문장력을 기르는 데 큰 도움이 된다. 물론 쉽지 않을 수도 있다. 하지만 그럼에도 해야 한다. 처음 얼마간은 힘이 들지만, 힘듦을 이겨 내면 나중엔 자신이 생각하는 대로 문장을 쓸 수 있게 된다.

문장력을 기르는 방법을 4가지 관점에서 살펴보았다. 이 4가지를 자신이 하고 싶은 순서대로 꾸준히 해 보라. 인내심을 갖고 꾸준히 해 나간다면, 어느 순간 자연스럽게 의도하는 대로 문장을 쓰게 될 것이다.

5.

어휘력을 기르는 데
도움이 되는 책들

어휘력을 기르는 방법 중 독서하기가 있다. 어휘력을 기르는 데 책은 매우 효과적이다. 그러나 책이라고 해서 다 도움이 되는 것은 아니다. 풍부한 단어, 뛰어난 표현력, 문맥이 자연스럽고 내용이 좋은 책이어야 한다. 이런 요건을 갖춘 책을 소개하니 반드시 읽어 보았으면 한다.

○ 성경

성경을 읽으라면 거부 반응을 보이는 이들이 있기 마련이다. 종교가 다르다는 이유에서다. 하지만 이는 지극히 편협

한 생각일 뿐이다. 성경을 읽는다고 해서 종교가 바뀌는 것은 아니질 않은가. 단지 그것은 본인의 생각과 의지에 관한 문제인 것이다. 종교가 달라도 성경을 읽으면 인생을 살아가는 데 큰 도움이 된다.

왜 그럴까. 성경에는 인생에 교훈이 되는 살아있는 지혜가 밤하늘의 별처럼, 바닷가의 모래처럼 넘쳐 난다. 또한 어휘력이 풍부하고, 재미있고 흥미로운 이야기가 마치 동화나 소설처럼 성경 전체를 차지한다. 그런 까닭에 시인이나 소설가 등 작가들은 성경을 교재로 삼아 즐겨 읽곤 한다.

성경 중에서도 시편, 잠언, 전도서, 아가서는 뛰어난 언어의 진수로 평가받는다. 특히 시편은 한 편 한 편이 명시이다. 풍부한 어휘와 수려한 표현들, 비유와 상징, 의미 있는 내용이 시적 감흥을 불러일으키기에 부족함이 없다. 그 어떤 세계적인 명시보다도 뛰어난 명시가 바로 시편인 것이다.

잠언 또한 시편 못지않게 어휘가 풍부한 명문 중의 명문이다. 전도서 아가서 또한 풍부한 어휘력을 기르는 데 더할 나위 없는 명문이다.

성경은 그 어떤 책보다도 가장 뛰어난 종교서이자 문학서이며, 인문서이자 철학서이며 삶의 종합대백과사전과도 같은 책이다. 그런 만큼 어휘력뿐만 아니라 문장력을 기르는 데 있어 최고의 책이라고 할 수 있다.

◦ 탈무드

헤브라이어로 '깊이 배운다'는 뜻을 지닌 《탈무드》는 5천 년 역사와 전통을 자랑하며 총 20권에 1만 2천 페이지, 2백 50만 단어로 이루어진 유대족의 살아있는 지혜가 체계적으로 정리된 방대한 책이다.

《탈무드》에는 인간이 살아가는 데 있어 필요로 하는 예술, 법, 도덕, 상술, 처세술, 자기계발, 가정, 부부, 자녀, 성, 교육 등 각 분야의 상식과 지혜가 아침햇살처럼 반짝이고 있다.

특히,《탈무드》는 성경과 마찬가지로 동화나 손바닥 소설처럼 다양하고 흥미진진한 이야기를 담고 있다. 그런 까닭에 어휘가 풍부하고 내용 또한 재밌고 풍부하다.《탈무드》는 살아가는 데 필요한 지혜는 물론 어휘력을 기르고, 문장력을 기르는 데 있어 매우 유익한 책이라고 할 수 있다.

◦ 이솝우화

《이솝우화》는 단순히 재미와 지혜를 주는 책이라고 생각하는 이들이 많은 것 같다. 그리고 어린이들이 읽는 책이라고 생각한다. 하지만 이는 잘못된 생각이다. 풍부한 이야기 속엔 내용 못지않게 뛰어난 표현과 다양한 어휘들이 있어 흥미를 불러일으킨다. 그런 까닭에 어른들에게도 매우 유익할 뿐만 아니라 어휘력과 문장력을 기르는 데 큰 도움이 된다.

◦ 인생이란 무엇인가

레프 톨스토이의 《인생이란 무엇인가》는 톨스토이가 삶의 경험에서 깨닫고 체득한 지혜를 다채롭게 풀어 놓은 인생철학서라고 할 수 있다. 이 책엔 '인간은 무엇을 위해 사는가'라는 자아 성찰을 위한 물음과 함께 삶에 대하여, 사랑에 대하여, 행복에 대하여 이야기한다. 내용도 좋지만, 세계적인 작가답게 뛰어난 표현과 매끄러운 문장이 감흥을 불러일으키기에 손색이 없다. 책의 분량이 만만치 않다. 이 책을 완독하기 위해서는 어느 정도 인내심을 필요로 한다. 하지만 이 책을 읽고 나면 가슴이 충만해짐을 느낀다. 아울러 세계적인 문호의 작품다운 뛰어난 어휘력과 문장력을 통해 독서의 즐거움도 아울러 느끼게 될 것이다.

◦ 명상록

마르쿠스 아우렐리우스의 《명상록》은 총 12권으로 구성되었다. 인간의 삶과 죽음에 대한 성찰과 특히, 황제이기 전에 한 인간으로서의 죽음에 대한 고뇌와 통찰이 잔잔하게 깔려 있다. 이 모든 것은 결국 진실한 인간이 되기 위한 탐구와 그러한 인간이 되어야만 하는 것에 대한 진지하고도 담담한 지혜를 말한다.

《명상록》은 단문과 중문으로 쓰였지만, 철학사적 사유가 깊고 그것을 표현하는 표현력과 어휘가 다채롭다. 어휘력뿐만 아니라 문장력을 기르는 데도 큰 도움이 된다.

◦ 기탄잘리

라빈드라나드 타고르의 《기탄잘리》는 신께 바치는 송가이다.

《기탄잘리》는 연작시로 각 편마다 신에 대한 사랑을 노래한다. 그러나 그의 시는 화려하지 않다. 시적 테크닉도 없다. 그의 시에 대해 예이츠는 "흙먼지가 눈에 띄지 않도록 적갈색 옷을 걸치고 있는 나그네"라고 평하였다. 이는 타고르의 시가 갖는 소박함과 은은함, 드러내지 않고 안으로부터 들려오는 울림 등을 말한다.

《기탄잘리》는 감수성이 예민할 때 주로 읽는 시집이 아니다. 이 시집은 나이가 들어 인생의 깊이를 얼마만큼 알 때 읽으면 더욱 그 의미를 이해하게 된다. 그럼으로써 삶을 보다 더 깊이 있게 관조하고, 신과 나 사이의 간격을 좁힐 수 있게 됨으로써 보다 자신의 삶을 통찰할 수 있다.

《기탄잘리》는 명시답게, 내용 못잖게 표현 하나하나가 살아 움직이는 것 같다. 이런 시적 표현은 문장의 표현력과 어휘력을 기르는 데 큰 도움을 준다. 한 가지 덧붙인다면 필사를 하며 읽을 때 더욱 효과적이다.

○ 월든

헨리 데이비드 소로는 노예 제도와 멕시코 전쟁에 항의하여 멘토인 에머슨의 소유인 월든 호숫가 숲에 작은 오두막집을 짓고, 1845년 7월부터 1847년 9월까지 2년 2개월 동안 홀로 살았다. 그는 이때의 경험을 바탕으로 쓴 원고를 모아《월든》을 출간했는데, 이 책은 모든 사고방식과 투쟁에 대해 써진 에세이다. 출간 당시에는 초판 2,000부가 다 팔리는 데 5년이 걸릴 만큼 주목을 받지 못하고 절판되었다. 그러다 20세기에 들어 환경 운동의 교과서로 널리 읽힘으로써 그 진가를 널리 인정받은 미국문학의 최고걸작 중 하나로 평가받고 있다.

소로는 최소한의 것으로 삶을 살되 자연을 소중히 여기며 누구나 인간다운 삶을 살아야 한다고 주장했다. 소로의 일생은 한마디로 물욕과 인습의 사회 및 국가에 항거해서 자연과 인생의 진실에 대한 탐구와 실험적 삶의 연속이라고 할 만하다.

《월든》은 시인이자 에세이스트인 소로의 문장력이 잘 드러난 걸작이다. 은유적이고 모호한 문장이 곳곳에 있지만, 풍부한 어휘와 빼어난 문장은 어휘력을 기르는 데 최적화되었다고 할 만하다.

◦ 도덕경

《도덕경》은 기원전 4세기에 발간되었으며, 5,000자에 총 81장으로 구성되었다. 상편 37장을 〈도경〉이라 하고, 하편 44장은 〈덕경〉이라고 한다. 노자의 핵심사상인 무위자연無爲自然에 대해 다각적으로 바라보고 인간으로서 인간답게 살아가는 데 근본으로 삼아 행해야 할 지침을 논하는 책이다.

《도덕경》은 함축적이고 짧은 단문으로 이루어졌지만, 한 문장 한 문장 그 내용을 풀어 놓으면 거기에 인생이 있고, 삶이 있고, 자연이 있고, 우주가 있고, 철학이 있고, 만물의 근원이 되는 진리가 펼쳐져 있다. 그런 까닭에 각각의 문장은 하나의 시와 같고, 하나의 에세이와 같고, 하나의 철학서와 같다. 그러다 보니 문장이나 어휘력을 기르는 데 큰 도움이 된다.

° 논어

《논어》는 유교경전 4서논어, 맹자, 대학, 중용중 하나이자 공자의
가르침을 전하는 문헌으로, 일반적으로 유학을 가르칠 때 제
일 먼저 읽힌다.《논어》는 모두 20편으로 구성되어 있으며, 내
용은 '배움'으로부터 시작해 '하늘'의 뜻을 아는 '지명知命'으로
끝난다. 이를 좀 더 구체적으로 살펴보면 공자가 한 말, 공자
와 제자 사이의 대화, 공자와 사람들과의 대화, 제자들의 말,
제자들 간의 대화 등으로 짜여 있다.《논어》는 사람들이 반드
시 갖춰야 할 인격적인 품성을 기르는 데 큰 도움을 준다.

《논어》 역시 함축적이고 짧은 단문으로 이루어졌지만, 한
문장 한 문장이 명문장이라고 할 만하다. 어휘도 풍부하고 문
장력도 빼어나다. 어휘를 익히고 기르는 데 큰 도움이 된다.

° 채근담

《채근담》은 명나라 고전문학가인 홍자성의 어록으로 삼교
일치에 관한 처세철학서이다.《채근담》은 경구풍의 단문 359
개로 구성되어 있다. 하지만 이는 문헌마다 약간의 차이가 있
음을 밝힌다. 중국에서는 잘 알려지지 않았으나 한국, 일본 등
에서는 널리 읽혔다. 특히, 20세기에 이르러서는 세계적으로

대중적인 인기를 얻으며 대표적인 아포리즘잠언, 경구, 금언 등을 이르는말으로 자리매김하였다.

《채근담》은 동양의 《탈무드》라고 할 만큼 내용이 풍부하고 실체적이다. 그것은 홍자성이 다양한 사람들에게서 경험한 이야기가 주를 이루어 흥미를 주고 교훈을 주기 때문이다. 그런 까닭에 문장도 좋고 어휘 또한 풍부해서 어휘력을 기르는 데 큰 도움이 된다.

이상에서 살펴본 바와 같이 여기에 소개된 책들은 하나같이 동서양의 명저이자 고전이다. 이 책들은 명저답게 명문장으로 쓰여 문장력과 어휘력을 기르는 데 있어 훌륭한 교재와도 같다고 하겠다. 또한 인생을 살아가는 데 큰 깨달음을 준다. 모두에게 훌륭한 삶의 지침서가 되어 줄 것이다.

Chapter 3   어른들의 한자력

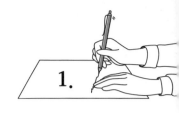

고급 문장은
한자력에서 나온다

　한글학회 《큰사전》에 의하면 우리가 사용하는 글자 중에 순수국어는 약 46%, 한자어가 차지하는 비중은 52%, 외래어는 2.4%가 된다고 한다. 우리가 사용하는 글자 중 한자어의 비중이 50%가 넘는다는 사실을 우리 국민들은 과연 얼마나 알고 있을까.

　아무리 오랜 세월 한자어를 국어처럼 사용했다고 하더라도 1443년 훈민정음이 창제된 지 어언 581년이 되건만, 우리글보다도 한자어가 더 많이 사용되고 있다는 것은 세종대왕께서 벌떡 일어날 실로 놀라운 일이 아닐 수 없다.

　이는 무엇을 의미하는가. 오랜 세월 정치, 사회, 문화 등에 이미 토착화된 한자는 우리말화化되었다는 것을 뜻한다. 다시 말해 우리가 쓰는 한자는 외래어처럼 더 이상 한자가 아니고, 우리가 일반적으로 쓰는 우리말과 같다는 것을 의미한다고 하겠다.

1970년쯤으로 기억하는데, 우리가 사용하는 한자를 폐지하고 국어 사용을 확장하려는 정부의 정책으로 한자 교육을 중단한 적이 있다. 하지만 얼마 지나지 않아 다시 한자를 가르치기 시작했다. 이유는 한자를 사용하지 않고서는 교과서도 그렇고, 정부의 문서나 행정관청이나 각 기관 및 사회 전반에 걸쳐 글을 제대로 쓸 수 없었던 것이다. 그만큼 한자는 우리 글화가 된 것이다. 그런 까닭에 한자는 우리글을 돋보이게 하는 일종의 언어적 보조 장치라는 주제로 이 글을 풀어가고자 한다.

꼭지 제목을 '고급 문장은 한자력에서 나온다'라고 한 것은 한자를 추켜세우려고 한 것이 아니라, 우리 글자를 한자가 받쳐 줌으로써 문장의 의미를 쉽게 이해하고 받아들이게 하는 데 있다. 앞에서 말했듯이 언어적 보조 장치로써 말이다.

글을 쓰다 보면 우리 글자만 갖고는 글을 쓸 수 없다는 것을 종종 경험한다. 한자가 들어가지 않으면 도저히 글을 이어가기가 힘들다. 이는 글을 쓰는 일을 업으로 하는 이들이라면 누구나 공감하는 일일 것이다. 그런 까닭에 이왕 한자를 언어적 보조 장치로써 사용할 것만 재대로 사용한다면 우리글을 살림을 물론, 문장도 한결 돋보이게 함으로써 긍정적인 효과를 낼 수 있다. 그런 의미에서 '고급 문장은 한자력에서 나온다'고 한 것이니 충분히 이해가 되었으리라 생각한다. 이에 대해 다음 예문을 비교해 본다면 이해가 빠르게 가슴에 와 닿을 것이다.

🌰 예문 1

어진 사람은 성품이 어질어 함부로 말하지 않는다. 또한 우쭐해하거나 교만하지 않는다. 뿐만 아니라 경거망동하지 않으며 매사에 사려 깊게 행동한다. 어느 누구에게도 거부감을 주지 않는다. 이러다 보니 어진 사람을 적으로 삼거나 경쟁의 대상자로 삼지 않는 것이다.

그러나 어질지 못한 사람은 누구에게나 함부로 말하고 행동함으로써 눈살을 찌푸리게 하고 거부감을 줌으로써 적을 지게 한다. 그래서 어질지 못한 사람을 가까이 하려고 하지 않는다. 가까이 해 봐야 좋을 게 없다는 걸 잘 알기 때문이다.

이렇듯 삶을 살아가는 데 있어 '어진 사람이 되느냐, 그렇지 않느냐는 매우 중요하다. 그러면 어진 사람이 되기 위해서는 어떻게 해야 할까' 라는 생각에 이르게 될 것이다. 또 이에 대해 '어진 사람은 타고나는 걸까, 아니면 후천적인 노력에 의해서 만들어지는 것일까' 라는 의문을 갖게 된다. 결론적으로 말하면 선천적으로 타고난 성품에도 있지만 자신이 만드는 것이다.

🖋 예문 2

인자무적仁者無敵이라는 말이 있다. 어진 사람에게는 적이 없다는 말이다. 어진 사람은 우쭐해하거나 교만하지 않는다. 또한 경거망동하지 않으며 매사에 사려 깊게 행동한다. 어느 누구에게도 거부감을 주지 않는다. 이러다 보니 어진 사람을 적으로 삼거나 경쟁의 대상자로 삼지 않는 것이다.

그러나 어질지 못한 사람은 누구에게나 함부로 말하고 행동함으로써 눈살을 찌푸리게 하고 거부감을 줌으로써 적을 지게 한다. 그래서 어질지 못한 사람을 가까이 하려고 하지 않는다. 가까이 해봐야 좋을 게 없다는 걸 잘 알기 때문이다.

이렇듯 삶을 살아가는 데 있어 '어진 사람이 되느냐, 그렇지 않느냐는 매우 중요하다. 그러면 어진 사람이 되기 위해서는 어떻게 해야 할까' 라는 생각에 이르게 될 것이다. 또 이에 대해 '어진 사람은 타고나는 걸까, 아니면 후천적인 노력에 의해서 만들어지는 것일까' 라는 의문을 갖게 된다. 결론적으로 말하면 선천적으로 타고난 성품에도 있지만 자신이 만드는 것이다. 이에 대해 중국 춘추전국시대 사상가이자 학자인 공자孔子는 다음과 같이 말했다.

인원호재 아욕인사인지의仁遠乎哉 我欲仁斯仁至矣

'인덕이 어디 멀리 있는 것인가, 내가 어질고자 하면 어짊에 이른다'라는 뜻이다. 즉 어진 성품은 후천적인 노력으로도 얼마든지

만들 수 있다는 말이다.

옳은 말이다. 한때 온당穩當치 못한 일로 원성을 샀던 사람이 자신의 잘못을 깊이 뉘우치고, 선하고 어진 사람으로 변화한 예를 종종 볼 수 있다. 이를 보면 공자가 한 말은 매우 지당하다고 할 수 있다.

예문 1과 예문 2는 어진 사람이란 어떤 사람인지를 설명하고 있다. 그런데 예문 1보다는 예문 2가 훨씬 문장이 짜임새 있고, 표현에 있어서나 문장력이 한층 돋보인다는 것을 알 수 있다.

왜 그럴까. 예문 1은 어진 사람에 대해 한자를 쓰거나 인용하지 않고 우리글로만 글을 이어서 썼기 때문이다. 그런데 예문 2는 인자무적仁者無敵이란 한자와 공자가 말한 인원호재 아욕인사인지의仁遠乎哉 我欲仁斯仁至矣란 한자를 넣어 씀으로 해서, 어진 사람의 의미를 보다 더 확실하게 했으며 그로 인해 글의 격을 높였기 때문이다.

독자들의 이해를 돕기 위해 하나의 예를 더 들어 보자.

🖋 예문 1

큰일을 도모하기 위해서는 뜻을 세우고 강한 의지와 신념이 뒷받침이 되어야 한다. 의지와 신념이 강하면 긍정적인 에너지가 끓어 넘쳐 큰일을 도모하는 데 더욱 힘을 발하게 된다. 그래서 큰일을 하거나 바른 일을 할 땐 의기가 함께 할 때만이 가능하다. 그렇지 않으면 그 어떤 것도 결코 해낼 수 없다. 다음은 의기로움을 잘 알게 하는 이야기이다.

사나이 대장부로 태어나서 적을 무찌르려 의기를 쌓았더니 이제야 원하던 때를 만났다. 나는 국민의 의무로서 내 몸을 희생하여 어진 일을 이루고자 했을 뿐이다. 내 이미 죽음을 각오하고 결행한 바이니 죽어도 원한이 없다.

이는 독립투사 안중근 의사가 한 말로, 조국의 독립과 민족을 위해 목숨을 바치겠다는 그의 의기가 잘 나타나있다. 안중근은 자신의 말대로 하나뿐인 목숨을 조국과 민족을 위해 아낌없이 바쳤다.

🖋 예문 2

철심석장鐵心石腸이라는 말이 있다. 이는 '철석같이 견고한 정신'을 말함인데 '어떤 일에도 동하지 않는 강한의지'를 말한다. 의기意氣 즉 '정의감에서 우러나오는 기개'는 바로 철심석장과 같은 강한 의지가 뒷받침이 될 때 더욱 빛을 발하게 된다. 그래서 큰일을 하거나 바른 일을 할 땐 의기가 함께 할 때만이 가능하다. 그렇지 않으면 그 어떤 것도 결코 해낼 수 없다. 다음은 의기로움을 잘 알게 하는 이야기이다.

사나이 대장부로 태어나서 적을 무찌르려 의기를 쌓았더니 이제야 원하던 때를 만났다. 나는 국민의 의무로서 내 몸을 희생하여 어진 일을 이루고자 했을 뿐이다. 내 이미 죽음을 각오하고 결행한 바이니 죽어도 원한이 없다.

이는 독립투사 안중근安重根 의사가 한 말로 조국의 독립과 민족을 위해 목숨을 바치겠다는 그의 의기가 잘 나타나있다. 안중근은 자신의 말대로 하나뿐인 목숨을 조국과 민족을 위해 아낌없이 바쳤다.

예문 1과 예문 2는 안중근 의사의 조국독립에 대한 의지와 신념과 의기를 잘 보여 준다. 그런데 예문 1보다는 예문 2가 보다 더 한층 잘 보여 준다.

왜 그럴까. 그것은 바로 철심석장鐵心石腸이라는 한자에 있다. 이는 '철석같이 견고한 정신'을 말함인데 '어떤 일에도 동하지 않는 강한 의지'를 뜻한다. 그러니까, 철심석장鐵心石腸은 안중근 의사의 조국독립에 대한 의지와 신념과 의기를 한층 부각시키는 우리글의 보조적 장치로써 일조를 했다는 데 의미가 있다.

'고급 문장은 한자력에서 나온다'고 한 것은 바로 이를 두고 한 말이다. 그런 까닭에 글을 쓸 때 문장의 의미를 살려 뜻을 분명하게 전달하기 위해, 그에 맞는 한자를 넣어 쓴다면 더 한층 우리글을 돋보이게 함은 물론 문장력도 키울 수 있어 금 상첨화라고 할 수 있다.

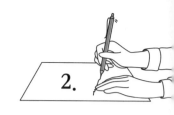

한자력의 핵심은
사자성어에 있다

글을 쓰는 목적은 사람들에게 읽히기 위함이며, 그로 인해 자신의 생각을 전달함으로써 공감을 이끌어 내는 데 있다. 그런 까닭에 의미전달이 분명할 수 있도록 표현과 문장력이 좋아야 하고, 문장을 뒷받침할 수 있도록 언어적 보조 수단이 필요하다. 사자성어가 딱 제격이다.

사자성어는 글을 쓸 때 글의 뜻을 강조하거나 글의 격을 높이는 수단으로 사용하기에는 안성맞춤이다. 앞에서 말한 바와 같이 우리글의 언어적 보조 장치로써 손색이 없기 때문이다.

왜 그럴까. 사자성어는 그 말이 생긴 유래가 있는데, 그 유래가 문장의 의미를 살리는 데 있어 매우 효과적이기 때문이다. 그런 까닭에 문장에 맞는 사자성어를 활용한다면 좋은 글을 쓰는 데 큰 도움이 된다.

그렇다. 이것이 바로 사자성어에 한자력이 있다는 증거인 것이다.

🖋 예문 1

힘은 산을 뽑고, 기상은 세상을 덮을 만하다.

이는 중국 전한 왕조의 무제 시대에 사마천이 편찬한 역사서《사기史記》에 나오는 말로 발산개세라고 한다.

초나라 항우가 한나라의 유방과의 전쟁에서 이러지도 저러지도 못하는 위험에 처했을 때, 이를 알고 자신의 운명이 다했음을 깨닫는다. 항우 곁에는 어여삐 여기는 왕비 우희와 아끼는 말 추가 있었다. 항우가 한밤중인데도 주요 장군들을 불러 최후의 만찬을 열었다. 항우는 술을 몇 잔 마신 뒤 끓어 오르는 분노의 심정을 시로 읊었다. 그 시 구절 중 하나가 발로 발산개세이다.

🖋 예문 2

힘은 산을 뽑고, 기상은 세상을 덮을 만하다.

이는 중국 전한 왕조의 무제 시대에 사마천이 편찬한 역사서《사기史記》에 나오는 말로 발산개세拔山蓋世라고 한다.

초楚나라 항우項羽가 한漢나라의 유방劉邦과의 전쟁에서 사면초가四面楚歌에 처했을 때 이를 알고 자신의 운명이 다했음을 깨닫는다. 항우 곁에는 어여삐 여기는 왕비 우희와 아끼는 말 추가 있었다. 항우가 한밤중인데도 주요 장군들을 불러 최후의 만찬을 열었다. 항우는 술을 몇 잔 마신 뒤 비분강개悲憤慷慨한 심정을 시로 읊었다. 그 시 구절 중 하나가 바로 발산개세이다.

항우가 유방과 최후의 일전을 벌인 해하에서 궁지에 몰리자 자신에게 최후의 순간이 왔다는 것을 본능적으로 느낀다. 그는 도망갈 수 있음에도 하늘은 이미 자신을 버렸다고 생각하고 포기한다. 그는 마지막을 위해 연인 우희와 장수들을 모아놓고 마지막 만찬을 즐기며 시를 읊는다. 그 때 항우는 발산개세라는 말을 시에 쓰며 자신은 아직도 '산을 뽑고, 기상은 세상을 덮을 만한 힘'을 가지고 있다고 말한다.

예문 1과 예문 2는 항우의 시에 나오는 발산개세에 대한 유래를 설명한 글이다. 그런데 예문 1보다 예문 2의 문장이 더 좋다는 것을 알 수 있다.

왜 그럴까. 예문 2는 항우가 처했던 위급한 상황에 대해 사면초가四面楚歌라는 사자성어로 그 상황을 실감나게 표현했고, 항우의 끓어오르는 분노의 심정을 비분강개悲憤慷慨라는 사자성어를 씀으로 해서 한층 더 항우의 심정을 표현했기 때문이다.

이처럼 문장에서 사자성어의 역할은 문장의 수준을 끌어올림은 물론, 문장력을 돋보이게 한다는 것을 알 수 있다.

한 가지 더 예문을 들어 본다면, 왜 사자성어가 글의 문장력과 의미에 효과를 주는지 이해하는 데 큰 도움이 되리라 생각한다.

🖊 예문 1

자주정신이란 남의 간섭이나 보호를 받지 않고 스스로의 힘으로 일을 처리하려는 정신을 말한다. 그래서 자주정신이 강한 사람일수록 자신에게 주어진 일을 잘 해나간다. 그리고 성공할 확률도 높다. 독립심이 강하고 주인의식이 뚜렷하기 때문이다.

그러나 자주정신이 약한 사람은 남에게 의존하려는 마음이 강하다. 그런 까닭에 자신이 해야 할 일을 남에게 미루거나 막상 일을 한다고 해도 좋은 결과를 얻기가 힘들다. 독립심이 약하고 주인의식이 밋밋하다 보니, 충분히 할 수 있는 일도 잘 하지 못하고 아예 엄두조차 내지 못한다.

자주정신이 강한 사람은 주인의식이 강해 무슨 일을 하던지 스스로 하려는 마음이 강하다. 웬만큼 힘들어도 힘들다는 내색도 잘하지 않는다. 그래봐야 자신의 약점만 드러낼 뿐 자신에게 아무런 도움이 안 된다는 걸 잘 알기 때문이다. 그래서일까, 자주정신이 강한 사람은 어딜 가던 환경에 적응하는 능력이 뛰어날 뿐만 아니라 대처하는 능력 또한 좋다.

자신을 한 번 냉정하게 판단해 보라. 나는 자주정신이 강한 사람인지, 아닌지를. 만일 자주정신이 강하다면 문제 될게 없으나 자주정신이 약하다면 자주정신을 강하게 길러야 한다. 그것이 곧 정글 같은 사회에서 자신에게 지지 않고, 자신의 꿈을 이룰 수 있는 최선의 방법이기 때문이다.

🖋 예문 2

자주정신自主精神이란 남의 간섭이나 보호를 받지 않고 스스로의 힘으로 일을 처리하려는 정신을 말한다. 그래서 자주정신이 강한 사람일수록 자신에게 주어진 일을 잘 해나간다. 그리고 성공할 확률도 높다. 독립심이 강하고 주인의식이 뚜렷하기 때문이다.

그러나 자주정신이 약한 사람은 남에게 의존하려는 마음이 강하다. 그런 까닭에 자신이 해야 할 일을 남에게 미루거나 막상 일을 한다고 해도 좋은 결과를 얻기가 힘들다. 독립심이 약하고 주인의식이 밋밋하다 보니, 충분히 할 수 있는 일도 잘 하지 못하고 아예 엄두조차 내지 못한다.

자주정신이 강한 사람은 주인의식이 강해 무슨 일을 하던지 스스로 하려는 마음이 강하다. 웬만큼 힘들어도 힘들다는 내색도 잘 하지 않는다. 그래봐야 자신의 약점만 드러낼 뿐 자신에게 아무런 도움이 안 된다는 걸 잘 알기 때문이다. 그래서일까, 자주정신이 강한 사람은 어딜 가던 환경에 적응하는 능력이 뛰어날 뿐만 아니라 대처하는 능력 또한 좋다.

어딜 가던 주인의식을 가져라.

이는 수처작주隨處作主라는 사자성어로 왜 주인의식을 가져야 하는지를 함축적으로 잘 보여 준다.
자신을 한 번 냉정하게 판단해 보라. 나는 자주정신이 강한 사람인지, 아닌지를. 만일 자주정신이 강하다면 문제 될게 없으나 자주정신이 약하다면 자주정신을 강하게 길러야 한다. 그것이 곧 정글 같은 사회에서 자신에게 지지 않고, 자신의 꿈을 이룰 수 있는 최선의 방법이기 때문이다.

이는 자주정신이란 무엇이며 왜 자주정신을 길러야 하는지를 잘 보여 준다. 자주정신을 길러야 하는 이유는 자주정신이 강한 사람은 주인의식이 강해 무슨 일을 하던지 스스로 하려는 마음이 강하기 때문이다. 그런 까닭에 어딜 가던 환경에 적응하는 능력이 뛰어날 뿐만 아니라 대처하는 능력 또한 좋다는 것을 보여 준다,
예문 1이 이러한 자주정신을 담담한 필치로 써 나갔다면, 예문 2는 거기에 머물지 않고, '어딜 가던 주인의식을 가져라'는 수처작주隨處作主라는 사자성어로 왜 주인정신을 가져야 하

는지를 보여준다. 사자성어를 넣어 쓰지 않았을 때와 넣어 썼을 때의 차이점이 현저히 드러남을 알 수 있을 것이다.

그렇다. 이 글에서 보듯 사자성어는 글의 의미를 확대시킴으로써 분명하게 전달하는 힘이 있다. 뿐만 아니라 누차 말하지만 문장력을 탄탄히 하는데도 큰 역할을 한다. 여기에 사자성어를 적절하게 활용해야 하는 당위성이 있는 것이다.

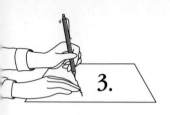

3.

사자성어가 문해력과
문장력을 키우는 데 좋은 이유

　혹자는 '사자성어가 문해력과 문장력을 키우는 데 대체 무
슨 관계가 있단 말인가?' 하고 고개를 갸우뚱할 것이다. 이에
대해 의문을 갖는 것은 당연하다고 하겠다. '사자성어와 문해
력?', '사자성어와 문장력?' 그것은 서로 어울리지 않는 한 쌍
의 조합처럼 여겨지기 때문이다. 하지만 결론적으로 말하면
있다. 그것도 매우 효과가 크다고 하겠다.

　왜 그럴까. 그것은 사자성어가 단순히 네 글자로 된 한자가
아니라는 것에 있다. 사자성어는 각기 그 글자가 생긴 유래가
있다. 그 유래는 마치 한편의 동화나 손바닥 소설처럼 스토리
를 가지고 있고, 드라마처럼 흥미와 재미를 준다. 나아가 지식
의 폭을 넓혀주고, 삶의 혜안까지도 밝게 해 주는 힘이 있다.

여기서 사자성어가 문해력과 문장력을 키우는 데 중요한 포인트가 된다는 것이다.

이에 대해 내가 자신 있게 말할 수 있는 것은 내 경험에 의해서이다. 나는 30년이 넘게 어른들과 10대들에게 글쓰기를 강의했다. 특히, 10대들에게 사자성어의 유래에 대해 종종 이야기를 해 주었는데, 매우 흥미를 갖고 경청하는 모습을 보았다. 네 글자에 그런 흥미로운 이야기가 담겨 있다니 마치, 새로운 세계를 경험한 듯한 표정이 역력했다. 그때 나는 사자성어를 바탕으로 하여 자유롭게 글쓰기를 시도하였다. 그랬더니 주제를 정해 주거나 제목을 정해 주었을 때보다 한결 글쓰기에 흥미를 보였다. 주제를 정해 주거나 제목을 정해 주었을 땐 200자 원고지 5, 6매를 쓰는 것도 힘겨워 하더니 10매도 거뜬히 써 냈다. 물론 아이들에 따라 편차는 있었지만, 생각 외로 글 쓰는데 부담을 느끼지 않고 잘했던 것이다.

그 후 나는 종종 사자성어를 읽어 준 다음 글쓰기를 하게 했고 시간이 지남에 따라 효과가 나타나기 시작했다. 그 아이들 중엔 전국 백일장에 참가해 시와 산문 부문에서 대상을 받아 문체부 장관상도 타고, 최우수상, 우수상 등 두각을 나타내 큰 보람을 느꼈다.

내가 왜 사자성어가 문해력과 문장력을 키우는 데 도움이 된다고 했는지를 충분히 이해하리라 생각하지만, 실례를 들어 보이면 이해가 크리라 생각한다. 가령, 구불응심口不應心이란 사자성어가 어떻게 생겨났는지에 대해 알아보도록 하자.

구불응심口不應心이란 사자성어는 《삼국지三國志》에 나오는 말로 입 구口, 아니 불不, 응할 응應, 마음 심心 등 4개의 한자 조합으로 이루 어진 것으로 '입에서 나온 말에 마음이 응하지 못한다'는 의미로 말과 행동이 다름을 일러 하는 말이다. 이 사자성어가 생긴 유래 이다.

서주徐州를 근거지로 차지하고 있던 유비劉備는 조조曹操에 의해 남 양의 원술을 토벌하기 위해 출정하게 되었다. 자신의 유일한 근 거지인 서주를 지키기 위해 장비張飛에게 말했다.
"이보게 아우, 서주는 우리의 유일한 근거지이니 만일 이곳을 빼 앗기면 우리는 갈 곳이 없네. 그러니 절대 술을 마시지 말고 부하 들을 때리지 말게. 또한 다른 사람의 말을 잘 듣고 신중히 처신하 게나. 내 자네를 믿겠네."
전에도 장비가 술을 먹고 부하장졸들을 때린 일이 있어 이와 같이 부탁을 한 것이다. 장비는 유비의 말에 걱정하지 말라며 단언하 듯 말했다.
그 때 옆에 있던 미축이 유비에게 말했다.
"주공, 장비 장군이 말은 저렇게 하지만 말과 행동이 다를까하여 심히 걱정이 되옵니다."
장비가 떠나고 나서 얼마 후 좋지 않은 소식이 들려왔다.

아니나 다를까, 미축의 말대로 장비는 술을 마시고 취해 여포에게 서주를 빼앗기고 말았다.

장비는 유비와의 약속을 잊고 평소에 자신이 하던 대로 행동함으로써 유비를 곤경에 빠트리게 하는 우를 범했다. 한 사람의 바르지 못한 언행이 나라를 위급에 처한 꼴이 되고 말았다. 지키지 못할 약속은 하지 않는 것이 상대에게도 자신을 위해서도 좋다.

이 이야기를 보면, 구불응심이라는 사자성어가 왜 생겼는지 잘 알았을 것이다. 또한 그에 대한 스토리가 들어 있어 읽는 재미와 의미를 한층 더 살려 준다는 것을 알 수 있다. 하나의 예를 더 보도록 하자.

다음은 눌언민행訥言敏行이라는 사자성어이다.

눌언민행訥言敏行은 《논어論語》 <이인편里人篇>에 나오는 말로, 말더듬할 눌訥, 말씀 언言, 민첩할 민敏, 행실 행行 등 4개의 한자로 이루어진 말로, 말하기는 쉬워도 행하기는 어려우니 말은 느리게 하되 행동은 민첩하게 해야 한다는 의미이다. 이 사자성어가 생긴 유래는 다음과 같다.

공자孔子는 다음과 같이 말했다.

"군자욕눌어언 이민행君子欲訥於言而敏行이라."

즉 군자는 말에는 둔하여도 민첩해야 한다는 뜻이다.

공자는 이에 대한 말을 《논어》 곳곳에서 자주 언급하고 있다. 그는 《논어》의 <위정편爲政篇>에서 자신이 그토록 아끼는 수제자 안회顔回에 대해 이렇게 말했다.

"오여회언종일 불위여우吾與回言終日 不違如愚이라."

'내가 안회와 하루 종일 이야기를 하여도 어기지 않음이 못난이와 같구나'라는 뜻이다.

공자는 '안회가 겉보기에는 어기지 않음이 못난이 같지만, 마음속으로는 내가 한 말을 충분히 터득하고 있을 것이다'라고 말했던 것이다.

또한 제자인 자공子貢이 이에 대해 물었을 때 공자는 이르기를 "군자선행기언君子先行其言이라." 즉 '군자는 말하기 전에 이미 실천하는 사람이다'라고 말했다.

공자는 제자 중 가장 언변이 뛰어난 사람으로 재여宰予와 자공을 꼽았다. 재여는 말만 잘하는 것이 아니라 공자의 가르침에 대해 따지길 좋아했다. 그런데 그는 학업에 열중하겠다고 하고는 낮잠을 잤다. 이에 공자가 말했다.

"썩은 나무에는 조각을 할 수 없고, 거름흙으로 쌓은 담장은 흙손질을 할 수 없다. 재여에게 무엇을 꾸짖겠는가."

그리고 이어 다음과 같이 말했다.

"나는 처음에 사람의 말을 들으면 그대로 행동하리라 믿었지만 이제는 사람의 말을 듣고 나서 어떻게 행동하는지 살펴봐야겠다. 재여에게서 이것이 바뀐 것이다."

공자의 제자 중 안회顏回, 자로子路, 증자曾子는 언행일치를 생명처럼 여겼지만, 재여는 자신의 입장을 드러내는 수단으로 여겼다 한다.

소인小人이 군자와 다른 것은 말만 앞세우고 행동에 옮기는 것은 더디다. 실천이 없이 말 뿐인 것을 구두선口頭禪이라고 한다.

이 이야기를 보면 얼마나 흥미로운가. 눌언민행訥言敏行이란 사자성어에 이런 숨은 이야기가 들어 있다니, 참으로 흥미롭지 않은가.

이처럼 사자성어는 저마다 그 말이 생긴 유래가 있어 이를 공부하는 것만으로도 지식을 기르고, 문장을 이해하는 문해력과 문장력을 기르는 데 큰 도움이 된다.

그렇다. 문해력을 기르고, 문장력을 기르고 싶은가. 그렇다면 당장 사자성어집을 펼쳐들어라.

4.

문장력을 키우는
사자성어 손쉽게 활용하기

우리나라는 훈민정음이 창제되기 전까지 오랜 세월 동안 한자를 사용하였다. 그러다 보니 훈민정음이 창제되고 나서도 지속적으로 한자를 써 왔다. 그런 까닭에 우리 글자는 과학적인 우수성을 지니고도 제대로 활용되지 못했다. 게다가 언문諺文이라고 해서 한글을 낮잡아 불렀다. 그것도 나라의 녹을 먹는 사대부들과 선비들과 같은 오늘날로 말해 사회지도층에 있는 사람들이 천시했으니, 참으로 어처구니없는 일이 아닐 수 없다.

한글을 제대로 사용하기 시작한 것은 1900년도 들어서였지만, 일제강점기 때 한글 말살정책에 의해 또다시 수난을 겪었다. 광복 이후에야 비로소 한글이 본격적으로 사용되어졌다 해도 과언이 아니다. 그런데 문제는 한자를 사용하지 않고는 한글을 제대로 사용할 수 없다. 한자는 이미 외래어와 같이 우리말화되었기 때문이다.

우리가 쓰는 말 중 한자가 차지하는 비중이 앞에서 말했듯이 50%가 넘다 보니, 한자가 들어가지 않으면 제대로 된 문장을 쓸 수가 없다. 또한 한자가 들어가지 않으면 문장에 따라 글맛이 나지 않는다.

나는 글을 쓰는 작가로서 될 수 있으면 한자 사용을 자제하려고 하지만 글을 쓰고 나면 어떤 문장은 전혀 글맛이 살지 않는다. 그래서 어쩔 수 없이 문장에 맞는 한자를 쓰면 글맛이 남은 물론 문장력이 훨씬 좋다는 것을 피부로 느낀다. 또한 글의 품격이 느껴지기도 한다. 그런 까닭에 한자를 쓰지 않을 수가 없는 것이다.

앞에서도 잠시 언급했지만 한자는 이미 우리말의 일부이다. 외래어나 외국어가 아닌 것처럼 자연스럽게 쓰이듯 한자 또한 그런 것이다. 한자를 의도적으로 쓰거나 남발한다면 문제가 되겠지만, 필요에 따라 써야 할 땐 우리글을 잘 살리는 언어적 보조 장치로써 한자를 사용하면 된다. 특히, 사자성어는 때에 따라서 문장에 큰 영향을 준다. 문장의 뜻을 살리고 의미를 확실하게 부각시키는 데 사자성어는 제격이다.

사자성어를 잘 활용하기 위해서는 비슷한 부류로 나눠 익히는 것이 글을 쓰는 데 있어서 효율적이다. 예를 들어 '신념이나 의지'를 뜻하는 사자성어끼리 모아 따로 구분지어 정리하는 것이다. 이는 비슷한 부류의 사자성어가 많기 때문인데, 그렇게 하다 보면 글을 쓸 때 글에 맞는 사자성어를 손쉽게 활용할 수 있되, 문장에 더 잘 어울리는 사자성어를 사용하면 된다. 이에 대한 예를 보도록 하자.

○ 인간과 인간관계 사자성어

(1) 가고가하加高加下 : '어진 사람은 지위의 높고 낮음을 가리지 않는다'는 뜻으로, 이 사자성어는 사람이 왜 어질게 살아야 하는지, 어진 사람으로 살기 위해서는 어떻게 해야 하는지에 대한 글을 쓸 때 활용하면 좋다. 사람 위에 사람 없고, 사람 아래 사람 없다는 말처럼 사람은 누구나 존중받아야 할 인격체이다. 그런 까닭에 어질게 사람을 대해야 하고, 자신 또한 상대로부터 자신이 했듯이 존중받아야 한다. 그로 인해 인간관계가 부드러워지고, 따뜻한 삶을 살아가는 데 큰 도움이 된다.

🖋 **예문**

어진 사람에게는 적이 없다. 어진 사람은 상대방을 생각하고 배려하는 마음이 참 따뜻하기 때문이다. 또한 어진 사람은 사람을 가리지 않고 대할 줄 안다. 이는 어진 사람은 가고가하加高加下라는 말처럼 사람의 존귀함을 잘 아는 까닭이다.

(2) 애민사상愛民思想: '인간을 사랑하는 마음을 가져야 한다' 는 뜻의 사자성어이다. '왜 인간은 사랑하는 마음을 가져야 할 까?'라는 근원적인 문제를 다루거나 또는 애민사상이 인간에 게 미치는 영향에 대해 논할 때 이 사자성어는 요긴하게 활용 할 수 있다.

🖋 **예문**

우리나라 건국이념인 홍익인간은 애민사상의 정신을 잘 나타낸 다. 널리 인간세계를 이롭게 한다는 단군의 사상이 곧 애민정신愛 民思想에 기초하기 때문이다.

(3) 무신불립無信不立: '믿음이 없으면 설 수 없다'는 말로 '믿음 과 신뢰를 중요히 하다'라는 뜻의 사자성어이다. 이는 인간관 계에 있어 믿음과 신뢰가 왜 중요한지에 대해 또는 믿음과 신 뢰를 기르게 위해서는 어떻게 해야 하는지에 대한 글을 쓸 때 활용하기 좋은 사자성어이다.

🖋 **예문**

그 사람은 남을 위하는 것처럼 하지만 언제나 제 욕심만 차린다. 무 신불립 無信不立 이란 말은 바로 그런 사람에게 필요한 말이다.

(4) 의리생명義理生命: '의리를 목숨처럼 여겨라'는 뜻의 사자성어이다. 인간관계에서 의리는 인간으로서 마땅히 해야 할 도리로, 마음과 마음을 이어 주는 소통의 중요한 요소이다.

● **예문**

김구는 의리를 매우 소중히 여겼다. 그런 까닭에 도처에는 그를 따르는 사람들이 많았다. 그가 의리생명義理生命이란 말을 자기 목숨보다도 소중히 여겼기 때문이다.

(5) 관계일치關係一致: '둘 이상의 사람이 서로 관련을 맺거나 관련 있음이 어긋나지 않게 꼭 맞음'이란 말로, '인간관계에 있어 타인과의 소통능력을 길러라'는 뜻의 사자성어이다. 인간관계에서 소통이 막히면 삶을 살아가는 데 큰 제약이 된다. 관계일치는 그런 면에서 매우 의미 있는 말이라고 할 수 있다.

● **예문**

살아가면서 좋은 관계를 이루며 행복하게 살기 위해서는 서로의 관계가 잘 맺어지도록 해야 한다. 어느 한쪽이 생각을 달리하거나 반대되게 행동한다면 둘의 관계는 더 이상 좋은 관계로 발전할 수 없다. 그런 까닭에 좋은 관계를 맺기 위해서는 관계일치關係一致가 될 수 있도록 서로를 배려하고 격려하며 한 마음이 될 수 있도록 해야 한다.

　인간관계를 잘 맺기 위해서는 소통이 잘 이루어져야 한다. 소통에 문제가 있으면 더 좋은 관계가 되는 데 무리가 따르게 된다. 그런 까닭에 소통을 잘 하기 위해서는 인간관계를 잘 맺을 수 있도록 노력이 따라야 한다. 인간관계에 도움이 되는 다섯 개의 사자성어에 대해 알아보았다.

　이처럼 서로 연관성이 있는 사자성어를 부류별로 정리한다면 글을 쓸 때 큰 도움이 된다. 쓰고자 하는 문장에 적합한 사자성어를 쉽게 골라 쓸 수 있기 때문이다.

○ 부류별 사자성어의 예

　첫째, 신념과 의지에 대한 사자성어이다.

(1) 강의목눌剛毅木訥: 의지가 굳고 용기가 있으며, 꾸밈이 없고 말수가 적은 사람을 이르는 말로, 무슨 일에도 굴하지 않음을 뜻한다.

(2) 강의과단剛毅果斷: 과단성 있게 딱 잘라 일을 처리하다.

(3)백절불요百折不撓: 몇 차례 좌절해도 뜻을 굽히지 않는다는 뜻으로, 비슷한 말로는 백절불굴百折不屈이 있다.

(4)유지경성有志竟成: 뜻이 있어 마침내 이룬다는 말로, 이루고자 하는 뜻이 있는 사람은 반드시 성공함을 뜻한다.

(5)의기충천意氣衝天: 의기와 기개가 하늘을 찌를 듯함을 뜻하는 말이다.

둘째, 국가와 사회에 대한 사자성어이다.

(1)검행위국儉行爲國: 검소하고 청렴한 생활이 나라를 위하는 길이다.

(2)멸사봉공滅私奉公: 사심을 버리고 공을 위해 힘써 일하다.

(3)대의멸친大義滅親: 큰 뜻을 지키기 위해 가족을 돌보지 아니하다.

(4)선공후사先公後私: 공적인 일을 먼저하고 사사로운 일을 뒤로 미루라는 뜻이다.

(5) 애국애족愛國愛族: 자기 나라와 민족을 사랑한다는 말로, 나라를 사랑하고 민족을 사랑함을 뜻하는 말이다.

셋째, 배움과 독서에 대한 사자성어이다.

(1) 불치하문不恥下問: 손아랫사람이나 지위나 학식이 자기만 못한 사람에게, 모르는 것에 대해 묻는 것을 부끄러워하지 아니함을 뜻하는 말이다.

(2) 독여취식讀如取食: 밥을 먹듯 책을 읽는 다는 말로, 열심히 책을 읽을 것을 뜻한다.

(3) 독서삼여讀書三餘: 독서하기 좋은 세 가지 여가를 이르는 말로 겨울, 밤, 비올 때를 뜻한다.

(4) 마부작침磨斧作針: 도끼를 갈아 바늘을 만든다는 말로, 아무리 어려운 일이라도 끈기 있게 노력하면 이룰 수 있음을 뜻한다. 또 다른 말로는 마부위침磨斧爲針이 있다.

(5) 주경야독晝耕夜讀: 낮엔 밭 갈고 밤엔 책을 읽는다는 말로, 열심히 배움에 힘씀을 뜻한다.

(6) 형설지공螢雪之功: 개똥벌레와 눈으로 이룬 공을 이르는 말로, 고생을 하면서 꾸준히 공부하여 얻은 보람을 뜻한다.

넷째, 인내와 노력에 대한 사자성어이다.

(1) 한신포복韓信匍匐: 한신이 젊었을 때 불량배의 가랑이를 빠져 나가는 능욕을 당했다는 말로, 목적을 이루기 위해서는 부끄러운 그 어떤 일도 참고 견디어야 한다는 뜻이다.

(2) 자강불식自强不息: 스스로 힘써 몸과 마음을 가다듬어 쉬지 아니하다는 말로, 열심히 노력함을 뜻한다.

(3) 견인불발堅忍不拔: 참고 견디어 마음이 흔들리지 않는다는 뜻이다.

(4) 각고면려刻苦勉勵: 심신을 괴롭혀 열심히 노력함을 이르는 말이다.

(5) 분골쇄신粉骨碎身: 뼈가 가루가 되고 몸이 부서지도록 노력함을 이르는 말이다.

다섯째, 자주와 주체에 대한 사자성어이다.

(1) 자주정신自主精神: 남의 간섭이나 보호를 받지 않고, 자기 스스로 일을 처리하려는 정신을 말한다.

(2) 주체의식主體意識: 자신의 분명한 줏대에 의한 인식이나 판단을 말한다.

(3) 언행일치言行一致: 말과 행동이 일치한다는 말이다.

(4) 대담부적大膽不適: 대담하여 두려워하지 않고 적을 두지 않는다는 뜻이다.

(5) 독립자존獨立自尊: 남의 도움을 받지 않고 매사를 제힘으로 처리하여 자기의 존엄을 보유하는 것을 뜻하는 말이다.

여섯째, 효와 예에 대한 사자성어이다.

(1) 삼지지례三枝之禮: 비둘기는 어미가 앉은 가지에서 세 가지 아래에 앉고, 새끼 때 길러 준 은혜에 보답하기 위해 어미의 입에 먹이를 넣어 준다는 말로, 예와 효를 중히 여겨야 함을 뜻한다.

(2) 필수사언必隨師言: 스승의 말을 따르고 존경한다는 뜻이다.

(3) 동온하정冬溫夏情: 겨울은 따뜻하게 하고, 여름에는 서늘하게하다는 말로, 어버이에게 효도함을 이르는 뜻이다.

(4) 반포지효反哺之孝: 까마귀는 새끼가 깨면 60일 동안 먹이를 물어다 먹이는데, 그 까마귀가 자라면 60일 동안 어미에게 먹이를 물어다 주어 길러 준 은혜를 갚는다는 말로, 자식이 어버이를 봉양하여 은혜를 갚는 효행을 뜻한다.

(5) 이효상효以孝傷孝: 효로서 효를 상하게 한다는 뜻으로, 효성이 지극한 나머지 어버이의 죽음을 너무 슬퍼하여 병이 나거나 죽음을 이르는 말로, 효성이 너무도 지극함을 뜻한다.

글을 쓸 때 사자성어를 쉽게 사용할 수 있도록 신념과 의지에 대한 사자성어, 국가와 사회에 대한 사자성어, 배움과 독서에 대한 사자성어, 인내와 노력에 대한 사자성어, 자주와 주체에 대한 사자성어, 효와 예에 대한 사자성어 등 몇 가지 예를 들어 부류별로 나눠 보았다.

예에서 보듯 사자성어는 내용은 다르지만 뜻이 비슷한 부류의 사자성어가 많이 있다. 이를 이용하기 좋게 부류별로 모아 놓으면 아주 훌륭한 글쓰기 자료가 된다. 그런 까닭에 글을 쓸 때는 비슷한 뜻을 가졌다 하더라도 문장의 내용과 잘 어울리는 사자성어를 골라 쓴다면 더 좋은 문장이 될 수 있다.

그렇다. 같은 재료가 있다 하더라도 음식을 요리하는 사람에 따라 맛이 다르고 차이가 나듯, 사자성어 또한 글을 쓰는 사람이 어떻게 활용하느냐에 따라 문장력에 차이를 보인다는 것을 염두에 두었으면 한다.

Chapter 4 **어른들의**

글
쓰
기

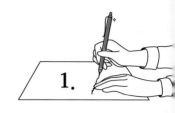

글의 얼굴은
제목이다

제목은 글을 대표하는 상징과도 같다. 사람으로 보자면 얼굴과 같은 것이다. 얼굴을 보고 "아, 그 사람!" 하고 생각하듯 글 제목만 보고도 읽고 싶다는 생각이 들어야 한다.

오래전 존 그레이가 쓴《화성에서 온 남자 금성에서 온 여자》라는 책의 제목을 보고, 나도 모르게 무릎을 친 적이 있다. 제목이 신선할 뿐만 아니라 기발했기 때문이다.

이 책은 '남녀관계의 패러다임을 바꾼 경이로운 책'이라는 뉴욕타임스의 헤드라인head line을 증명이라도 하듯 50개 언어로 전 세계 150여 개국에서 5,000만 부나 팔린 초베스트셀러이다. 이 책은 남자와 여자가 서로의 차이점을 이해하고 존중하며, 삶과 사랑에서 일어나는 문제점을 다각적인 면에서 조언한다. 이 책을 읽은 부부와 연인들은 공감을 함으로써 살아가는 데 많은 도움이 되었다고 한다.

이처럼 제목은 그 책의 얼굴과도 같은 것이다. 30년이 지난 지금도 많은 사람들이 기억하는 것은 책제목이 주는 기발함과 신선함에 있다고 하겠다.

◦ 책을 돋보이게 하는 제목의 필수요소

첫째, 글의 내용에 잘 맞는 제목이다.

제목만 봐도 글의 내용이 어떨 것이라는 것을 예상할 수 있어야 한다. 어니스트 헤밍웨이에게 노벨문학상을 안겨 주었던 너무도 유명한 소설《노인과 바다》는 제목만 보고도 노인과 바다와의 연관성을 짓게 만든다. 이를 잘 말해 주듯, 늙은 낚시꾼 산티아고는 젊은 시절 어부로서 좋은 시절을 보냈지만, 84일 동안 한 마리의 고기도 잡지 못했다. 그러다 85일 째 되던 날 드디어 배를 끌고 갈만큼 엄청난 힘을 가진 물고기가 낚싯줄에 걸린 것을 알고 흥분한다. 노인은 사력을 다해 3일 밤낮을 청새치란 물고기와 싸운다. 그리고 마침내 청새치를 잡는 데 성공한다. 그러나 기쁨도 잠시 상어 떼가 나타나 집으로 청새치를 가져갈 노인의 생각을 여지없이 무너뜨린다.

상어 떼는 청새치의 살을 모조리 먹어치운다. 결국 노인은 청새치의 뼈만 매단 체 지친 몸을 이끌고 돌아온다. 그리고는 이내 곯아떨어진다.

이는 《노인과 바다》의 줄거리이다. 이처럼 제목만 보고도 내용이 어떨 거라는 생각을 갖게끔 제목을 짓는 것도 중요하다.

왜 그럴까. 독자로 하여금 자신이 상상하는 책 내용을 한번 읽어 봐야겠다는 생각을 갖게 하는 것도 글 쓰는 사람으로서의 책무이기 때문이다.

둘째, 책을 돋보이게 하는 제목이다.

제목을 글이 돋보일 수 있는 제목으로 정하는 것은 독자로 하여금 책을 읽게 하는 데 있어 효과적이다.

한때 20대 젊은이들이 즐겨 읽었던 《죽고 싶지만 떡볶이는 먹고 싶어》라는 책이 있다. 나는 서점에서 이 책을 보고 웃음이 났다. 재치가 느껴져서이다. 죽고 싶은데 떡볶이는 먹고 싶다?

이는 무엇을 말하는가. 살고 싶다는 반어적인 메시지가 강하게 느껴졌다. 즉, 떡볶이를 먹기 위해서라도 반드시 살아야겠다는, 그러기 위해서는 지금 아무리 힘들고 어렵더라도 이겨 내야 한다는 다분히 역설적인 제목이다.

이 책의 저자는 우울증과 불안장애로 정신과 치료를 받았지만, 늘 우울함과 행복함이 반복적으로 이어졌다고 한다. 작가는 이러한 자신의 이야기를 일기로 썼는데, 이를 묶어 가감 없이 책으로 펴냈다. 그것도 독립출판으로 말이다. 이 책은 입소문을 타게 되었고, 베스트셀러가 되었다.

현대를 살아가는 대개의 사람에게는 약간의 우울함과 불안함이 있기 마련이다. 치열한 경쟁시대가 만든 심리적인 현상으로 현재와 미래에 대한 불안감으로부터 자유롭지 못한 까닭이다. 이러한 현대인들 특히 취업걱정, 결혼에 대한 압박감 등으로 자유롭지 못한 20, 30대들에게 공감이 되었으리라.

이 책의 제목처럼 책을 돋보이게 하거나 톡톡 튀게 하는 것은 책제목으로서는 썩 괜찮다고 하겠다.

셋째, 마음을 사로잡는 특색 있는 제목이다.

제목이 특색 있으면 사람들의 기억 속에 오래 간직될 수 있다. 그래서 특색 있는 제목의 책은 오래 기억되고 널리 읽히는 것이다.

미국의 소설가인 마거릿 미첼의 소설《바람과 함께 사라지다》를 처음 보고 '이처럼 멋진 제목이 다 있다니!' 하고 감탄을 하였다. 제목이 완전히 멋진 하나의 시구詩句였다. 제목에서 느껴지는 강한 울림이 나를 사로잡았던 것이다. 제목의 이해를 돕기 위해서 이 소설을 간략하게나마 소개해 본다.

《바람과 함께 사라지다》의 여주인공 스칼렛 오하라는 농장 타라에서 태어났다. 스칼렛은 예쁜 얼굴은 아니지만, 16세가 되었을 때 마을 청년들로부터 사랑을 받았다. 하지만 그녀는 애슐리를 사랑했다. 그는 교양을 갖춘 인물이었다. 애슐리 또한 스칼렛에 호의를 갖고 있었지만, 결혼상대로는 그녀의 사촌 멜라니를 선택하였다. 이를 알고 스칼렛은 애슐리의 여동생과 결혼하기로 한 멜라니의 오빠인 찰스와 결혼한다. 이는 단순히 애슐리에 대한 보복 심리에 의해서였다.

찰스는 전쟁에 나갔다 전사를 하고, 스칼렛은 아이를 낳는다. 남편이 죽은 뒤에도 애슐리를 사랑하는 스칼렛은 아들과 유모를 데리고 애슐리의 숙모네 집으로 가서 산다. 애슐리 또한 전쟁에 징집된다. 그가 휴가를 받고 집으로 오자, 스칼렛은 그에게 자신의 사랑을 고백한다. 하지만 애슐리는 그녀의 말을 듣고 가족을 부탁한다는 말을 남기며 부대에 복귀한다. 그 후 애틀랜타가 북군에게 포위되자, 스칼렛은 아들과 유모, 멜라니와 함께 마을을 탈출하여 타라로 간다. 어머니는 병으로 죽고, 아버지는 폐인이 되어 있었다. 스칼렛은 가족을 위해 일했고, 북부군의 승리로 전쟁은 끝났다.

스칼렛은 돈 때문에 여동생 약혼자였던 목재상인 프랭크 케네디와 재혼을 하였다. 하지만 사업 실패와 함께 남편이 죽고 만다. 그리고 세 번째 결혼을 하지만, 그녀의 가슴엔 애슐리가 자리하고 있었다. 죽음을 맞은 멜라니는 스칼렛에게 남편 레트 버틀러를 소중히 여기라는 유언을 한다. 스칼렛은 레트를 사랑으로 대하지만, 이미 그의 사랑은 차갑게 식어 버린 뒤였다. 레트는 떠나가고, 멜라니는 세상을 떠난다.

스칼렛은 냉혹한 현실에도 굳세게 살아가겠다고 다짐한다.

《바람과 함께 사라지다》는 가혹한 운명과 맞서는 여인을 통해 사랑과 삶의 의지를 잘 보여 준다. 이 소설은 제목과 내용이 독자들의 독서력을 자극하는데 손색이 없다 하겠다.

이와 같은 부류의 제목으로는 미국의 극작가인 테네시 윌리엄스의 희곡《욕망이란 이름의 전차》를 들 수 있다.

넷째, 짧고 명료한 제목이다.

제목이 길면 기억하는 데 문제가 있다. 그래서 짧고 분명한 제목이 더 효과적일 때가 있다. 짧은 제목으로 널리 알려진 소설로 카프카의《변신》, 톨스토이의《부활》이 있고, 비소설로는 헨리 데이비드 소로의《월든》, 랠프 왈도 에머슨의 명저《자연》이 있다. 그리고 희곡집으로 유명한 윌리엄 셰익스피어의《햄릿》등을 들 수 있다. 이 중 카프카의《변신》을 보자.

《변신》의 주인공 잠자는 경영학과를 나온 뒤, 군에 입대하였다. 제대를 한 그는 파산한 아버지를 대신해 직장생활을 하며 가정을 꾸려 나간다. 그러던 어느 날 그는 흉측한 벌레로 변한다. 그렇게 되자 그는 다니던 직장을 나갈 수 없었다. 그러자 직장 책임자가 그를 찾아오지만, 벌레로 변한 잠자는 방 안에서 사정을 얘기한다. 그러나 직장 책임자는 놀라서 급히 도망치듯 가 버린다.

흉물스럽게 변한 잠자를 보고 어머니는 놀라 말도 못하고, 아버지는 그를 방안으로도 밀어 넣는다. 한바탕 소동이 있고 나서 가족들 간엔 변화가 인다. 잠자의 어머니는 해 오던 바느질을 일을 더 열심히 하고, 아버지도 은행 잡부로 나가고, 점원이던 여동생은 더 나은 직장을 잡기 위해 속기술과 프랑스어를 공부한다.

그런데 하숙생을 3명이나 두는 바람에 잠자의 방은 어수선해지고, 그는 아버지의 학대로 식욕을 잃고 의욕을 잃은 상태로 가정부에게 발견되었다. 그러자 잠자의 아버지는 하나님께 감사하는 일이라고 말했다. 그리고 어머니, 아버지, 여동생은 함께 밖으로 나간다.

《변신》은 가족으로부터 소외받는 주인공 잠자를 통해 소통이 단절되고, 이해관계가 얽힌 인간의 고독과 실존에 대해 말한다. 즉, 실존은 하지만 소외된 삶은 죽음처럼 적막하고, 허무하다는 것을 말해 준다. 이런 점에서《변신》은 실존주의 문학이라고도 말한다.

이렇듯《변신》처럼 짧고 간결한 제목은 기억하기도 쉽고, 그래서인지 내용도 더 잘 기억하게 되는 것 같다.

　앞에서 말했듯이 제목은 책의 얼굴이다. 그런 까닭에 제목을 지을 땐 신중하게 생각해서 짓는 것이 좋다. 그리고 책을 돋보이게 하는 제목을 짓는 네 가지 필수요소처럼 이에 잘 부합되게 제목을 짓는다면, 책을 돋보이게 함은 물론 사람들에게 책을 널리 알리는 데도 큰 도움이 될 것이다.

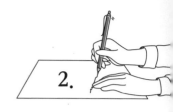

글의 주제는
왜 중요한가?

글이란 글 쓰는 사람의 생각을 담은 것이다. 좀 더 부연해서 말한다면 혼을 담는다는 것이 더 잘 어울릴 것 같다.

왜 그럴까. 혼을 담는다는 것은 그만큼 그 사람의 생각이 중요하기 때문이다. 그래서일까, 글을 읽으면 그 글을 쓴 사람이 하고자 하는 말을 가슴으로 듣는 것 같다.

이처럼 글을 쓴 사람이 나타내는 중심생각이 바로 주제인 것이다. 그래서 좋은 글을 쓰고 싶다면 중심생각을 분명하게 나타내야 한다. 나타내고자 하는 의도가 분명하지 않으면 좋은 글이 되기에는 역부족이다. 그런 까닭에 주제를 분명히 나타내야 한다. 좋은 글은 주제가 뚜렷해야 하고, 그렇기에 좋은 글이라고 하는 것이다.

◦ 주제와 제목은 서로 어떻게 다른가?

주제와 제목이 같은 경우는 대개가 논설문이다. 하지만 시, 소설, 수필, 설명문, 독서 감상문, 기행문 등의 일반 글에서는 주제와 제목이 같을 수도 있고 다를 수도 있는데 대개는 다르다. 그러면 논설문과 일반 글이 다른 이유는 무엇일까.

논설문은 주장하는 글로서 자신의 생각을 증명할 수 있는 근거 즉 논거를 내세우는 글이다. 논거가 분명해야 논설문으로서 가치가 있는데, 바로 논거가 제목과 주제에 잘 부합되어야 하기 때문이다. 하지만 다른 글에서 제목은 글을 대표하는 얼굴이고, 주제는 그 글의 중심내용이기에 다를 수밖에 없다.

첫째, 제목과 주제가 같은 경우이다.

〈자아상실의 회복〉이란 제목의 논설문이 있다고 하자. 잃어버린 자아를 회복하기 위해서는 첫째, 현실을 직시하는 눈을 길러야 한다. 둘째, 부화뇌동하지 않는 주체의식을 길러야 한다. 셋째, 도덕과 윤리를 지키도록 노력해야 한다. 넷째, 양심에 따라 행동하고 법을 준수해야 한다. 다섯째, 삶의 가치관을 분명히 해야 한다.

이 다섯 가지는 잃어버린 자아를 회복하는 데 큰 도움이 된다. 그럼으로써 나와 너, 우리의 관계를 회복할 때 개개인의 삶은 물론 사회적으로나 국가적으로도 안정된 기반 속에서 유지되고 발전하는 것이다.

〈자아상실의 회복〉이란 제목처럼 주제 역시 잃어버린 자아를 회복해야 한다는 것이 되어야 한다. 잃어버린 자아를 회복하기 위한 방법으로 다섯 가지를 제시한 까닭이다. 이것이 곧 제목과 주제가 같이 함을 의미하는 것이다. 이처럼 논설문은 제목과 주제가 같다는 것을 알 수 있다.

둘째, 제목과 주제가 다른 경우이다.

🖋 예문

무더운 여름날 나무가 만든 그늘은 훌륭한 쉼터입니다. 아무리 더워도 나무가 만든 그늘 안으로 들어가면 순간 더위가 싸악 가시는 듯한 느낌에 청량감이 들지요. 이처럼 그늘안과 밖은 천지차이입니다.

나무가 부리는 마법인 그늘은 사람들에게는 자연이 베푼 선물입니다. 그래서 예로부터 무더운 날은 어디를 가나 나무가 있는 곳엔 사람들이 삼삼오오 모여 앉아 이야기꽃을 피우곤 했습니다.

나무 그늘은 오순도순 정을 나누는 사랑방이며, 과일이나 음식을 나눠먹는 주방이며, 아이들이 뛰어노는 놀이터이며, 냉방기가 필요 없는 천연 선풍기이지요.

나무는 뜨거운 태양의 열기를 온 몸으로 받아들여 시원한 그늘을 만듭니다.   나무는 사람에게나 새나 다람쥐나 등의 생물들에게는 없어서는 안 되는 소중한 자연유산이지요.

인생을 가치 있게 살고 싶다면 자신의 모든 것을 아낌없이 베푸는 나무처럼 살아야 합니다. 물론 그렇게 한다는 것은 쉽지 않습니다. 그러나 그렇게 해야 합니다. 나무의 사랑과 인내심을 배울 수 있다면 충분히 인생을 가치 있게 살게 될 테니까요.

무더운 여름날 나무가 만든 시원한 그늘 한 점은 사랑입니다. 우리에게도 그런 사랑이 필요하고, 그런 사랑이 되어야 합니다.

이는 〈그늘 한 점〉이란 제목의 에세이다. 그런데 주제는 '사랑'이다. 나무가 만든 그늘 한 점은 더위를 피하게 해 주는 쉼터와 같고, 그것은 곧 사랑으로 승화된다. 그러니까 나무의 그늘 한 점은 모두를 품어 주는 '사랑'이듯 우리 인간도 사랑을 베풀고 사랑을 나누어야 함을 에세이는 말한다.

◦ 주제를 어떻게 정하는 것이 좋을까?

주제는 글쓴이가 글에서 전달하고자 하는 중심생각을 말한다. 그런 까닭에 주제가 글에서 차지하는 비중은 매우 크다. 그래서 주제를 정할 때는 신중하게 잘 생각해야 한다. 주제를 잘 나타냈느냐 그렇지 않느냐에 따라 좋은 글이 되기도 하고, 태작駄作이 되기도 하기 때문이다.

주제를 정할 때는 정문일침頂門—鍼과도 같은 것이나, 읽는 사람이 마음에 깊이 새기는 것이 좋다. 또한 여러 사람이 공감할 수 있어야 한다.

이 세 가지 관점에서 고려하여 자신이 쓰는 글의 주제를 정하는 것이 바람직하다고 하겠다.

다음 소개하는 글은 〈레이먼드 카버와 고든 리시〉라는 제목의 에세이다.

● 예문

미국의 대표적인 단편소설가인 레이먼드 카버는 지독한 가난에 시달리면서도 소설을 썼습니다. 그가 주로 단편소설을 썼던 것은 생활비를 벌기 위해서였지요. 배우지 못했던 그가 할 수 있는 일이란 주로 도서관 아르바이트, 아버지가 일하는 제재소 일이나 병원청소 등 막일이었기 때문에 힘들게 생활비를 벌다 보니 늘 글 쓰는 시간이 부족할 수밖에 없었던 것입니다.

그랬던 그가 미국 문단사에 길이 남을 작가가 될 수 있었던 데에는 역량 있는 편집자 고든 리시가 있었기 때문입니다. 고든 리시는 카버의 소설을 읽고 그가 뛰어난 자질을 지녔다는 것을 단박에 알아챈 것이지요. 고든 리시는 책상서랍에서 잠자고 있던 카버의 소설을 끄집어내게 하여 편집에 들어갔습니다. 그리고 마침내 카버의 첫 소설집《제발 조용히 좀 해요》를 출간하여 좋은 평가를 받으며 성공적인 결과를 낼 수 있었습니다.

그리고 이어 카버의 두 번째 소설집《사랑을 말할 때 우리가 이야기하는 것들》을 출간하였습니다. 책이 출간되고 나자 독자들의 반응은 가히 폭발적이었습니다. 카버의 이름은 널리 알려지며 미국 문단에 확실하게 각인되었습니다. 파산을 두 번이나 할 만큼 궁핍했던 그의 삶엔 따뜻한 인생의 빛이 감돌기 시작했습니다. 그의 인생이 완전히 뒤바뀐 것입니다.

고든 리시는 카버의 소설 중 어떤 소설은 약 80%를 개작하기도 하고, 또 어떤 소설은 절반 분량의 소설을 잘라 내는가 하면, 내용과 이야기 흐름을 바꾸는 등 거침없이 손을 봤습니다. 그가 그렇게 한 데에는 카버의 소설을 성공시킬 수 있다는 강한 확신에 의해서였지요. 하지만 소설을 쓴 당사자인 카버는 심적 갈등을 일으키며 상당히 불쾌해했다고 합니다.

그런데 그럼에도 불구하고 고든 리시의 의견을 따르지 않을 수 없었던 것은 편집자로서의 탁월했던 그의 역량을 믿었기 때문입니다. 그리고 고든 리시의 예측대로 성공적인 결과를 낳았지요.

그 후 카버는 그의 대표작《대성당》을 출간할 때는 원고 내용에 대해서는 전적으로 자신이 통제를 하였으며, 고든 리시는 표지와 외적인 것에만 관여하였습니다. 두 사람의 노력으로《대성당》은 크게 성공을 거두며 카버의 존재를 미국 문단사에 가장 확실하게 각인시켰습니다. 그로 인해 카버의 이름 앞에는 미국 단편 소설과 리얼리즘의 대가라는 칭호가 붙으며 작가로서의 위대한 족적을 남겼습니다.

카버가 위대한 작가가 될 수 있었던 데에는 고든 리시라는 탁월한 편집자가 있었기에 가능했습니다. 만일 카버에게 고든 리시가 없었다면 당시 알콜 중독으로 실업수당을 타려다 고발당한 카버의 인생은 처참히 깨지고 말았을 지도 모릅니다.

카버에게 있어 고든 리시는 그의 캄캄한 암흑 같은 인생에 밝은 등불과 같은 사람이었지요. 카버 또한 소설가로서의 자존심을 버리고 그의 제의를 받아들일 줄 아는 아량을 갖춘 사람이었습니다. 만일 둘 중 어느 하나가 자신의 의견을 굽히지 않았다면 카버의 존재는 없었을 지도 모릅니다. 고든 리시 또한 뛰어난 편집자로 명성을 날리지 않았을지도 모릅니다.

카버와 고든 리시는 작품에 대한 이견으로 문학적으로는 결별을 했지만, 그들은 서로에게 있어 빛과 소금과 같은 존재였습니다.

고든 리시처럼 누군가에게 빛과 소금과 같은 인생이 된다는 것은 자신에게도 상대에게도 위대한 축복과도 같은 일입니다. 이런 인생이야말로 최고의 가치를 지닌 인생이니까요.

이는 미국의 대표적인 단편소설가 레이먼드 카버가 탁월한 편집자인 고든 리시를 만나 성공적인 작가가 되는 과정을 다룬 에세이다. 한 인간이 크게 성장하는 과정엔 그를 전적으로 믿고 도움을 주는 정신적, 물질적 후원자가 있기 마련이다.

이런 사이는 믿음과 신뢰를 바탕으로 한다. 믿음과 신뢰가 없이는 불가능한 일이다.

이 에세이의 주제는 '누군가에게 빛과 소금과 같은 인생이 되자'이다.

왜 그럴까. 그랬을 때 자신은 물론 상대방에게도 축복과도 같은 행복한 삶이 주어지기 때문이다.

그렇다. 이 에세이를 읽은 사람은 이 에세이의 주제에 대해 깊이 공감하리라 생각한다.

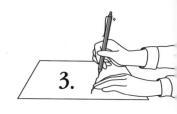

글감은 어떻게 정하고,
무엇을 써야 할까?

◦ 글감이란 무엇이며 그 중요성은 무엇인가?

글감이란 글을 쓰는 데 있어 바탕이 되는 모든 재료를 말하는 것으로 우리가 흔히 알고 있는 소재를 말한다. 그리고 제재란 주가 되는 글쓰기 재료를 말한다.

글감이 글에서 중요한 것은 글감을 무엇으로 하느냐에 따라 좋은 글이 될 수도 있고, 나쁜 글이 될 수도 있기 때문이다. 그런 까닭에 글을 쓸 때는 같은 주제를 지니더라도, 그 글의 성격에 잘 맞는 글감을 찾아서 써야 한다.

<'아버지'를 제목으로 해서 시詩를 쓰는 경우>

아버지를 제목으로 시를 쓸 때 생각해 볼 수 있는 글감으로는 아버지의 낡은 가방, 낡은 구두, 낡은 양복, 아버지의 주름진 얼굴, 아버지의 뒷모습 외에도 생각하기에 따라 매우 다양하다.

가령 아버지의 낡은 가방을 보며, 가족을 위해 정작 자신의 것을 챙기지 않는 무한한 사랑을 느낄 수 있고, 아버지의 낡은 구두를 보며 가족을 위해 온 사방 걸어 다니며 일하는 사랑을 느낄 수 있고, 아버지의 낡은 양복을 보고 울컥하는 심정을 느낄 수 있고, 아버지의 주름진 얼굴을 보고 한평생 고생만 한 지난날을 느낄 수 있고, 아버지의 구부정한 뒷모습을 보고 당당하던 아버지의 젊은 시절을 떠올리며 가족을 위해 헌신한 무한 사랑을 느낄 수 있다.

이처럼 글감에 따라 아버지의 모습은 다양하게 표출된다. 이때 자신이 가장 아버지를 잘 표현할 수 있는 글감을 정하면 된다. 그리고 그 글감을 잘 풀어 내도록 시를 쓰면 된다.

어릴 적 내가 아버지가 되면
새파란 잔디 위를 걸어가듯

멋진 아버지가 되어 세상을 품에 안고

그 모두를 사랑하고 싶었다.

그러나 그것이 환상이라는 걸 알고부터

나의 가슴엔 아픔이 찾아 왔고

백지장처럼 하얗던 마음속엔

먹구름이 끼기 시작했다.

나이를 먹어간다는 것은

슬픈 일이라는 것을 알게 되었고

어른이 되어 부모 곁을 떠나

부모가 된다는 것은

고독한 일이라는 것을 알게 되었다.

아버지가 되는 길은

눈물의 길이며 가시밭길이다.

그 길을 벗어나고 싶을 때가

많다는 것은 가슴 아픈 일이다.

갈대처럼 흔들리는 아버지의 길

새벽별마저 깊이 잠든 새벽녘에 홀로 깨어나

마른 담배 연기를 삼키는 아버지의 애타는 마음

아버지의 길은 고독의 길이며

늘 벼랑 끝에 서서 아래를 내려다보는

두려움의 길이다.

아버지의 길을 한편의 영화 보듯 꿈꾸지 마라.

아버지 길 앞에 경건한 마음으로 서라.

아버지의 길은 때론 그 누구도 당당할 수 없는

굴욕의 길이며 안개 속에 쌓인

무심無心의 길이다.

이 시는 2011년 'KBS 낭독의 발견'에서 소개된 시로 제목
은 〈아버지의 길〉이다. '아버지란 어떤 존재이며, 아버지는 무
엇으로 사는가'에 대한 물음이며, 그 답이라고 할 수 있다. 아
버지라면 누구나 자기 얘기처럼 느껴져 공감하게 될 것이며,
자식들은 아버지란 존재에 대해 생각하는 기회를 갖게 될 것
이다.

🕴 예문 2

<'산책'이란 제목으로 산문散文을 쓰는 경우>

산책을 제목으로 하여 글을 쓰는 경우 생각해 볼 수 있는
글감으로는 감나무, 이웃집 개, 텃밭, 장미 외에도 생각하기에
따라 글감은 무궁무진하다.

가령 감나무를 글감으로 글을 쓸 때에는 산책하는 길에 만
나게 되는 감나무에 탐스럽게 매달린 감을 보고 느낀 것을 쓸
수도 있고, 이웃집 부근을 지나면 늘 반겨 주는 이웃집 개를
보고 느낀 것을 쓸 수도 있고, 고추, 가지, 상추, 옥수수가 가지

런히 심겨진 텃밭을 보고 느낀 것을 쓸 수도 있고, 담장 가에 피어 있는 새빨간 장미를 보고 느낀 것을 쓸 수도 있다. 그리고 각각의 대상에서 느낀 것을 어떤 주제로 담아 낼 것인지를 숙고해서 쓰면 된다.

내가 사는 아파트 주변엔 산이라기보다는 언덕이라는 표현이 더 잘 어울리는 무늬만 산 모양을 한 동산이 있습니다. 그래도 제법 나무는 많은 편이라 갖가지 새들이 둥지를 틀고 수시로 노래를 불러 댑니다. 또한 갖가지 풀꽃들이 피어 있고, 여기저기 텃밭에는 갖가지 채소가 자라는 등 산책을 하기에 딱 좋은 조건을 갖추고 있습니다.

나는 주로 밤 10시 쯤 산책을 합니다. 아파트를 나와 골목길을 따라 걷다 보면 길옆을 따라 나지막한 산이 길게 이어져 있어 마치 시골길을 걷는 듯한 느낌이 들곤 합니다. 산에는 갖가지 풀꽃이 줄지어 피어있고, 향긋한 풀 냄새가 코끝을 스칠 때마다 머리가 환하게 맑아 옵니다. 아파트를 곁에 두고 있는데도 나무와 풀들이 있다는 이유만으로 그 느낌의 차이는 실로 큽니다.

그 맑고 환한 청량감이 나는 참 좋습니다. 그렇게 한 시간 가량을 천천히 걷는 것만으로도 온 몸에 새로운 세포가 돋듯 활력이 솟곤 합니다.

그러던 어느 날이었습니다. 그 날도 여느 때와 다름없이 산책을 나섰습니다. 아파트를 나와 500여 미터 쯤 걷다 더는 산책을 할 수 없었습니다. 미세먼지가 얼마나 심한지 코가 맹맹하고 입안이 텁텁한 게 많이 답답함을 느꼈습니다. 아파트를 나올 때만 해도 잘 몰랐는데 참 놀라운 일이었습니다. 아쉬움이 들었지만, 발길을 돌릴 수밖에 없었습니다.

나는 집으로 들어오자마자 이를 닦고 샤워를 했습니다. 눈에 잘 보이지 않는 미세먼지가 그렇게 나쁘다는 것을 그 잠깐 사이에 알아 버린 것입니다.

그 날 이후 때때로 산책을 나섰지만 예전 같지 않은 밤공기로 인해 산책을 하기가 꺼려졌습니다. 사색도 하면서 건강한 몸을 보존하기 위한 산책을 할 수 없다는 것은 내겐 여간 아쉬운 일이 아닙니다.

인간은 물질문명의 발달로 생활의 편리함과 물질의 풍족함을 얻었지만, 그로 인해 맑은 공가와 깨끗한 물을 잃었습니다. 물론 공기를 정화시키는 공기청정기와 정수기가 있지만, 인위人爲를 가하지 않은 자연 그대로의 '원초적 무위無爲'를 뛰어 넘을 수는 없습니다. 비록 가난했지만 맑은 공기와 맑은 물을 맘껏 들이 키고 마시던 때가 그리워집니다. 자연은 자연 그대로일 때가 가장 자연스러운 법이니까요.

이는 〈산책유감〉이란 에세이다. 작가는 주로 밤 10시에 산책을 하는데 집주변으로 낮은 산이 있어 산책을 하다 보면 텃밭도 만나고, 갖가지 풀꽃과 꽃들이 뿜어내는 향기로 유쾌한 기분에 사로잡힌다.

그런데 어느 날 산책을 나갔다가 그냥 집으로 돌아오고 만다. 그 이유는 지독히 심한 미세먼지로 산책하기가 곤란해서다. 그리고 말한다. 공기가 탁하게 된 것은 더 잘 살기 위해 자연을 망가트렸기 때문이라고. 그런 까닭에 자연을 소중히 해야 한다는 일침을 놓고 있다.

두 가지 예문에서 보듯 어떤 글을 쓰느냐에 따라 글감은 무궁무진하다. 그 많은 글감 중에 자신이 쓰고자 하는 주제에 잘 맞는 글감을 택해 쓰면 된다. 예문에서는 편의상 장르를 시와 산문으로 한정했지만, 이는 소설의 글감도 될 수 있고, 시조의 글감도 될 수 있고, 동화의 글감도 될 수 있고, 동시의 글감도 될 수 있다.

이렇듯 글감은 장르에 따라 따로 있는 것이 아니다. 같은 글감도 자신이 쓰고자 하는 장르에 맞게 쓰면 된다. 그리고 보다 중요한 것은 자신의 생각을 잘 나타내도록 표현력을 잘 살려 쓰면 되는 것이다.

° 글감의 종류에는 어떤 것이 있을까?

앞에서 말했듯이 글감은 무궁무진하다. 그런데 글감의 종류라니 이는 또 무엇을 말하는 것일까 궁금해질 것이다. 이에 대해 살펴본다는 것만으로도 글감을 정하는 데 많은 도움이 될 것이다.

첫째, 눈으로 본 것이다.

사람은 하루에도 수많은 것을 본다. 의도적으로 보려고 하지 않아도 자연히 눈에 띄게 된다. 그것은 다양한 사람들의 삶, 길거리 모습, 꽃과 나무를 비롯한 자연, 곳곳에 널려 있는 갖가지 사물 등 무수히 많다.

이렇게 많은 것들을 보면 자연스럽게 가슴에 와닿는 감동들, 기억에 남는 사물들, 강한 느낌을 주는 대상 등이 있기 마련이다. 시인이나 작가들은 특별한 것이 아니더라도, 하찮고 소소한 것들에서 남들이 보지 못하는 글감을 찾아낸다. 하지만 일반인들은 그러지 못한다. 특별한 것이 있다손 치더라도 그것이 글감이 되는지조차도 잘 모른다. 그러니 글감을 찾는 것은 고사하고 글 쓰는 것은 더더욱 하지 못한다.

그러나 일반인들도 앞에서 설명한대로만 한다면 시인이나 작가들처럼은 하지 못해도 충분히 잘할 수 있게 된다. 물론 글감 찾기에 습관화가 되었을 때 그렇다는 말이다. 어쨌든 설명하는 대로만 하면 아무것도 못할 것만 같아도 흉내는 내게 되고, 꾸준히 사물을 보는 눈을 기른다면 좋은 글감을 찾아냄은 물론 그것을 바탕으로 글도 쓰게 될 것이다.

둘째, 귀로 들은 것이다.

사람은 날마다 수많은 갖가지 소리를 들으며 살아간다. 자신이 듣지 않으려고 해도 열려진 귀를 통해 자연스럽게 들리는 것이 소리다. 사람들 말소리, 자동차 소리, 새소리, 장사꾼들이 외치는 소리 등 오만가지의 소리가 귓전을 울린다. 온갖소리를 듣다 보면 대개가 소음에 지나지 않지만, 마음을 따뜻하게 하는 소리, 마음을 맑게 하는 소리처럼 마음을 울리는 듣기 좋은 소리들도 있다.

이처럼 좋은 느낌이나 강한 느낌을 불러일으키는 소리들을 듣다 보면, 그 가운데는 글감이 되는 소리도 있기 마련이다. 이때 그 느낌을 담아 글로 쓰면 누구에게나 공감을 주는 글이 되기도 한다.

셋째, 경험, 독서, 느끼고, 들은 이야기 등이다.

사람들은 살아가면서 많은 경험을 하게 된다. 그 경험들 중엔 좋은 글감들이 많다. 직접 경험을 하다 보면 피부에 와닿기 때문이다. 그런 까닭에 경험을 통해 쓰는 글은 그 느낌이 강하게 나타난다. 그래서일까, 공감력이 참 좋다. 경험보다 더 훌륭한 교사는 없다고 하듯 글감 역시 마찬가지다. 독서 즉,

책을 읽은 내용도 글감으로 썩 유용하다. 그리고 느끼고, 들은 이야기 등도 좋은 글감이 된다. 그런 까닭에 경험, 독서, 느끼고, 들은 이야기 등도 좋은 글감으로 손색이 없다고 하겠다.

◦ 무엇을 쓰고 어떻게 써야 할까?

글을 쓰기 전에 먼저 주제를 정한다. 주제를 정하고 나면 그 주제에 잘 맞는 소재를 정한다. 소재를 정하고 나면 제목을 정한다 물론 상황에 따라 제목을 먼저 정하기도 한다.

이렇게 글쓰기 준비를 마치고 나면 본격적으로 글을 쓰게 되는데, 글을 쓸 때는 본 대로, 들은 대로, 경험하고 느끼고 생각한 대로, 또 자유롭게 상상한 것을 쓰면 된다.

글을 쓴다는 것은 자신의 생각을 남에게 보여 주는 행위이다. 글을 써서 서랍 속에 넣어 둔다면 그것은 더 이상 글이 아니다.

그렇다. 글이란 쓰는 대로 읽혀져야 한다. 그러기 위해서는 읽을 만한 가치를 지니도록 써야 한다. 그런 까닭에 글엔 책임이 따르는 법이다. 즉 자신이 쓴 글은 스스로 책임질 수 있도록 신중히 쓰라는 말이다. 그래야 글로서 가치를 지니기 때문이다.

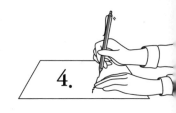

좋은 글은
어떻게 쓸까?

◦ 말과 글의 차이

사람들이 자신의 생각을 전하는 방법은 크게 두 가지이다. 하나는 말이며 또 하나는 글이다. 말은 자신이 생각을 쉽고 빠르게 전할 수 있는 장점이 있다. 왜 그럴까. 말은 두서가 없더라도 상대방이 듣고 충분히 이해할 수 있기 때문이다. 물론 말도 조리에 맞게 해야 한다. 하지만 말은 자신의 생각을 쉽고 빠르게 전달한다는 면에서 매우 유리하지만, 말하는 순간 사라지고 만다. 그런 까닭에 기록을 할 수 없다는 단점이 있다.

글은 자신의 생각을 빠르고 쉽게 전하지 못하지만, 오랫동안 보존할 수 있다는 장점이 있다. 그런데 아이러니하게도 아무리 말을 잘하는 사람도 자신이 한 말을 글로 쓰라면 똑같이 쓰지 못하는 경향이 있다. 그러면 왜 이런 현상을 보이는 걸까.

이에 대해 소설가 이태준은 "말은 청각에 이해시키는 것, 글은 시각에 이해시키는 것"이라고 말했다. 그리고 이어 말하기를 "말은 그 자리, 그 시간에 사라지지만, 글은 공간적으로 널리, 시간적으로 얼마든지 오래 남을 수 있는 것"이라고 말했다. 또 "글은 말처럼 절로 배워지는 것이 아니라 일부러 배워야 단자單子도 알고, 기사법記寫法도 알게 되는 점이다"라고 말했다.

이는 무엇을 의미하는가. 앞에서 말했듯이 말은 저절로 익히게 되지만, 글은 배워야만 읽을 수 있고, 자신이 쓰고 싶은 것을 쓸 수 있다는 것을 알 수 있다. 하지만 배운다고 해서 다 글을 잘 쓰는 것은 아니다.

그러면 왜 이런 현상이 나타나는 걸까. 그것은 글은 말과 다르게 논리에 맞게 써야 하기 때문이다. 즉, 짜임새 있게 써야 한다는 말이다. 짜임새를 갖추지 않은 글은 아무리 내용이 좋아도 좋은 글이라고 할 수 없다. 내용도 좋고 짜임새를 잘 갖춰야 좋은 글이라고 할 수 있다. 그러니까 아무리 말을 청산유수처럼 잘 하는 사람도 자신이 한 말을 그대로 옮기지 못하는 것은 짜임새 있게 글을 쓰지 못하기 때문이다. 그런 까닭에 좋은 글을 쓰기 위해서는 내용과 짜임새를 잘 갖춰야 하는 것이다.

◦좋은 글을 쓰기 위한 조건

내용과 짜임새를 갖춘 좋은 글을 쓰기 위해서는 좋은 글을 쓰는 조건에 부합해야 한다. 세상의 모든 사물은 그에 부합하는 최적화된 조건에 맞추어 존재한다. 글 또한 마찬가지이다. 그렇다면 좋은 글을 쓰기 위해서는 어떻게 해야 할까.

첫째, 문법에 맞게 써야 한다.

문법이란 말의 구성 및 운용상의 규칙을 말한다. 이를 좀 더 구체적으로 말하면 '문장의 작법 및 구성법'을 말한다고 하겠다. 여기서 작법이란 '글 짓는 법, 그러니까 쓰는 법'이라는 뜻이고, 구성법이란 '여러 부분이나 요소들을 얽어 짜서 체계적인 하나의 통일체로 만드는 방법'을 뜻한다.

그런데 문제는 이러한 문법에 취약하기 때문에 글을 쓴다는 것이 힘들고, 나아가 짜임새 있게 쓴다는 것은 더더욱 힘들기 때문이다. 그런 까닭에 자신이 한 말을 그대로 글로 옮길 때도 쉽지 않은 것이다.

이렇듯 글이란 무작정 쓴다고 해서 되는 것은 아니다. 글다운 글을 쓰기 위해서는 문법에 맞게 써야 한다.

둘째, 맞춤법에 맞게 써야 한다.

맞춤법이란 '어떤 문자로서 한 언어를 표기하는 규칙이나 단어별로 표기하는 관습'을 말한다. 그러면 왜 맞춤법을 중요하게 여겨야 할까. 문장에 있어 맞춤법이 틀리면 눈에 잘 띄기 때문이다. 그리고 맞춤법이 틀리면 그 글을 쓴 사람이 달리 보인다. 가령, 대학을 나오고 석 박사 학위를 가지고 있어도 맞춤법이 틀리면 그 사람을 달리 보게 된다.

"대학을 나오고도 맞춤법 하나 제대로 못 쓰다니. 국어 공부가 형편없었나 보네."

이런 말을 듣는다는 것은 부끄러운 것을 넘어 수치스럽기까지 하다.

그런데 중고등학교만 나와도 맞춤법을 맞게 잘 쓰면 "학교 다닐 때 국어 공부를 잘했나 보네"라고 말하며 그 사람을 달리 보게 된다.

또한 글을 쓸 때 맞춤법이 틀리면 글을 잘못 쓴 것처럼 인식된다. 그러나 맞춤법을 잘 맞게 쓰면 정리가 잘된 것처럼 인식된다. 여기에 맞춤법을 잘 써야 하는 이유가 있는 것이다.

이처럼 글쓰기에 있어 맞춤법은 매우 중요하다. 맞춤법 하나만으로도 그 사람에 대한 좋은 이미지를 지니게 된다.

 셋째, 어휘와 표현력을 잘 살려 써야 한다.

 문장력이 좋으려면 그 문장에 맞는 어휘의 선택을 잘해야 한다. 같은 뜻을 가진 낱말도 그 문장을 더 돋보이게 할 수 있는 낱말을 써야 효과적인 문장이 될 수 있다. 그런 까닭에 좋은 글을 쓰기 위해서는 어휘력이 좋아야 한다는 것이다. 그리고 문장의 맛을 잘 살릴 수 있는 표현력이 좋아야 한다. 표현력은 사람으로 치면 화장술과 같다. 화장을 하기 전엔 평범해 보이던 얼굴도 화장술이 좋으면 한층 더 얼굴이 돋보인다. 그런데 자칫 화장술이 요란스러우면 오히려 아니한 것만 못하게 된다.

 글도 이와 같다. 너무나 꾸미는 글은 오히려 산만해서 글의 맛을 떨어트린다. 글맛을 살릴 수 있는 범위 내에서 표현력을 구사해야 한다. 따라서 좋은 글을 쓰기 위해서는 어휘력을 기르고 표현력을 길러야 한다.

 넷째, 처음 가운데 끝이 잘 갖춰져야 한다.

 '글이 두서가 없다'라는 말을 하곤 한다. 두서가 없다는 것은 일의 차례나 갈피가 없다는 의미로 순서가 없이 무질서하다는 말이다. 그러니까 처음, 가운데, 끝이 잘 맞아야 한다는 말이다. 나중에 써야 할 글을 처음에 쓰고, 처음에 써야 글을 끝에다 쓴다고 한다면 그 글은 정상적인 글이라고 할 수 없다. 물 흐르듯이 처음과 가운데와 끝이 잘 맞아야 좋은 글이라고 할 수 있다.

다섯째, 자신의 생각이 잘 나타나게 써야 한다.

글은 그 글을 쓰는 사람의 생각이 잘 나타나야 한다. 그가 글에서 나타내려고 하는 것이 무엇인지가 뚜렷해야 읽는 사람이 그 사람의 생각을 알 수 있고, 그것을 통해 깨달음을 얻을 수 있다.

그런데 글 쓴 사람의 생각이 분명하지 하지 않으면 읽는 사람에게 흥미를 주지 못할 뿐만 아니라 글로서의 가치를 잃게 된다. 그런 까닭에 좋은 글을 쓰기 위해서는 자신의 생각이 잘 드러나게 써야 한다.

여기서 한 가지 분명히 할 것은 문법에도 취약하고, 맞춤법도 취약하고, 어휘력도 취약하고, 표현력도 취약하고, 두서없이 쓰고, 자신의 생각을 잘 밝혀 쓰지 못한다면 제대로 된 글을 쓴다는 것은 불가능하다. 그러니 좋은 글을 쓴다는 것은 언감생심焉敢生心이다. 즉 꿈도 꾸지 말라는 말이다.

자신을 한번 돌아보라. 나는 과연 이 다섯 가지 조건 중 몇 가지나 갖추고 있는지를. 그리하여 부족한 부분을 집중적으로 공부한다면 그럴듯한 글을 쓰는 데 큰 도움이 될 것이다.

○ 좋은 글이란 이런 글이다

다음 글은 문학상을 수상한 〈경비원 K씨〉란 에세이다. 이 글을 통해 좋은 글이란 어떤 것인지를 직접 느껴보았으면 한다.

현대는 메마른 사막과 같아 하루를 살아가는 것조차 점점 우리를 힘들게 한다. 국민소득은 높아지고 경제 수준이 나아진 반면 그 만큼 더 바삐 몸을 움직여 자신에게 주어진 일을 해야 한다. 그러 다보니 시간에 쫓겨 삶의 여유는 사라지고, 마음은 사막처럼 메 말라 모래바람을 일으킨다.

이런 마음 상태에서 타인을 배려하고 사랑한다는 것은 힘든 일이 다. 하지만 이럴 때일수록 마음의 여유를 찾아야 한다. 그러지 않 는다면 자신에게나 타인에게 득이 될 일이 없기 때문에 메마른 마 음을 맑게 정화시켜야 한다.

거친 마음 밭을 옥토로 가꾸기 위해서는 고운 정서를 갖게끔 '마 음의 비타민'을 섭취해야 한다. 마음의 비타민으로는 정서를 풍부하게 해 주는 시집이나 에세이, 소설 등의 양서가 좋겠고 음악 감상, 미술 감상, 자신에게 잘 맞는 취미 활동도 좋을 것이다. 또한 향기로운 사람을 만나 교류하며 서로의 마음을 나누는 것도 지친 마음과 몸을 푸는데 있어 매우 유익한 일이 될 것이다. 사람이란 결국 사람 숲에서 부대끼고, 그 숲에서 꿈을 이루고 살아가는 존재이기 때문이다.

내가 사는 아파트에 K라는 경비원이 있다. 그는 약간 말이 어눌한 편이지만 아는 것도 많고 눈빛이 선하고 모든 사람들에게 친절하고 겸손해 그를 보고 있으면 마음이 편해진다. 그는 책 읽는 것을 참 좋아하여 그가 무언가에 열중하여 읽는 모습이 무척 정겹다. 그리고 그는 틈만 나면 아파트 주변을 돌며 떨어져 있는 종이나 작은 담배꽁초도 하나 남김없이 주워 아파트가 항상 깨끗하다. 어쩌다 베란다를 통해 내려다 볼 때나, 외출을 할 때 그를 보면 한시도 가만히 있질 않는다. 그의 그런 행동은 경비원으로서의 본연의 의무를 다하는 것보다는, 오랜 동안 몸에 밴 습관처럼 보여 그 사람의 됨됨이가 한층 더 반듯해 보인다. 그는 정서가 맑고 푸르러 인정이 샘솟는다. 그런 사람이 내가 사는 아파트에서 근무한다는 것이 즐겁고 기분이 좋다.

경비원 K씨가 나를 난처하게 할 때가 종종 있다.
어느 날은 몇 번씩 마주칠 때가 있는데 그럴 때마다 "선생님, 이

제 오십니까?" 또는 "선생님, 지금 나가십니까?" 라고 말하며 허리를 거의 육십도 각도로 숙여 정중히 인사를 한다.

그보다 열 살도 훨씬 더 어린 내가 몸 둘 바를 몰라 그러지 말라고 손사래를 쳐도, 그는 한사코 훌륭한 글을 쓰는 작가 선생님은 높이 받들어야 한다며 깍듯이 예우를 한다. 난처한 마음이 들다가도 내 가슴 깊은 곳에서는 이루 말할 수 없는 기쁨의 강물이 흐른다.

그에겐 진한 삶의 향기가 있어 나는 그를 볼 때마다 그 어떤 꽃에서보다도 진한 향기를 맡는다. 그 향기는 참으로 맑고 곱고 향기로워 오랫동안 내 가슴을 따뜻하고 풍요롭게 만든다. 그래서일까, 간혹 그를 보지 못하고 지나치기라도 하는 날은 가슴 한 구석이 허전하고 서늘하다.

그의 말과 행동은 기쁨을 주는 악기가 되어 늘 즐거운 삶의 음악을 연주한다. 조건 없이 남을 즐겁게 하고 기쁘게 한다는 것은 참으로 은혜로운 일이다. 그러기에 그의 삶은 생각만으로는 절대로 할 수 없는 일이다. 그것은 깊이 우려낼수록 뽀얗게 우러나는 사골처럼, 평소에 마음과 몸에 깊숙이 습관화 되어야 할 수 있는 아름다운 행위인 것이다.

여러모로 부족하고 성숙하지 못한, 자신의 막내 동생뻘 되는 나를 작가라는 이유 하나만으로 극진히 대하며 변함없는 모습을 보여주는 그는 내 마음속의 성자聖者 이다. 그래서 좋지 않은 일로 마음이 불편할 때나 마음이 우울할 때 그를 생각하면, 어느새 내 마음속엔 고요한 평온이 찾아와 마음이 안정된다.

"이 세상의 참다운 행복은 남에게서 받는 것이 아니라 내가 남에게 주는 것이다. 그것이 물질이든 정신적인 것이든 사람에게 있어 가장 아름다운 행동이기 때문이다." 라고 아나톨 프랑스가 말했듯이 그는 진정한 삶의 행복과 기쁨을 알고 실천하는 '삶의 오아시스' 같은 사람이다.

시간이 흐를수록 경제 수준은 높아지고 그에 따른 사회적 변화도 몰라보게 달라질 것이다. 급격히 사회가 변할수록 사람들의 마음은 더욱 메말라가고 강팍해 진다. 그럴 때일수록 독서를 하고, 다양한 취미생활을 통해 정서를 풍부하게 길러 서로가 서로에게 '삶의 오아시스' 가 되어야 한다.

현명한 사람은 자신의 마음을 상황에 맞게 조율하나 미련한 사람은 자신의 마음의 지배를 받는다. 삶의 지배를 받는 사람이기보다는 그 어떤 삶도 자신의 의지대로 끌고 가는 사람이 작금□□의 현자賢者 가 아닐까 한다.

삶의 오아시스인 경비원 K씨는 이런 점에서 볼 때 작금의 현자임에 조금도 부족함이 없을 것이다.

이 에세이는 앞에서 말한 좋은 글의 조건인 다섯 가지를 잘 갖춘 글이다. 이 글의 경비원 K씨처럼 누군가에게 삶의 오아시스 같은 사람이 된다는 것은 본인에게도 상대에게도 보람

되고 행복한 일이 아닐 수 없다.

좋은 글이란 마음을 맑게 정화시키는 영혼의 세례洗禮이다. 좋은 글을 쓰고 싶다면 다섯 가지 조건대로 꾸준히 습작하기 바란다.

글쓰기에 도움이 되는
7가지 핵심 포인트

글쓰기를 잘하고 싶다면 글쓰기에 도움이 되는 7가지 포인트를 마음에 담아 두어라. 그리고 이를 방법에 따라 실천에 옮겨야 한다. 아무리 좋은 방법이라도 실행에 옮기지 않으면 화중지병畫中之餠과 같고, 불필요한 무용지물無用之物일 뿐이다.

◦ 글쓰기에 도움이 되는 7가지 포인트

첫째, 일상에서의 경험을 잘 활용하라.

우리는 일상생활에서 많은 경험을 하게 된다. 어떤 경험이든 경험은 내게 유익하기도 하고, 해가 되기도 한다. 유익이 되는 경험은 그것을 통해 지혜롭게 행하게 되면, 삶을 살아가는 데 큰 도움이 된다. 또한 해가 되는 경험은 그것을 통해 깨달음을 얻고 긍정적으로 작용하게 하면 삶을 살아가는 데 큰 도움이 된다. 그런 까닭에 유익이 되는 경험이든, 해가 되는 경험은 둘 다 글감으로 활용할 수 있다. 다만 그 경험을 어떻게 글로 표현하느냐가 중요하다. 이에 대한 이야기를 보자.

《톰 소여의 모험》, 《왕자와 거지》, 《허클베리 핀의 모험》으로 유명한 마크 트웨인. 그는 어렸을 때부터 글쓰기를 좋아해 글을 써서 투고를 하곤 했다. 하지만 가난했던 그는 먹고 살기 위해 스물두 살에 미시시피 강의 수로 안내인이 되었다. 수로 안내인 일은 그가 작품을 쓰는 데 크게 영향을 끼쳤다. 그는 수로 안내인의 경험을 바탕으로 글을 써서 1867년 첫 단편집인 《캘리베러스군의 명물 뛰어오르는 개구리》를 출간하여 대중적인 인기를 끌었다. 그 후 1876년에는 그의 대표작 《톰 소여의 모험》을, 1882년에는 《왕자와 거지》를, 1884년에는 《허클베리 핀의 모험》을 출간하였다.

수로 안내인의 경험은 그의 인생을 바꿔준 천금과도 같은 인생의 보석이었다. 경험은 돈으로도 사지 못한다. 좋은 글을 쓰고 싶다면 경험을 잘 활용하라.

둘째, 관찰력을 키우는 눈을 길러라.

글을 쓰는 데 있어 관찰력은 매우 중요하다. 남이 보지 못하는 것을 발견하는 눈을 갖는다는 것은 보석을 손에 쥐는 것과 같다. 그런 까닭에 글을 잘 쓰는 사람은 관찰력이 뛰어나다. 가령, 작품들을 심사하다 보면 같은 주제를 두고도 생각하는 것이 천차만별이다.

왜 그럴까. 보는 눈이 달라서이다. 어떤 대상을 바라볼 땐 자세히 보아야 한다. 그래야 스쳐지나가는 것에서도 번뜩이는 생각을 발견하는 것이다.

작은 고양이 걸음으로
안개가 내리네.

안개는 조용히 다가와
항구와 도시를 허리 굽혀
말없이 바라보다가
어디론가 떠나가네.

이는 미국의 시인인 칼 샌드버그의 〈안개〉라는 시이다. 시는 비록 소품小品이지만 널리 알려진 명시이다. 이 시는 관찰력이 매우 뛰어나다. 안개가 내리는 모습을 고양이 발걸음으로, 안개가 산언저리를 둘러싸고 있는 모습을 항구와 도시를 허리 굽혀 바라보는 모습으로, 안개가 사라지는 모습을 떠나가는 모습으로 표현했다는 것이 그것을 잘 말해 준다. 특히, 뛰어난 소품의 시는 관찰력이 뛰어나 남이 보지 못하는 것을 찾아내는 눈이 좋아야 한다. 나태주 시인의 《풀꽃》 역시 3연 5행의 짧은 시지만 많은 사랑을 받고 있다. 그런 의미에서 소품의 시를 한 편 더 소개하니 잘 감상하고 느껴 보라.

아침에 눈을 뜨니
온 세상이 새하얗다.

그 어느 화가가 그린들
이보다 진미眞美할까.

하늘이 그려 준
순정의 백미白眉 한 점.

이는 〈설화雪花〉라는 시인데, 아침에 잠자리에서 일어나 내린 눈을 보고 쓴 시로 관찰력이 참 좋다는 것을 알 수 있다. 눈으로 가득한 세상의 풍경을 설화, 즉 하늘이 그린 '눈 그림'으로 표현한다는 것은 아무나 할 수 없는 것이다. 그런 까닭에 남들이 보지 못하는 관찰력을 길러야 한다.

셋째, 인용구를 적절하게 활용하라.

글을 쓰면서 적절하게 인용구를 사용하는 것은 글의 맛을 살리고, 논리적인 글에서는 논리적 근거가 됨으로써 자신의 생각에 확신을 심어 준다. 그런 까닭에 글의 내용에 따라 인용구를 적절하게 활용하는 것이 좋다.

"강한 자존감은 당신이 전쟁에서 포로가 되었을 때 당신이 비굴해지지 않도록 해 줄 것이다. 또 당신이 세상에 맞서 싸울 때 당신의 행동에 대해 옳은 확신을 가져다 줄 것이다."

이는 버트란트 러셀이 한 말로서 자존감의 중요성을 함축적으로 잘 보여 준다. 자존감이 강한 사람은 죽음의 공포 앞에서도 흔들리지 않는 강한 마인드를 갖고 있다. 그래서 이런 사람은 그 어떤 상황에서도 자신의 존재가치를 위해 최선을 다한다. 그리고 그 결과는 긍정적이며 희망으로 나타난다. 또 다른 말을 하나 더 보기로 하자.

"자존감이야 말로 모든 미덕의 초석이다."

존 허셸이 한 이 말 역시 자존감의 중요성을 잘 말해 준다. 자존감이 한 인간에게 미치는 영향이 얼마나 큰 가치성을 지니고 있는지 잘 알 수 있다.

자존감自尊感이 인간에게 있어 얼마나 중요한 마인드인지를 러셀의 말과 존 허셸의 말을 인용해 우리에게 보여 준다. 만일 인용구 없이 글쓴이의 말만 했다면 자존감의 중요성에 대해 독자로 하여금 자각하는 데 미흡한 면이 따를 것이다. 하지만 인용구를 활용함으로써 자존감이 중요하니 자존감을 길러야 한다는 글쓴이의 말에 독자들은 고개를 끄덕이게 된다. 그런 까닭에 글을 씀에 있어 인용구를 적절하게 활용해야 글맛이 날뿐만 아니라 효과를 거두게 된다.

넷째, 글맛을 살리는 표현력을 익혀라.

글쓰기에 있어 표현력은 글의 양념과 같다. 음식을 할 때 양념이 좋아야 음식이 맛이 나듯 뛰어난 표현력은 글맛을 한껏 살려 준다. 그런 까닭에 적절한 수사법이나 표현은 좋은 글을 쓰는 데 있어 필수 조건이다.

"당신에게는 사자와 같은 마음이 있지만, 상상력은 전혀 없습니다. 그런 당신이 부러울 뿐입니다."

이는 마거릿 미첼의 소설《바람과 함께 사라지다》에서 서툴

게 장작을 패고 있는 애슐리에게 스칼렛이 다가갔을 때, 용감하게 현실에 맞서고 있는 그녀에게 애슐리가 한 말이다. 현실에 맞서는 스칼렛의 성품을 잘 포착한 표현이 아닐 수 없다.

《바람과 함께 사라지다》는 제목 또한 하나의 멋진 시구와 같다. 마거릿 미첼은 이 소설 하나로 부와 명성을 얻었다. 그녀가 그렇게 된 데에는 이처럼 멋진 표현을 할 줄 안다는 데 있다고 하겠다. 이처럼 글쓰기에 있어 뛰어난 표현력은 글맛을 결정짓는 요체인 것이다.

다섯째, 영감을 기르는 데 도움이 되는 사색력을 길러라.

글 쓰는 데 있어 영감靈感, 즉 기발한 착상을 하는 데 사색은 절대적이다. 사색은 깊이 맛이 우러나는 묵은지와 같아 글을 깊이 있게, 맛있게 만든다.

왜 그럴까. 사색을 하다 보면 같은 생각도 다르게 생각하게 되고, 미처 발견하지 못했던 새로운 생각을 하게 한다. 그런 까닭에 깊은 사색에서 건져 올린 글은 그것이 시든, 소설이든, 에세이든 독자들에게 좋은 평가를 받는 것이다.

자주 그리고 많이 웃는 것.
현명한 사람들로부터 존경 받는 것.
아이들의 호감을 사는 것.

솔직한 비평가들의 인정을 받는 것.

미덥지 못한 친구들의 배반을 참아내는 것.

아름다움을 식별할 줄 아는 것.

다른 사람에게서 최선의 것을 발견하는 것.

건강한 아이를 낳든

한 뙈기의 정원을 가꾸든,

사회 환경을 개선하든 간에

세상을, 자기가 태어나기 전보다

조금이라도 더 살기 좋은 곳으로 만드는 것.

자신이 살았었기에

단 한 사람이라도 좀 더 마음 놓고 살아간다는 사실을 아는 것.

이것이 성공이다.

이는 미국의 시인이자 사상가인 랠프 왈도 에머슨의 시 〈성공이란〉이다. 나는 이 시를 읽을 때마다 성공이란 정의를 어떻게 이처럼 쉽고 깊이 있게 표현했을지, 생각하곤 한다. 한마디로 말해 에머슨의 깊은 사색력에 있다고 하겠다. 그는 사상가답게 사색하는 데 일가견이 있는 사람이다. 그러니 시 또한 이처럼 쉬운 말로 깊이 있게 표현할 수 있는 것이다.

글쓰기에 있어 사색은 절대적이며, 그런 까닭에 사색력을 길러야 한다는 것을 잊지 말아야겠다.

여섯째, 늘 메모하는 습관을 길러라.

글을 잘 쓰기 위해서는 항상 메모하라. 좋은 생각은 온다는 예고도 없이 찾아온다. 그 때 바로 메모해 놓지 않으면, 다른 일을 하는 동안 잊게 된다. 그리고 생각이 난다고 해도 완전한 생각이 아니면, 처음의 감정은 사라지게 된다. 그때의 난감함은 겪어 보지 않은 사람은 잘 모른다. 하지만 메모를 해 두면 처음 느낀 감정을 고스란히 재현할 수 있다.

왜 그럴까. 사람에게는 기억을 재생시키는 능력이 있다. 그런 까닭에 좋은 생각이 날 때마다 반드시 메모를 해야 한다. 메모는 글 쓰는 사람에겐 기본적인 요소라고 할 수 있다.

일곱째, 꾸준하게 쓰는 연습을 하라.

습작習作은 글 쓰는 사람에게는 당연히 해야 하는 일이다. 꾸준히 글을 쓰다 보면 문장력이 길러지고, 생각하는 힘도 길러진다. 뿐만 아니라 소재를 찾는 눈도 길러지고, 어떤 글을 써야 효과적인지도 감感으로 알게 된다.

세상의 모든 일들은 그 어떤 것도 우연히 잘 되는 것은 없다. 꾸준히 노력했기에 운명 같은 기회도 찾아오는 것이다.

　내가 알고 지내는 시인은 나이가 여든이 넘었지만, 여전히 습작을 하는 일에 열중한다. 나이가 들면 기억력도 감퇴되고, 인지 능력 등 감각도 떨어지고, 순발력도 떨어지지만, 꾸준한 글쓰기로 웬만한 젊은 작가들보다도 글쓰기 감각이 뛰어나다.

　이는 무엇을 의미하는가. 그만큼 연습이 중요하다는 것이다. 그런 까닭에 꾸준한 글 쓰는 연습이 필요하다.

　그렇다. 꾸준한 노력을 이길 재능은 없다. 꾸준한 노력 또한 재능이기 때문이다.

　지금까지 글 쓰는 데 도움이 되는 7가지 포인트에 대해 알아보았다. 이를 잘 활용한다면 글 쓰는 데 큰 도움이 된다. 이 외에 더 생각해 본다면 글감 목록을 작성하기, 독서를 통해 글쓰기 동기 찾기, 자기만의 개성을 살리기 등을 들 수 있다. 다시 한 번 말하지만 알고 있는 것만이 능사가 아니다. 이를 습관화해야 한다는 것을 잊어서는 안 될 것이다.

Chapter 5 _____ 어른들의 다양한 글쓰기

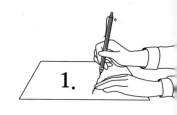

장르별 글쓰기는
어떻게 다른가?

1.

글은 쓴다고 해서 다 되는 것이 아니다. 사람이 저마다의 얼굴이 다 다르고 성격이 다르고 개성이 다르듯 글 또한 종류도 다양하고 저마다 고유의 특징과 형식을 갖고 있다. 그런 까닭에 어떤 글을 쓰던 쓰고자 하는 글의 특징과 형식을 갖춰야 비로소 한편의 글로서 가치를 지니게 된다.

또한 문학성을 갖춘 글이 있고, 문학성은 없지만 실용성을 지닌 비문학적인 글이 있다. 이를 좀 더 자세히 알아 보기로 하겠다.

◦ 문학적인 글과 비문학적인 글

글은 크게 문학적인 글과 비문학적인 글로 나눈다. 문학성을 중심으로 하는 시, 소설, 수필, 시조, 동시, 동화는 문학적인 글이라 하고 논설문, 설명문, 감상문독서감상문, 영화감상문, 음악감상문 외, 논술, 일기, 서간문, 기행문, 추도문, 기도문은 비문학적인 글이라고 한다. 다만 여기서 일기와 기행문 같은 경우는 수필에 가까운 글이라고 할 수 있다.

왜 그럴까. 일기는 그날그날 있었던 일을 글감으로 쓰는 글이므로 수필의 범주範疇에 들 수 있고, 기행문은 여행을 통해 보고, 듣고, 경험하고 느끼고 깨달을 것을 쓰는 글로 이 또한 수필의 범주에 들 수 있는 까닭이다.

이렇듯 수필은 시나 소설과 달리 그 범위가 상당히 넓고, 글감 또한 다양하다.

◦ 장르별 글쓰기는 어떻게 다른가?

사람이 저마다 이름이 있고 개성이 있듯, 글 또한 저마다 이름과 그 글만의 특징과 형식이 있다. 시는 자신이 보고 듣고 느끼고 생각한 것을 함축적인 언어로 시의 형식에 맞게 쓰는 장르이고, 소설은 줄글로서 자신이 보고 듣고 느끼고 생각한 것을 소설의 형식에 맞게 쓰는 장르이고, 시조는 자신이 보고 듣고 느끼고 생각한 것을 시조의 형식에 맞게 쓰는 장르이고, 동시와 동화 또한 자신이 보고 듣고 느끼고 생각한 것을 각각의 형식에 맞게 쓰면 되는 장르이다.

비문학적 글인 논설문, 설명문, 감상문독서감상문, 영화감상문, 음악감상문 외, 논술, 일기, 서간문, 기행문, 추도문, 기도문 등 역시 각각의 특징과 형식이 있는 바, 그 특징과 형식에 맞춰 쓰면 된다.

이렇듯 한 편의 글은 각 글이 지닌 특징과 형식에 맞춰 써야 한다. 글의 내적인 것특징과 외적인 것형식을 무시하고는 그어떤 글도 글다운 글이 될 수 없다. 그런 까닭에 글은 그 특징과 형식에 맞게 쓴다는 점에서 차이를 갖는다.

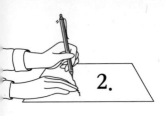

2.

시는 어떻게 써야
잘 쓴 것일까?

○ **시의 정의**定義**는 무엇인가?**

시는 인간이 보고, 듣고, 경험하고, 느낀 것을 인간이 지닌 정서와 이성에 의거依據하여 함축적인 시적 언어로 표현하는 문학적인 글이다. 여기에 좀 더 부연한다면 자연이나 인생에 대해 일어나는 감흥기쁨, 슬픔, 깨달음 등과 사상을 운율적인 언어로 표현하는 글을 말한다. 하지만 시를 한 마디로 정의한다는 것은 불가능하다.

왜 그럴까. 시는 인간의 복잡 미묘한 감정을 표현하는 양식인 까닭이다. 하지만 시인과 사상가들에 의한 정의는 공감대를 형성한다는 점에서 마음에 새겨 둘 만하다.

첫째, 시는 율어律語에 의한 모방이다.

이는 고대 그리스 철학자인 아리스토텔레스가 정의한 것으로, 율격律格 즉 리듬을 지닌다는 점에서 공감을 준다.

둘째, 시는 강한 감정의 자연적 발로發露이다.

이는 19세기 초 영국의 비평가이자 수필가인 윌리엄 해즐릿이 한 말로, 인간이 자연이나 사물을 통해 강한 느낌을 받게 되면, 자연스럽게 일어나는 감정의 현상을 말한다. 이 또한 공감을 주기에 충분하다.

셋째, 시는 체험體驗이다.

이는 체코에서 태어난 독일의 시인인 라이너 마리아 릴케가 정의한 것으로, 매우 공감대를 형성하는 말이다. 시는 체험적인 요소가 가장 강한 문학의 장르이기 때문이다.

넷째, 시는 미美의 운율적 창조다.

이는 19세기 미국의 시인인 애드거 앨런 포가 정의한 것으로, 인생과 자연으로부터 느끼게 되는 아름다운 운율을 지닌 언어로 쓴 것이 시라는 의미이다. 이 또한 공감을 주기에 부족함이 없다.

다섯째, 시는 언어의 건축물집이다.

이는 독일의 철학자인 마르틴 하이데거가 정의한 것으로, 시란 다양한 함축적인 언어로 마치 벽돌로 건축물을 짓듯 쓴다는 점에서 매우 적확한 비유라고 하겠다.

여섯째, 시는 가장 행복한 심성心性에 의한 최고의 기쁨과 즐거움의 순간을 표현한 기록이다.

이는 영국의 시인인 퍼시 셸리가 정의한 것으로, 삶과 자연에서 느끼는 행복한 최고의 순간, 그러니까 행복의 감정이 최고조로 달했을 때의 심정을 표현하는 것이 시라는 것이다. 이 또한 공감을 주기에 충분하다 하겠다.

여섯 가지 관점에서 시란 무엇인가에 대한 나름대로의 정의를 살펴보았다. 여섯 사람의 말이 모두 공감을 주는 데는 부족함이 없다. 하지만 시를 한마디로 정의한다는 것은 불가능하다. 시는 인간이 살아가면서 겪게 되는 기쁨과 분노와 슬픔과 즐거움 등의 다양한 감정을 표현하는 양식이기 때문이다. 그래서 시를 한마디로 정의한다는 것은 시가 지니는 다양성을 잘 모르는 것과 같다고 하겠다. 그만큼 시는 인간의 삶 속에 깊이 밀착되어 왔다. 먼 옛날 원시시대에 사냥할 때 소리를 내어 사냥감을 쫓는다거나 농사를 지으며 불렀던 노래 또한 인간의 정서를 그대로 드러낸 문자화되지 않은 시라고 말할 수 있다.

그래서 시를 어떤 일정한 형식에 얽매이게 한다는 것은 시가 갖는 다양성을 제한하는 우를 범하는 일이다. 따라서 시는 자신의 상상력을 그 어느 것에도 구속당하지 않고 자신이 쓰고 싶은 대로 쓸 수 있을 때 시적 성과를 최대치로 끌어올리게 됨으로써 독자들에게 공감을 줌은 물론 시인 자신도 시적 성취감을 맛볼 수 있다.

그러나 그렇다고 해서 다 시가 되는 것은 아니다. 시의 주제가 분명하게 드러나야 하고, 시적 표현에 있어 저급하거나 뒤떨어져서는 안 된다. 시로서 일정한 수준을 획득해야 한다. 그랬을 때 한편의 시가 가치성을 지니는 것이다.

° 시의 어원 및 시인이란?

시의 어원은 '만든다'라는 의미의 고대 희랍어 포이에인 Poiein에서 유래됐다고 한다. 따라서 시인Poet을 가리켜 제작자Maker라고 한다. 즉 시인은 '시를 만드는 사람'이라는 뜻이다. 시인은 자신이 보고, 듣고, 느끼고, 경험한 것을 자신의 관점에서 상상력을 통해 시를 만들기짓기 때문에 '시의 제작자'라고 할 수 있는 것이다.

왜 그럴까. 하이데거가 말했듯이 시는 언어의 건축물이며 시인은 언어로 '시의 집'을 짓는 사람이기 때문이다. 그러니까 언어로 제작하는 사람이란 말이다.

여기서 유능한 시의 제작자가 되느냐, 그렇지 않느냐는 시를 어떻게 쓰느냐에 따라 달려 있다. 이는 마치 건축가가 어떻게 설계를 하고 건물을 짓느냐에 따라 건축물이 평가되는 것과 같다고 하겠다.

좋은 시의 제작자가 되기 위해서는 뛰어난 언어감각과 상상력을 지녀야 하고 자신이 보고, 듣고, 느끼고, 경험하고 생각한 것들을 누구나 알기 쉬운 언어로 표현해 내야 한다.

그런데 시의 멋을 부리기 위해 시적 기교를 과장되게 부리거나, 자신만이 아는 난해한 표현이거나, 자신의 주관적 관점에 빠져 객관성을 잃게 되면 독자들의 공감대를 형성하는 데 문제가 된다. 이에 대한 자세한 이야기는 뒤에서 설명하기로 하겠다.

◦ 시에 있어 행과 연의 역할

　시에 있어 행과 연의 역할은 언어의 리듬을 형성하고, 의미의 단락을 표시한다. 즉 산문으로 보자면 문단의 역할이라고 할 수 있다. 그리고 시적 이미지의 움직임을 선명하게 해 줌으로써 그 시가 전하는 뜻을 이해하는 데 도움을 준다. 또 시적 통일을 이루는 데 있어 균형을 갖추게끔 역할을 한다.
　시에 있어서 행과 연은 중고등학교 때 배웠기에, 이쯤에서 접기로 하겠다.

◦ 시의 외연과 내포란 무엇인가?

　한 낱말에 있어 외연Denotation 이란 그 낱말의 사전적 의미를 말한다. 예를 들면 '안경'이라는 단어가 있다고 한다면, '시력이 나쁜 눈을 잘 보이게 하기 위해서나 바람, 먼지, 강한 햇빛을 막기 위하여 눈에 쓰는 물건'이 바로 안경의 사전적 의미이며 곧 외연인 것이다.
　내포Connotation 란 그 낱말이 지니고 있는 감정적 연상의 총체라고 할 수 있다. 즉, 그 낱말이 독자에게 불러일으키는 정서적 반응, 암시나 연상, 함축의 결과로 일어나는 반응 등을 포함하여 낱말의 소리가 일으키는 연상, 낱말과 상징적 의미가 일으키는 여러 가지 반응을 뜻한다.

🫘 예문 1

'아버지로 산다는 것은 모노드라마 배우가 되는 것이다.'라고 했을 때 모노드라마 배우의 사전적 의미는 '한 사람의 배우로 상연되는 극의 배우'을 뜻한다. 그런데 내포는 '아버지의 사랑'이라고 할 수 있다. 그러니까 아버지로 산다는 것이 모노드라마 배우가 되는 것이라는 것은 '아버지는 아파도 안 아픈 척, 외로워도 안 외로운 척, 속상한 일도 안 속상한 척, 눈물이 나도 안 슬픈 척'하는 등 그 어떤 고난과 역경을 겪어도 그것은 결국 가족의 사랑과 행복을 위한 것이다. 여기서 모노드라마 배우의 내포는 가족의 행복을 위한 '아버지의 사랑'이라고 할 수 있다.

하나 더 예를 들어 보자. 정한모 시인이 '어머니는 눈물로써 진주를 만드신다'라고 했을 때 진주眞珠의 사전적 의미는 '진주조개, 대합, 전복의 조가비나 살 속에 생기는 딱딱한 덩어리를 말함'을 뜻한다.

그런데 내포는 '헌신적인 사랑'이라고 할 수 있다. 그러니까 어머니는 비록 눈물을 흘리지만 즉 고난과 역경을 겪지만,

그것은 결국 자식의 사랑과 행복을 위한 것이다. 여기서 눈물의 내포는 '고난, 역경, 고통'이라고 할 수 있고, 진주의 내포는 '자식에 대한 사랑과 행복'이라고 할 수 있다.

이처럼 시에 있어서 외연과 내포는 큰 차이가 있음을 알 수 있다. 다음은 시 〈아버지로 산다는 것은〉이다. 이 시를 읽고 외연과 내포가 무엇인지 한번 생각해 보았으면 한다.

🖋 예문 2

아버지로 산다는 것은
모노드라마 배우가 되는 것이다.

아파도 안 아픈 척
외로워도 안 외로운 척
속상한 일도 안 속상한 척
눈물이 나도 안 슬픈 척 한다.

아버지로 산다는 것은
간과 쓸개를 빼 놓는 일이다.

자식을 위해서라면
굴욕적인 것도 참고
비굴하게 굴어도 좋고

할 말이 있어도
꾹꾹 목구멍으로 삼켜버린다.

아버지로 산다는 것은
미련 없이 자신을 버리는 일이다.

자신은 남루한 옷을 입고
거친 음식을 먹어도
자식에겐 좋은 옷으로 입히고
맛있는 것을 먹이고
불평불만을 사랑으로 만든다.

그리하여 아버지로 산다는 것은
빛도 나지 않고
영광스럽지도 않는
무명無名의 시간을 사는 것이다.

◦ 시적 자유(시적 허용)

소설이나 에세이 등 일반적인 산문에서는 지켜야 할 주제
나 문법이나 어법이 있다. 이것으로부터 벗어날 수 있게 시인

에게 허용된 자유를 '시적 자유Poetic licence'라고 한다. 다만 이는 어디까지나 시인의 언어에 대한 자유에 국한된다고 할 수 있다.

영국의 시인이자 극작가인 드라이든은 이 용어에 대해 말하기를 "모든 시대에 있어서 산문의 정직성을 벗어날 수 있는 운문에서 시인 스스로가 가질 수 있는 언어 사용의 자유"라고 정의하였다.

시인이 시적 자유를 누릴 수 있는 이유는 미적 효과를 위해 또는 운율을 살리기 위해, 어조를 부드럽게 하기 위해서이다. 그런 의미에서 시적 자유는 시인에게 있어 시어詩語를 자유자 제로 부릴 수 있는 시적 특권이라고 할 수 있다.

🌑 예문

남을 미워하고 시기하여
내 마음이 아파 올 땐
내 마음의 풍금을 켠다.

선생님 풍금소리에 맞춰 노래 부르던
초롱초롱하던 그 어린 시절을 기억하며
닳고 닳아 빠진 생각의 옷을 벗어 버린다.

나도 모르게 헛된 말을 쏟아 내거나

돌이킬 수 없는 잘못으로

사랑하는 이들의 가슴에 깊은 상처를 줄 땐

내 마음의 풍금을 켠다.

플라타너스 그늘 아래서

소곤소곤 동그랗게 모여앉아 꿈을 키우던

그 시절을 돌이키며

낡고 낡아 버린

헛된 욕망의 빗장을 풀어 버린다.

이는 〈내 마음의 풍금〉이란 시이다. 1연 3행과 3연 4행을 보면 '내 마음의 풍금을 켠다'라고 하였다. 켠다는 것은 바이올린이나 첼로, 비올라 같은 현악기를 연주할 때 쓰는 낱말이다. 피아노나 풍금은 '친다'라고 해야 맞는 말이다. 하지만 이 시에서는 '풍금을 켠다'라고 했다.

그 이유는 무엇일까. 시인은 자신의 의도하는 바를 시도하기 위한 수단으로, '친다'가 아닌 '켠다'로 한 것이다. 이와 같이 맞춤법은 틀렸지만, 시에서는 이를 허용한다고 해서 이를 '시적 자유' 또는 '시적 허용'이라고 하는 것이다.

◦ 시의 이미지란 무엇인가?

첫째, 이미지란 심상心想을 말하는 것으로, 언어에 의해 재현된 즉 쓰여진 '감각적 영상'을 말한다. 그러니까 보고, 듣고, 만져 보고, 느낌으로써 표출된 감각을 마음의 그림으로 재생시킨 것을 말한다. 마치 영화나 드라마에서 스크린이나 TV화면에 촬영한 영상이 드러나듯이 말이다. 그런 까닭에 이미지를 '말言이 그려놓은 그림'이라고 한다. 그런 만큼 시에 있어서 이미지는 매우 중요하다.

이미지의 역할은 의미를 전달하고, 정서를 환기시키고, 상상력을 자극하거나 시적상황을 구성하는 것이다.

둘째, 이미지는 일반적 관점으로 볼 때 정신적 이미지Mental Image, 비유적 이미지Figurative Image, 상징적 이미지Symbolic Image 등으로 나눈다.

정신적 이미지란 보고, 듣고, 만지고, 느끼는 감각적 체험에 의한 심적 이미지를 말한다. 정신적 이미지에는 시각적 이미지, 청각적 이미지, 후각적 이미지, 미각적 이미지, 촉각적 이미지. 공감각적 이미지가 있다. 시각적 이미지는 본 것을, 청각적 이미지는 들은 것을, 후각적 이미지는 냄새에 대한 것을, 미각적 이미지는 맛에 대한 것을, 촉각적 이미지는 만져 봄으로써 느낀 감각적인 것을, 공감각적 이미지는 하나의 시구詩

句에 두 가지의 이미지를 나타내는 것을 말한다. 여기서 다룬 것은 굳이 설명이 없어도 충분히 이해할 수 있는 것이나, 공감적 이미지는 예로 들어 보면 쉽게 이해가 될 것이다.

📖 예문

소나기처럼 쏟아져 내리는 교회종소리

이 시구에는 두 가지의 이미지가 들어 있다. '소나기처럼'이라는 시각적 이미지와 '교회종소리'라는 청각적 이미지이다. 소나기처럼 쏟아지는 것은 눈으로 봄으로써 알게 된 것이며, 교회종소리는 귀로 들음으로써 느끼게 되기 때문이다. 그러니까 소나기가 쏟아져 내리는 것처럼 교회종소리가 큰 소리로 울려 퍼지는 것을 뜻한다고 하겠다.

이렇듯 하나의 시구에 두 가지의 이미지가 들어 있는 것을 공감적 이미지라고 한다.

비유적 이미지란 두 대상의 비교를 통해 관념들을 진술하고 전달한다. 이 비교하는 이미지를 비유적 이미지라고 한다. 비유적 이미지에는 직유Simile, 은유Metaphor, 의인Personification, 풍유Allegory, 제유Synecdoche, 환유Metonymy로 나눌 수 있다.

직유와 은유, 의인법은 중고등학교 때 가장 많이 다루고 배운 거라 설명은 생략하기로 하겠다. 풍유, 제유, 환유만 이해를 돕는 차원에서 간단히 설명하고자 한다.

풍유란 본뜻을 숨기고 비유하는 말만으로 숨겨진 뜻을 암시하는 수사법을 말한다. 속담이나 격언 등이 이에 속한다.

💬 예문

낫 놓고 기역자도 모른다.

옆구리 찔러 절 받는다.

제유는 사물의 한 부분으로 그 사물의 전체를 표현하는 수사법이다.

💬 예문

'빵만으로는 살 수 없다'에서 '빵'은 '먹는 것식량' 전체를 뜻한다.

'빼앗긴 들에도 봄은 오는가'에서 '들'은 '국토'를 뜻한다.

환유는 어떤 사물을 그것의 속성과 밀접한 관계가 있는 다른 낱말을 빌려서 표현하는 수사법이다.

💬 예문

백의천사에서 '백의천사'는 '간호사'를 뜻한다.

백발의 신사에서 '백발'은 '노인'을 뜻한다.

상징적 이미지란 작품 속의 어떤 사물이 그 전체의 의미를 유지하면서 보다 포괄적, 내포적 의미를 나타내는 수사법을 말한다.

상징의 종류에는 문자, 부호, 도형 등을 나타내는 '기호적 상징', 오랜 세월을 두고 되풀이해서 사용하며 관습적으로 널리 보편화된 상징을 '제도적 상징'이라고 하는데 예를 든다면 '비둘기'는 '평화'를 뜻하고, '백합'은 '순결'을 뜻하는 것을 말한다. 그리고 개인이 독창적으로 창조하여 문학적 효과를 얻는 상징을 '개인적 상징'이라고 하며, 원형적인 모티브에 의해 이루어지는 심상을 '원형적 상징'이라고 한다. 예를 든다면 '물'은 '생성'과 '풍요'를 뜻하고, '거북이'는 '장수'를 뜻한다.

셋째, 이미지의 표현 방법으로는 묘사적 심상, 비유적 심상, 상징적 심상 등이 있다. 묘사적 심상은 묘사그림 그리듯이나 서술, 감각적인 언어에 의해 직접 드러나는 심상心象을 말한다. 비유적 심상은 직유, 은유, 의인 등이 비유적인 언어에 의해 드러나는 심상이다. 상징적 심상은 어떤 사물이 다른 사물을 표상하는 상징에 의해 드러나는 심상을 말한다.

🌀 예문

직유_ 아침햇살처럼 맑은 사람

은유_ 오월은 거대한 화원花園이다.

상징_ 쫓아오는 햇빛인데/ 지금 교회당 꼭대기/ 십자가+字架에 걸렸습니다. 이는 윤동주 시인의 시 <십자가>의 1연이다. 여기서 '십자가'는 '삶의 희망'을 상징한다고 하겠다.

이 밖에 시의 갈래나 시의 구성 요소, 시적언어 및 시적언어의 구성요소, 시의 운율, 시의 암시성 같은 것은 이미 중고등학교 때 배운 것으로 충분하기 때문에 더 이상의 설명을 생략하기로 하겠다. 왜냐하면 이 책은 수능을 위한 책이 아니라 누구나 글쓰기를 하는 데 있어 쉽게 접근하고, 접함으로써 도움을 주고자 하였기에 문학개론이니 하는 따위의 이론서가 아닌 까닭이다.

앞에서 다룬 것들은 시를 쓰는 데 있어 직접적으로 연관성이 크기 때문에 다루었고, 그것도 아주 기본적인 이론만 설명하였음을 밝힌다. 무엇보다 중요한 것은 시는 어떻게 쓸까, 어떤 시가 좋은 시일까 하는 등, 시를 쓰는 데 있어 직접적으로 도움이 되는 예문을 두어 이해를 돕고자 하는 것이 이 책이 지닌 목적이다.

◦ 좋은 시는 어떻게 써야 할까?

'좋은 시란 어떤 시일까?' 란 물음에 한마디로 '이런 것이다' 라고 한다는 것은 쉽지 않다. 시는 쓰는 사람에 따라 각기 그 취향이나 시가 지닌 특성과 주제성이 있기 때문이다. 즉 말하자면 시적 다양성과 그 다양성에 따른 시적 취향이 있기 때문이라는 말이다.

그러나 그럼에도 몇 가지로 생각해 보기로 하겠다.

첫째, 시는 쉽게 읽혀야 한다.

자칫 오해의 소지가 있어 조심스럽지만, 여기서 쉽게 읽혀야 한다는 것은 쉬운 언어 즉 시어로 쓰여진 시라야 한다는 말이다. 이 또한 오해의 소지가 있지만, 쉬우면서도 표현력이나 의미에 있어 또 주제에 있어 읽는 사람의 마음에 깊은 울림을 주어야 한다. 그리고 마음에 새길 것은 시어가 쉬워야 하고 시가 쉬워야 한다고 하니, 아무렇게 써도 된다고 생각할 수 있는데 그것은 절대 아니라는 것을 알았으면 한다.

죽는 날까지 하늘을 우러러
한 점 부끄럼이 없기를,
잎새에 이는 바람에도

나는 괴로워했다.

별을 노래하는 마음으로

모든 죽어가는 것을 사랑해야지.

그리고 나한테 주어진 길을

걸어가야겠다.

오늘밤에도 별이 바람에 스치운다.

이는 누구나 다 아는 윤동주의 〈서시〉이다. 시인의 삶과 철학과 사상을 가장 잘 드러내 보이면서도 어렵지 않고, 무겁지 않으면서도 감동의 울림이 깊디깊은 시이다. 이 시가 사랑받는 가장 큰 이유는 이 시가 품고 있는 메시지 즉, 내용과 시적 주제에도 있지만 누구나 이해할 수 있는 평이하고 쉬운 언어로 쓰여 졌기 때문이다.

이렇듯 좋은 시란 쉽고 평이한 언어로 쓰여져 누구나 이해할 수 있어야 한다. 그리고 시적 주제가 선명하게 드러나야 한다. 또한 가슴에 깊은 울림을 주고, 깨우침을 주어야 한다. 마치 무더운 여름날 마시는 시원한 샘물처럼 마음과 생각을 말끔히 정화시킬 수 있어야 한다.

무슨 뜻인지 이해할 수 없는 암흑처럼 난해한 시, 그럴듯한 언어로 포장했지만 감동이라고는 찾아 볼 수 없는 시는 독자들을 곤혹스럽게 하고 시로부터 멀어지게 한다. 그래서일까, 시를 잘 읽지 않는 지금의 시대는 거칠고 메마를 수밖에 없다. 메마르고 거친 시대에 〈서시〉와 같은 좋은 시가 있다는 것이, 우리에겐 행운과도 같은 이유가 여기에 있는 것이다.

우리나라 시단은 1980~1990년대에 이르는 동안 '시의 르네상스'라고 할 만큼 많은 시 독자들이 있었다. 1980년대에는 서정윤 시인의 시집 《홀로서기》, 김초혜 시인의 《사랑굿》을 비롯해 1990년대에는 최영미 시인의 《서른 잔치는 끝났다》등은 경이로운 판매를 보이며 독자들의 사랑을 받았다.

그런데 지금은 어떠한가. 시를 읽는 독자가 거의 없다고 해도 지나침이 없다. 시집을 전문적으로 내는 몇몇 출판사의 시집들도 초판 1,000부를 찍으면 일 년이 되도록 팔리지 않고 대개는 먼지만 쌓인 채 재고로 남아있다고 한다. 다만 문예창작과 학생들이나 일부 시인들이 주독자일 뿐이다. 우리나라에서 시가 죽었다는 말은 무리가 아닐 것이다.

이렇게 된 데에는 인터넷, 스마트폰 등을 비롯한 디지털 미디어의 급격한 발달로 인한 원인도 있지만, 주요인은 바로 시의 난해함과 모호함에 있다는 데 문제가 있다.

상황이 이러할진대 오래전 아무개 시인은 지면을 통해 말하기를 "나도 내가 쓴 시가 무슨 뜻인지 잘 모른다"라고 했다. 나는 그의 글을 보고 하도 기막혀서 '무슨 이따위 시인이 다 있어. 지가 쓴 걸 자신도 모르면서 누굴 보고 읽으라는 거야.

감히 무엄 방자하게. 이런 작자가 시랍시고 쓰고 있으니 사람들이 시를 점점 더 외면하는 거 아냐. 부끄러운 줄 알아야지'하고 분노한 적이 있다.

이 일이 있고 나서 나는 강의하는 곳은 그곳이 어디일지라도 가장 나쁜 시는 자신이 쓰고도 무슨 뜻인지 모르는 시이며, 가장 나쁜 시인은 바로 이런 시를 쓰는 사람이라고 말하며, 시의 본질은 시를 읽는 이들에게 깨우침을 주고, 정서를 맑게 환기시키며, 감동을 주는 데 있다고 말했다.

이처럼 몇 번을 읽어도 무슨 내용인지도 모르는 시는 독자들 입장에서 본다면 독자를 무시하는 시일 수밖에 없고, 그런 시가 마치 '시의 정형'인줄 알고 경쟁적으로 써 댄 시인들에게 전적인 책임이 있다고 하겠다.

이런 시들은 대개 시적 경향이 비슷비슷하다 보니 시인의 이름을 보지 않으면 그 시가 그 시 같다. 이는 무엇을 말하는가. 소재의 다양성에도 불구하고 난해함과 모호함으로 인해 획일화되었기 때문이다. 이런 가운데서도 독자들의 사랑을 꾸준히 받는 정호승, 나태주, 문정희, 김남조, 도종환 시인 등을 비롯한 몇몇 시인들의 시를 보면 자신만의 개성을 잘 드러내면서도 시가 어렵지 않아 읽기에 부담을 느끼지 않는다. 그리고 이른바 세계명시라는 것을 보면 하나같이 시어가 쉽고 읽는데 부담이 없으며, 의미의 전달이 명료하고 시적감흥을 불러일으킨다는 공통점이 있다.

가령 러시아의 국민 시인인 푸시킨의 〈삶이 그대를 속일지라도〉라든가, 영국의 여류시인인 버지니아 울프의 〈이런 사랑〉, 미국의 자연주의 시인인 로버트 프로스트의 〈걸어보지 못할 길〉, 유대인계 미국 시인인 사무엘 울만의 〈청춘〉이라는 시를 보자면, 시가 깊은 울림을 주면서도 어려운 구석이라고는 하나도 없다. 이를 보더라도 난해하고 모호한 시는 독자들로부터 외면받을 수밖에 없다는 것의 방증이 아닐 수 없다.

또한 끼리끼리 어울리는 썩어빠진 패거리 시인들이 있는 한 시의 회복은 불가능하다. 우리만 옳다는 끼리끼리 문학은 편을 가르고, 서로를 불신하게 만드는 원흉인 것이다. 예전 한국시의 르네상스는 아니더라도 최소한의 시가 생명성을 유지하여 이어갈 수 있도록 해야 한다. 시가 죽은 사회는 사람들의 정서 또한 메말라 서로를 불신하고, 자기만 아는 극단적 이기주의로 빠지게 된다. 이 또한 시가 제 역할을 다 할 때만이 회복이 가능하다.

이렇듯 시의 위기는 독자들을 무시하고 외면하는 시만 써댄 시인들과 그런 시를 마치 시의 정형定型처럼 두둔한 일부 몰지각한 평론가들에 있음은 물론 그런 시를 좋은 시라고 치켜세운 일부 그릇된 언론사 문화부기자들, 그리고 주례사 비평만 일삼는 평론가들을 끼고 그 따위 작품만 펴내는 몇몇 출판사에게도 그 책임이 있다고 하겠다.

다시 말하지만 독자들이 읽지 않는 시는 시가 아니다. 난해하고 모호하여 읽지 않는 시는 박제된 시며, 문자의 낭비일 뿐이다. 그런 시는 용도 폐기되어야 하는 시의 쓰레기에 불과하다.

노력하면 누구나 읽을 수 있는 쉬운 시를 쓸 수 있다. 단 저급하지 않아야 하고, 일정한 수준을 이루는 시가 되어야 한다. 사실 이런 시를 쓰는 것이 더 어렵다. 자칫하면 가벼운 시로 비칠 수 있기 때문이다. 이를 뛰어넘는 시를 쓰려니 어려운 것은 당연하다.

그러나 시를 쓰는 시인들은 이를 감수해야 한다. 그것이 곧 시의 독자들을 위한 시인의 책무이기 때문이다.

둘째, 일정한 수준을 갖춰야 한다.

시는 쉬우면서도 일정한 수준을 유지해야 한다. 그러기 위해서는 표현력이 뛰어나고, 의미가 좋아야 한다. 그렇게 될 때 독자들은 감동하게 된다.

나무처럼 아름다운 시를
정녕 볼 수 없으리.

대지의 감미로운 젖이 흐르는 가슴에
주린 입술을 대고 서 있는 나무.

온종일 하나님을 우러러보며

잎이 우거진 팔을 들어 기도하는 나무.

여름이면 머리칼 속에

울새의 보금자리를 지니는 나무.

그 가슴 위로는 눈이 내리고

비와 정답게 사는 나무.

시는 나처럼 어리석은 자가 짓지만

나무는 오직 하나님이 만드신다.

열매와 꽃과 향기 그리고 줄기와 가지 등 자신의 모든 것을 아낌없이 내어 주는 나무, 나무는 아낌없이 자신을 내어 주는 대표적인 자연이다.

미국의 시인 엘프레드 조이스 킬머 역시 이를 깨우쳤기에 '나무처럼 아름다운 시를 / 정녕 볼 수 없으리'라고 조용히 말한다. 그리고 덧붙인다. '시는 나처럼 어리석은 자가 짓지만 / 나무는 오직 하나님이 만드신다'고.

이 시에는 어려운 표현이라고는 없다. 누구나 쉽게 이해할 수 있다. 그런데도 이 시를 읽으면 아낌없는 사랑을 생각하게 하고, 누군가에게 도움을 주는 사람이 되어야겠다는 마음을 갖게 만든다. 크게 기교를 부리지 않았어도, 오히려 그래서 더 마음에 다가 오는 시가 아닐까 한다.

셋째, 주제가 좋아야 한다.

시에 있어 주제는 시인이 나타내려는 그 시의 핵심이므로 이를 잘 나타내야 한다. 그래야 시인의 생각이 독자들에게 전달되어 깊은 울림을 주기 때문이다. 주제가 좋으려면 의미가 잘 드러나야 하므로 이를 간과해서는 안 된다는 것을 가슴에 담아 두고 시를 썼으면 한다.

> 나의 존재를 조금만 남겨 주십시오. 그 존재에 의해
> 당신을 나의 모든 것이라고 부를 수 있도록.
> 나의 의지를 조금만 남겨 주십시오. 그 의지에 의해
> 나는 어디에나 있는 당신을 느끼고, 모든 것 속에서
> 당신을 만나고, 어느 순간에도 당신에게 사랑을
> 바칠 수 있도록.
> 나의 존재를 조금만 남겨주십시오. 그 존재에 의해
> 내가 당신을 숨기는 일이 없도록.
> 나의 사슬을 조금만 남겨 주십시오. 그 사슬에 의해
> 나는 당신과 영원히 연결 되어 있습니다. 당신의

뜻은 나의 생명 속에서 이루어집니다. 그것이 바로
당신의 사랑입니다.

아시아 최초로 노벨문학상을 수상한 인도의 시인 라빈드라
나트 타고르.
그에게 노벨문학상을 안겨 준《기탄잘리》는 신과 인간에 대
한 절대적인 사랑과 행복을 노래하는 감사와 생동감이 넘치
는 시집이다.
앞에 소개한 시는 타고르의 〈당신은 사랑입니다〉이다. 이
시 속엔 절대자이신 신에 대한 시인의 절대적인 사랑과 믿음
이 잘 나타나 있다. 소리 내어 몇 번이고 읽어 보라. 마음이 따
뜻해져오는 기분을 느끼게 될 것이다.
우리는 누구나 신에 대한 사랑이든, 사랑하는 사람에 대한
사랑이든 이런 사랑을 꿈꾸고 이런 사랑을 해야 한다. 사랑은
감사의 원천이자 행복의 거울이기 때문이다.

이상에서 살펴 본 바와 같이 좋은 시를 쓰기 위해서는 쉬운
시어로, 일정한 수준을 갖출 수 있도록 표현력과 의미를 갖
춰야 하고, 주제가 잘 나타나도록 써야 한다. 그렇게 될 때 제
대로 된 시가 됨으로써 읽는 이들에게 감동을 주게 되는 것
이다.

좋은 시는 어떤 것일까?

그러니까 그 나이였어...... 시가 나를 찾아왔어.

몰라, 그게 어디서 왔는지.

모르겠어, 겨울에서인지 강에서인지,

언제 어떻게 왔는지 모르겠어.

아냐, 그건 목소리가 아니었고,

말도 아니었으며, 침묵도 아니었어.

하여간 어떤 길거리에서 나를 부르더군.

밤의 가지에서,

갑자기 다른 것들로부터,

격렬한 불 속에서 불렀어.

혹은 내가 혼자 돌아올 때

얼굴도 없이 거기에 지키고 서 있다가

나를 툭 건드리더군.

나는 뭐라고 해야 할지 몰랐어,

내 입은 이름 부를 줄 몰랐고

나는 눈멀었어.

그런데

내 영혼 속에서 뭔가 꿈틀거렸어.

열병 혹은 잃어버린 날개들이

그리고 내 나름대로 해 보았어.

그 불에 탄 상처들을 해독하며

나는 고독해져 갔어.

나는 어렴풋한 첫 줄을 썼어.

어렴풋한, 뭔지 모를,

순전한 난센스,

아무것도 모르는 어떤 사람의 순수한 지혜,

그리고 문득 나는 보았어.

하늘이 걷히고 열리는 것을,

유성들을,

고동치는 논밭,

구멍 뚫린 어둠,

화살과 불과 꽃들로

들쑤셔진 어둠,

소용돌이치는 밤, 우주를.

그리고 나,

이 미소한 존재는

그 큰 별들 총총한

허공에 취해,

신비의 모습에 취해,

나 자신이 그 심연의 일부임을 느꼈어.

나는 별들과 함께 떠돌았고,

내 가슴은 바람 속에서 뛰어 놀았어.

이는 파블로 네루다의 시 〈시가 내게로 왔다〉이다. 파블로 네루다Pablo Neruda는 칠레 국민이 가장 사랑하는 시인이다. 그는 칠레의 위대한 민중 시인이자 노벨문학상 수상 작가이다. 외교관으로서 정치가로서 남미를 대표하는 시인으로서 한 생을 구가한 그는 철도 노동자의 아들로 태어나 열아홉 살 때 첫 시집 《황혼의 노래》를 출간해서 사람들의 이목을 집중시켰다. 그리고 스무 살 때 시집 《스무 편의 사랑의 시와 한 편의 절망의 노래》로 대중의 사랑을 받으며 남미 전역에서 가장 유명한 시인으로 이름을 떨쳤다.

〈시가 내게로 왔다〉는 네루다가 쓴 시 중 비교적 쉬운 시어로 쓴 시이다. 이 시를 보면 시 한 편을 쓰기 위해서는 시인은 얼마나 많은 것들을 보고, 듣고, 느끼고, 상상해야 하는 것인지를 잘 알게 된다. 그러한 복잡 미묘하고 다양한 심리적인 작용을 통해 비로소 한 편의 시는 탄생되는 것이다. 그런 까닭에 〈시가 내게로 왔다〉는 표현처럼 시는 쓰는 것이 아니라, 쓰인다고 한다. 그러니까 시적 영감Inspiration에 의해 자동적으로 써진다는 의미이다.

　이처럼 좋은 시를 쓰기 위해서는 시를 많이 읽고, 많이 생각하고, 느껴야 한다. 그래야 좋은 시를 많이 쓸 수 있게 되는 것이다.

　가을엔 단풍에 고이 적어 보낸
　어느 이름 모를 산골 소녀의
　사랑의 시가 되고 싶다

　가을엔 눈 맑은 새가 되어
　뒷동산 오솔길 풀잎 위의 아침 이슬 머금고
　사랑하는 이들에게
　햇푸른 사랑의 노래이고 싶다

　가을엔 눈빛 따스한 햇살이 되어
　시월 들판을 풍요롭게 하는
　대자연의 너그러운 숨결이고 싶다

　가을엔 모두를 사랑하고
　모두를 용서하고 모두와 화해하고
　잊혀져간 소중한 이름들을 하나하나 떠올리며
　해맑은 기도를 드리고

살아있는 모든 것들에게
간절한 열망의 의미를 부여하고 싶다

가을엔 나 보다 더 외로운 이들에게
따스한 가슴으로 다가가
그들의 야윈 손을 잡아주고 싶다

가을은 겸손과 감사의 계절
가을은 풍요와 사랑의 계절
가을엔 그 모두에게 읽혀지고 기억되어지는
사랑의 시가 되고 싶다

이 시는 독자들로부터 많은 사랑을 받은 시로 특히, 2011년
에는 대전 시민들이 가장 좋아하는 시에 선정되어 시청 앞에
글자판으로 만들어져 3개월 동안 전시되었으며, 같은 해 대검
찰청 검사들이 가장 좋아하는 시로 선정되어 많은 사랑을 받
았다.

독자들이 이 시를 좋아해 주는 것은 쉬운 시어로, 맑고 투명
한 가을 햇살 같은 부드럽고 해맑은 시적 표현에서 오는 서정
성에 있다. 깊은 서정성은 마음에 감동을 주고 긴 여운을 주
기 때문이다.

〈시가 내게로 왔다〉, 〈가을의 시〉처럼 독자들이 사랑하는

좋은 시는 쉽게 읽혀야 하고, 일정한 수준을 갖춰야 하고, 주제가 좋아야 한다. 이런 시는 아무리 읽어도 싫증이 나지 않고, 읽을 때마다 감동에 젖게 한다.

한마디로 말해 좋은 시는 머리로 읽는 것이 아니라, 마음으로 읽고 가슴으로 느껴야 하는 것이다. 그리고 영원한 울림으로 두고두고 남아야 한다.

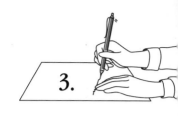

3.

수필은
어떻게 써야 공감할까?

○ 수필이란 무엇인가?

수필은 대표적인 산문문학의 장르이다. 백일장이나 글쓰기 공모에서 시와 더불어 가장 많이 응모되는 문학이다. 이는 무엇을 의미하는가. 수필은 그만큼 누구나 쉽게 쓸 수 있다고 생각하기 때문이다. 하지만 수필은 대개의 사람들이 생각하는 것처럼 누구나 쓸 수 있지만 또한 누구나 쓸 수 없다.

이에 대해 '그건 또 무슨 말이지?' 하고 의아해할 것이다. 즉, 수필은 누구나 쓸 수 있는 글이지만, 누구나 품격 있게 잘 쓸 수 없다는 말이다. 그러니까 수필은 결코 가볍게 쓸 수 있는 글이 아니라는 것이다.

20대에는 시를 쓰고, 30대에는 소설을 쓰고, 40이 넘어서는 수필을 쓴다는 말이 회자되기도 하는데, 이는 수필이란 인생을 알만한 나이에 쓰는 글이라는 것을 의미하는 말이다. 그만큼 수필은 가볍게 쓰는 글이 아님을 의미한다고 하겠다.

수필가이자 시인인 피천득은 그의 〈수필〉이란 제목의 수필에서 이르기를 "수필은 청춘의 글이 아니요, 서른여섯 살 중년 고개를 넘어선 사람의 글이며, 정열이나 심오한 지성을 내포한 문학이 아니요, 그저 수필가가 쓴 단순한 글이다."라고 정의하였다.

여기서 한 가지 수필은 '서른여섯을 넘긴 중년 고개를 넘어선'이라고 했는데, 이 수필을 쓴 당시에는 서른여섯이면 중년 측에 들었다는 것을 알 수 있다. 지금이야 서른여섯은 청년이 아닌가. 그러니까 지금으로 치면 마흔다섯이나 쉰쯤은 되지 않을까 싶다. 어쨌든 수필은 인생의 경륜이 묻어나는 글이며, 그런 만큼 인생이나 사물을 관조觀照하는 나이대의 글이라는 것이다.

그런데 '정열이나 심오한 지성을 내포한 문학이 아니요, 그저 수필가가 쓴 단순한 글이다'라고 했으니 수필은 그저 보통 사람 누구나 쓸 수 있는 글이라고 생각하게 된다.

그러나 〈수필〉이란 그의 수필을 읽고나면, 수필이란 누구나 쓸 수 있지만, 누구나 품격 있게 쓸 수 없는 격조 높은 글이라는 것을 알 수 있다.

수필이란 무엇인가에 대한 정의는 이쯤에서 해 두고, 수필을 실제로 쓰는 것에 대해 좀 더 자세히 설명하는 것이 더 도움이 되리라 생각한다.

◦ 동양 관점에서의 수필

수필이란 수의주필隨意走筆의 줄임말로 뜻에 따라 쓴 글이라는 의미를 지닌다. 이를 좀 더 부연해서 말하자면 수필隨筆이란 한자로 '따를 수', '붓 필'이 합쳐져 이룬 글자이다. 그러니까 생각을 따라 쓰는 글, 또는 붓 가는 대로 쓰는 글이라는 말이다.

수필이란 말은 중국 남송 때 홍매洪邁의 '용제수필容齋隨筆'에서 처음 사용되었는데, 그 서문에 "나는 습벽이 게을러 글을 많이 읽지 못했고, 생각나는 대로 그때마다의 형편에 따라 써놓았기에 차례가 맞지 않는다. 그런 까닭에 이 책의 제목을 수필이라 해둔다."라고 적혀 있다.

이 서문에서처럼 홍매는 자신의 책 제목에 수필이란 말을 쓴 까닭을 밝히고 있다.

수필에 대한 사전적 의미를 보면 '어떤 양식에도 해당되지 아니하고 산문문학의 한 부문이다. 인생과 자연에 대한 수상, 단상, 논고, 잡기 등이 포함되며 생각나는 대로 붓 가는 대로 형식이 없이 보통 1~2쪽, 또는 30쪽 가량 되게 쓴다. 개성적, 관조적 그리고 인간성이 내포되게 위트와 유머, 예지, 기지를 써서 표현하는 글이다.'라고 되어 있다.

우리나라의 경우를 보자면, 수필이란 용어를 처음 사용한 것은 실학파의 대가로 평가받는 연암 박지원이 자신의 저서인 열하일기熱河日記에서 '일신수필'이라고 했다.

◦ 서양 관점에서의 에세이

에세이essay는 '계량하다', '음미吟味하다'라는 뜻을 가진 라틴어 엑시게레exigere에 어원을 둔 에사이essai에서 차용한 말이다.

에세이의 사전적 의미는 '제한된 또는 개인적인 관점에서 주제를 다루는 분석적이거나 해석적인 문학저작이다. 또한 에세이는 어떤 특수한 주제 또는 한 주제의 일부분이 되는 것에 대하여 알맞는 길이의 작문이다. 그것이 본래 완결성의 부족을 내포하고 규칙적인 것이 아니고 숙고되지 않은 것이지만 오늘날에는 범위에 있어서는 제한이 있지만, 문체에 있어서는 다소 정교성을 가지게 된 작문을 말하는 것이다.'라고 정의하고 있다.

에세이란 용어를 처음 사용한 사람은 프랑스 사상가 몽테뉴로 그는 자신이 쓴 글을 묶어 책으로 펴냈는데《레스 에사이스 Les Essais》즉 수상록이다.

○ 경수필은 무엇이며 중수필은 무엇인가?

경수필經隨筆은 일상에서 보고, 듣고, 겪게 되는 여러 가지 글감을 가볍게 쓰는 수필을 말한다. 경수필은 주로 생활수필로 감성적, 주관적, 개인적, 정서적 특성을 지닌다. 경수필은 프랑스어로 미셀러니 Miscellany라고 하는데 몽테뉴의 글이 이에 속한다. 또 이는 우리나라의 수필에 해당한다고 하겠다.

우리가 흔히 에세이 Essay라고 하는 것은 경수필이 아니라 중수필重隨筆을 말한다. 중수필은 영국의 사상가인 프랜시스 베이컨이 처음으로 사용하였다. 그는 자신의 책《베이컨 수상록》에서 에세이라는 말을 붙였다. 그는 간결하고 정확한 문체로 진리, 죽음, 역경, 학문, 칭찬, 예절과 몸가짐 등 59편의 다양한 글을 서술하였다. 그의 글엔 감성적이거나 서정적인 것은 찾아볼 수 없는 논리적이며 통찰과 사색을 바탕으로 한 글이다.

중수필은 일정한 주제를 가지고 체계적이고 논리적이며 객관적인 관찰을 바탕으로 쓰는 격식을 갖춘 수필이다. 즉, 이성적이고 사색적인 수필이다. 이에 해당하는 것으로는 소고小考, 소논문, 칼럼 등을 들 수 있다.

🖊 예문1

오랜만에 아들과 만나 삼청동에서 저녁을 먹고 골목길 언덕 위에 있는 어느 분위기 좋은 카페로 들어갔습니다. 카페는 2층이었는데 아들과 나는 2층으로 갔습니다. 그곳엔 아무도 없었고 피아노가 가지런히 놓여있었습니다. 커피를 시켜 마시고 난 뒤 아들이 피아노 앞으로 가더니 연주를 하기 시작했습니다.

인상주의 음악의 창시자로 불리는 프랑스 작곡가 클로드 드뷔시의 '달빛Clair De lune'이었습니다. 이는 피아노곡집 '베르거마스크' 모음곡 중 제3곡으로 물결 위에 은은히 달빛이 비추이는 고혹적인 밤을 연상케 합니다. 서정성이 탁월하다 보니 드라마와 영화에 자주 등장하는데 특히, 영화 '트와일라잇Twilight'에서 주인공인 로버트 패틴슨과 크리스틴 스튜어트의 사랑은 감미로운 '달빛' 선율로 관객들의 가슴을 설레게 하기에 부족함이 없습니다.

'음악은 선율로 쓴 시'라고도 할 수 있는데 '달빛'은 서정성 가득한, 깔끔하고 담백한 한편의 고혹적인 서정시라고 할 만큼 매혹적인 곡입니다.

그 곡을 아들이 직접 연주하니 느낌이 생생하게 다가왔습니다. 모든 예술이 대개 돈이 되어 주지는 않지만, 예술이 주는 가치로 인해 정신과 마음을 한껏 끌어올릴 수 있어 예술은 영혼을 울리는 소리임에는 틀림이 없다는 생각이 듭니다. 아들의 피아노 연주를 듣고 카페 아래층에서 사람들이 연신 올라와서는 살며시 문을 열고 들여다보다가는 내려가길 반복했습니다. 모든 악기가 다 그러하듯 특히 피아노는 생생하게 라이브로 들어야 깊이를 더욱 느낄 수 있지요.

아들은 2곡을 더 친 뒤 피아노에서 내려왔습니다. 토요일 저녁이 아들의 연주로 인해 카페에 있는 사람들의 마음을 들뜨게 했습니다. 내 마음 또한 한껏 고조되었습니다. 피아노를 전공한 아들이 대견하고 자랑스러웠습니다. 밖으로 나오는데 잘 가라는 카페 여직원들의 인사가 날아갈 듯 경쾌했습니다.

마침 가랑비가 내리고 있었습니다. 가랑비가 내려서일까, 밤공기가 시원하면서도 촉촉하게 다가왔습니다. 아들이 받쳐준 우산을 쓰고 걷는 5월의 삼청동 밤길은, 바흐의 무반주 첼로 선율처럼 군더더기 없는 깔끔한 한 편의 음악이었습니다.

이는 글쓴이가 아들과 같이 함께 한 이야기를 소재로 쓴 경수필이다. 아들과 함께 하는 시간은 글쓴이에겐 무한한 행복을 주기에 부족함이 없다. 이 수필의 주제는 '아들과 함께 한 행복'이라고 할 수 있다.

🖋 예문 2

산과 들이 깊은 겨울잠에서 깨어나 기지개를 켜던 3월 중순 모처럼만에 친구와 만나기 위해 그가 정해놓은 장소로 나갔습니다.

그는 친구들 모임에 이 핑계 저 핑계를 둘러대고 나가지 않는 나를 향해 협박? 을 해대는 바람에 할 수 없이 나갈 수밖에 없었습니다.

사실 몇 군데 강의를 하고 방송 준비를 하는 관계로 바쁘기도 했지만 번거로운 것이 싫었습니다. 언제부터였는지는 정확히 알 수 없지만 아마 등단해서 본격적으로 글을 쓰기 시작할 때 무렵이 아닌가 합니다. 그러다 보니 친구들이나 아는 사람들을 어쩌다 만나면 "죽지 않고 살아 있었네."하고 농을 던지기도 합니다. 그럴 때마다 나는 "바쁜 일이 좀 있어서."라고 웃음으로 때워 넘기곤 합니다.

외출이 자주 없다보니 카페나 커피숍에 가는 일이 극히 드뭅니다. 그래서 어쩌다 그곳 출입을 하려면 어색한 마음을 떨칠 수가 없습니다.

거리의 풍경은 봄을 맞은 기운이 잘잘 흐르고 있었습니다. 역시 봄은 생명의 계절인 것입니다.

친구가 정해 놓은 카페를 찾아 들어갔습니다. 그곳엔 젊은 남녀들의 공간인양 나처럼 그들보다 훨씬 나이든 사람은 눈 씻고 찾아볼 수 없어 약간의 당혹감이 들었습니다. 그렇지만 어쨌든 한쪽 구석에 자리를 잡고 앉았습니다.

그러다 옆에 있는 세 명의 아가씨들을 보게 되었는데 그녀들은 하나같이 담배를 피우고 있었습니다. 다른 쪽 아가씨들도 역시 마찬가지였습니다. 그 모습이 새삼스러운 것은 아니지만 그렇다고 유쾌한 일도 아니었습니다.

그러나 어쩔 것인가, 시대의 흐름이 그들의 의식구조와 생활 패턴을 바꾸어 놓았으니까요. 그러다 옆에 있는 세 명의 아가씨들의 얘기를 듣고는 암담해지는 현실 속으로 빠져들었습니다.

"야, 요즘 세상에 순정은 무슨 말라비틀어진 순정이니? 순정이 밥을 주니 옷을 주니?"

"그래도 순정은 필요해."

긴 머리를 한 아가씨 말에 단발머리를 한 아가씨가 말했습니다. 그러자 이번엔 안경 쓴 아가씨가 말했습니다.

"수미 말이 맞아. 순정은 무슨 순정이야. 요즘 세상엔 그딴 것 다 소용없어. 적당히 즐기다 돈 많은 사람 하나 골라잡는 거야."

"그래, 정인이 말이 맞아. 우리 친척 언니 중에 공부는 지지리도 못하고 허구한 날 남자들이나 만나러 다니고, 여고 때부터 담배, 술만 먹었어도 시집만 잘 가더라. 지금 큰 경양식집을 하는데 어찌나 재는지 눈꼴시어 못 봐준다니까."

"맞아, 맞아. 돈 많은 홀아비면 어때. 순정 팔아갖곤 어느 세월에 삐까한 자가용 굴리고 해외여행 다니며 골프치고 폼 나게 살아보냐. 영숙이 재는 어느 시대에 살고 있는지 몰라."

"야, 너희처럼 그렇게 살면 이 세상은 벌써 망했을 거야. 난 그래도 멋진 연애 한번 해보고 싶어."

"야, 꿈 깨라 꿈 깨. 적당히 지내다가 돈 많은 남자 하나 꿰찰 생각이나 해. 요즘 꼰대들 중 우리 같은 애들한테 은근히 관심 두는 사람들 많아. 난 기회만 오면 탁 하고 잡아챌 거야."

"나도 그래. 공부 백날 해봐라. 적당히 하고 그 시간에 몸매 관리나 하는 게 백번 실속 있지."

그들의 허무맹랑한 세속에 물든 이야기를 들으며 나도 모르게 주먹에 불끈 힘이 들어갔습니다. 세상살이가 물질 우선주의로 바뀐지 이미 오래지만, 한창 꿈을 길어 올리고 다듬고 가꾸어야 할 스물갓 된 그들의 생각 속엔 독 毒 이 들어 있었습니다. 그 독을 품은 생각이 또 다른 그들 또래의 친구들에게 독을 퍼트리는 것입니다.

단발머리 아가씬 친구들의 그 허무맹랑하고 불건전한 생각을 나름대로 논리 있게 반박을 했지만 숫자에서 밀리다 보니 나중엔 "야, 그만 하자. 그만해."하고는 말꼬리를 돌렸습니다.

이것이 비단 우리 젊은이들 모두의 생각은 아닐 것입니다.

그러나 유감스럽게도 이런 생각을 갖고 있는 젊은이들이 있다는 건 슬프고 가슴 아픈 일입니다.

왜 이런 생각을 갖게 되었을까요.

그것은 우리 기성세대들의 책임임은 두 말할 나위가 없습니다. 이젠 조금 먹고 살만해졌다고 골프다 해외여행이다 하며 과소비 풍조에 앞장서대니 그것을 보고 자란 우리의 어린 자식들이 무엇을 보고 배울 것인가요. 한탕주의가 판치고 금권만능주의에 오염된지 이미 오래이건만, 가장 늦었다고 생각할 때가 가장 빠르다는 말이 있음을 상기해야하겠습니다.

참된 삶은 거저 이루어지고 생겨나는 것이 아닙니다. 그럴만한 노력과 행함속에 겨울을 이겨내고 대지 위에 피어나는 푸르름처럼 생기가 돋고 미래가 보장 되는 것입니다.

노벨문학상 수상작가인 어니스트 헤밍웨이는 이르길 "나는 우연히 성공한 것이 아니라 꾸준한 노력으로 성공한 것이다."라고 했습니다.

우리가 파랑새라고 여기는 행운도 헤밍웨이가 말했듯이 꾸준히 노력하고 성실한 삶을 사는 이들에게 찾아오는 하나님의 선물인 것입니다.

그러나 이런 행운을 기대하기보다는 자기에게 주어진 일을 열심히 해 나가는 것입니다. 그러다보면 자기가 생각했던 것 그 이상으로 기쁨의 열매가 열리는 것입니다.

세 명의 아가씨의 말이 요즘 젊은이들의 생각을 단적으로 대변해 준다는 생각에 조금은 씁쓸하고 우울한 감정을 떨칠 수 없었습니다. 하지만 차가 막혀 늦었다고 머리를 긁적이며 들어오는 친구를 보며 가슴 한편으로 밀어놓았습니다. 그렇지만 그와의 이야기 내내 먹구름 낀 장마 날씨마냥 우울한 마음은 어쩔 수 없었습니다.

이 에세이는 오래전 문학잡지에 소개 된 〈독사필멸毒思必滅〉이라는 제목의 에세이로 그 당시 20대 여성들의 생각을 엿볼 수 있다. 그때까지만 해도 순정을 논하는 여성이 드물게 있었다. 하지만 이 에세이의 두 명의 여성처럼 20대 여성들의 생각은 매우 현실적일 뿐만 아니라 다분히 계산적이었다. 이 에세이는 시대적 흐름을 잘 포착하여 20대 여성들의 내면에

흐르고 있는 생각을 잘 나타냈다는 데 큰 의미가 있다고 하겠다.

이 에세이는 중수필로 주제는 '참된 삶의 가치는 행운을 기대하기보다는 자기에게 주어진 일을 열심히 해 나가는 데에 있다'이다.

이 에세이의 주제에서 보듯 논리적이고 정문일침頂門一鍼 적인 깨달음을 주는 것이, 이 에세이의 강점이자 중수필이라는 명제命題에 잘 부합되었다고 할 수 있다.

◦ 수필은 어떻게 써야할까?

첫째, 수필의 구성은 수필의 요소를 말하는 것으로 1. 소재즉 글감 2. 구성틀   3. 문체사상과 개성의 독창성 4. 주제작가의 중심사상을 말하며 인생관, 세계관 등을 말한다.

둘째, 수필의 표현요소로는 1. 사실적으로 표현할 것 2. 자신의 의견을 제시할 것 3. 정서를 담아 낼 것 4. 지식을 바탕으로 할 것 5. 논리적으로 쓸 것 등 다섯 가지로 들 수 있다.

글의 리얼리티를 잘 살리기 위해서는 진실되고 사실적으로 표현하되, 그에 대한 자신의 생각을 반드시 제시함으로써 읽는 사람들에게 공감을 이끌어 내야 한다. 또한 정서적인 것은 정서적으로 잘 표현해야 하고, 자신이 가지고 있는 지식을 바탕으로 논리적으로 표현함으로써 설득력을 높여야 한다. 그래야 읽는 사람이 공감할 수 있고, 그로 인해 좋은 수필로서의 가치를 인정받게 된다.

셋째, 수필의 표현방법으로는 1. 설명이해 위주의 표현, 2. 논증설득, 논증 위주의 표현 3. 묘사대상의 모습을 사실적 구체적으로 표현 4. 서사사건의 진행, 사물의 움직임을 이야기 형식으로 표현 등 네 가지 방법으로 표현한다. 하지만 무엇보다 중요한 것은 자신의 생각을 어떻게 담아내느냐 하는 것이다. 그런 까닭에 자신의 생각을 앞의 네 가지 방법에 따라 적절하게 잘 표현해야 하는 것이다.

넷째, 수필의 작품화로 한 편의 수필이 되는 과정을 보면 소재생활체험 → 내면세계체험의 관조 → 구성과 문체개성적 표현 → 주제글쓴이의 중심적인 생각 로 완결된다.

🖊 예문

햇살 눈부시게 맑은 날 영주 부석사를 가다보면 사과과수원이 양쪽으로 끝도 없이 펼쳐져 있습니다. 사과나무마다에는 생리 혈보다도 붉은 사과가 주렁주렁 매달려 붉은 가을 햇살을 받아 초롱초롱 빛납니다. 마치 작은 꽃등으로 마을 전체가 장식되어진 듯한 모습은 황홀경 그 자체이지요.

그래서 일까, 영주 사과는 빛깔이 더 붉고 윤기가 나는 것 같습니다. 마치 사과가 작은 우주 같습니다. 사과과수원은 우주의 집합체 같다고나 할까, 아무튼 그 생생한 기억은 사과를 볼 때마다 영상이 되어 떠오른답니다.

사과가 우주를 닮은 건 사과 한 알에는 햇살도 담겨 있고, 하늘 빗물도 담겨있고, 맑은 공기도 담겨 있고, 기름진 땅의 기운도 담겨 있고, 푸른 바람도 담겨 있고, 사과를 바라보는 사람들의 고운 눈길도 담겨 있고, 달님이 내뿜는 고운 달빛도 담겨 있고, 새벽마다 영롱한 이슬도 담겨 있는데 이 모두에는 우주의 기氣가 담겨 있어 그것을 먹고 자랐기 때문입니다.

그렇습니다. 사과는 단순한 사과가 아니라 작은 우주인 것입니다. 영주를 다녀오고 나서 나는 사과를 먹을 때 작은 우주를 먹는 것 같은 기분에 더욱 감사함을 느낍니다.

이 세상에 존재하는 모든 것은 어느 것 하나 귀하지 않은 것이 없습니다. 작은 풀꽃, 나무 한 그루, 쌀 한 톨, 콩 한 알도 아끼고 귀히 여겨야 하겠습니다. 이는 대자연에 대한 우리의 마땅한 도리이자 예의이니까요.

이는 〈사과 한 알〉이란 수필이다. 이 수필이 써진 작품화 과정을 보기로 하자.

영주 부석사로 여행 한 일소재 → 탐스럽게 익어 가는 사과를 보며,

자연의 은총이라는 생각을 이끌어 냄체험의 관조 → 생리혈보다도 붉은 사과가 주렁주렁 매달려 붉은 가을 햇살을 받아 초롱초롱 빛납니다. 마치 작은 꽃등으로 마을 전체가 장식되어진 듯한 모습은 황홀경 그 자체이지요개성적 표현. → 이 세상에 존재하는 것의 소중함과 그것을 지켜야하는 인간의 도리주제.

이처럼 작품화 과정에 대해 살펴보았다. 수필을 쓸 때 작품화 과정을 머리 속에 그려 가며 쓴다면 수필을 쓰는 데 큰 도움이 된다.

다섯째, 수필의 소재와 주제와 형식이다. 좋은 수필을 쓰기 위해서는 소재의 발견과 주제를 어떻게 정하느냐가 큰 비중을 차지한다.

인생과 자연, 사회 등 일상에서 보고, 듣고, 경험하는 모든 것에 대해 세심하게 관찰함으로써 소재를 찾아 내고, 깊이 사색함으로써 주제를 발견하게 된다. 그런 까닭에 소재가 좋아야, 좋은 주제를 이끌어 내는 데 도움이 된다.

그렇다면 글의 내용과 형식은 어떤 관계일까. 형식이란 글의 내용을 담는 그릇을 말한다. 수필의 내용은 사실, 의견, 느낌 등 어느 것이라도 무방하다. 그렇지만 내용과 형식이 잘 어울릴 때 좋은 수필이 될 수 있다.

여섯째, 수필의 문체와 수사법이다. 수필 또한 문체style와 수사법이 통용通用되는 문학이다. 간결체, 만연체, 우유체, 강건체, 건조체, 화려체 등 글 쓰는 이의 개성이 드러나는 것이 곧 문체이기 때문이다. 따라서 문체가 수필에도 큰 영향을 끼치는 것은 당연하다고 하겠다.

수사법 또한 시나 소설처럼 마찬가지다. 은유, 직유, 의인, 제유, 환유 등 수필에도 모두 적용된다. 그런 까닭에 수필을 쓸 때 그 문장에 필요한 수사법을 적확하게 또는 적절하게 잘 활용할 때 문장의 맛과 빛깔이 달라지는 것이다. 문체나 수사법은 학창시절에 배운 것이라 이를 환기喚起시키는 의미에서 이 정도의 설명으로 대신한다.

○ 수필은 어떻게 써야 공감할까?

첫째, 너무 꾸미지 말고 진실하게 써야 한다.

어떤 수필을 읽다 보면 마치 좋은 말만 골라 놓은 듯 하고, 자신의 유식을 드러내기 위해 문맥에 그다지 영향을 주지 않는데도 번지르르한 용어를 남발한다. 또 스스로 자신을 칭찬하고 자랑하는 글을 마치 아무렇지도 않게 써 대고, 불필요한 미사여구美辭麗句를 멋진 표현인 양 문장 곳곳에 써 놓는다. 이런 글을 보면 읽다가 건너뛰고 다른 지면으로 눈길을 돌리게 된다. 이런 글들은 대개 자신을 과신하거나 자신의 유식을 은근히 드러내기를 좋아하는 사람들이 쓰는 글이다. 또한 글 쓰는 것을 자신의 신분 상승을 위하고 명예를 높이는 수단으로 여기는 까닭이다.

소위 문학잡지라는 것들을 보면 수준 미달의 시와 소설, 수필 따위로 포장이 되어 있다. 그런 작품들을 보면 스스로를 돌아보게 된다. 나는 저런 작품은 쓰지 말아야겠다는 스스로에 대한 다짐인 것이다.

어쨌든 그런 작품을 써 대는 사람들은 대개 돈은 있는데 딱히 내세울 것이 없는 사람들이 시인, 소설가, 수필가라는 타이틀을 자신의 욕망을 채우는 수단으로 여기는 듯하다. 그런 까닭에 그런 사람들의 심리를 이용해 돈을 받고 작품을 실어 주는 잡지들이 여기저기서 횡행하는 것이 아니겠는가.

바른 길에서 벗어나 학문으로 세상 사람들에게 아첨한다는 곡학아세曲學阿世라는 말이 있듯, 이 또한 문학이라는 본질의 의미에서 벗어나 세상 사람들에게 자신을 알아봐 달라는 것과 무엇이 다르겠는가. 이는 문학의 본질을 잘 모르는 무식한 행위일 뿐 아무것도 아닌 것이다.

아무튼 너무 꾸미고, 자신을 과시하는 글은 좋지 않다. 진실되고 솔직하게 쓴 글이 좋은 수필이다.

🎙️ 예문

8월 말 덕수궁에 갔다. 온 세상을 녹일 듯한 폭염이 가시고 토요일이라서 그런지 덕수궁엔 많은 사람들로 붐볐다. 서울 도심에 숲으로 우거진 유적지가 있다는 것은 축복이다. 접근성이 좋아 언제든지 찾아가 머리를 식히기엔 아주 그만이다. 중화전, 죽조당, 함녕전과 덕홍전, 정관헌을 둘러보고 숲으로 우거진 오솔길을 걸었다. 시원한 바람이 불어오자 숲길이 더욱 쾌적했다. 나는 숲길을 걸으며 그동안 무더위에 지쳐있던 마음과 몸을 말끔히 씻어낼 수 있었다.

나는 아이스크림을 사서는 매점 앞에 있는 의자에 앉아 오랜 시간 걸어서 피곤해진 다리를 쉬게 했다. 그런데 그 때 한 무리의 비둘기 사이로 자그만 참새가 이리저리 통통 뛰어 다니며 바닥에 떨어져 있는 과자 부스러기를 쪼아 먹었다. 사람을 겁내지 않은 비둘기와는 달리 참새는 사람근처엔 얼씬도 하지 않는데 이 참새는 사람들을 전혀 무서워하지 않았다. 나는 너무도 신기해서 손을 내밀어 참새를 불렀다. 다른 참새 같으면 놀라서 도망을 갈 텐데 내 발 밑에 까지 와서는 연신 무언가를 쪼아 먹었다. 그 모습이 너무도 귀엽고 예뻤다.

나는 주변에 먹을 것이 많이 떨어져 있어서 도망을 안 가나 생각했지만, 그보다는 사람들이 자기를 해치지 않는 다는 걸 아는 듯해서가 아닌가 생각했다. 한낱 미물인 참새도 믿음의 소중함을 아는 까닭이다.

그런데 만물의 으뜸이라는 인간은 어떠한가. 서로 믿지 못해 의심을 하고 경계를 하고 불신한다. 그로인해 다투고 심하면 원수지간처럼 되고 만다. 인간이라는 게 부끄러울 때가 한 두 번이 아니다. 그런데도 그 사실을 잘 모르는 것 같다.

믿음은 인간관계에 있어 반드시 지켜야 할 삶의 필수 조건이다. 스스로에게 부끄럽지 않게 믿음을 잘 지켜야겠다.

〈덕수궁 참새〉라는 수필로, 참새 같은 미물도 사람들이 자신을 해치지 않는다는 것을 알면 도망가지 않는다는 깨달음을 꾸미지 않고 진실되게 쓴 글이다. 이를 통해 글쓴이는 인간관계에 있어 믿음을 잘 지켜야겠다는 생각을 보여 준다. 담백하고 진실함이 이글의 장점이라고 하겠다.

둘째, 소재가 좋아야 한다.

소재는 글에 있어 글맛을 내는 중요한 글감이다. 소재가 좋으면 글 읽는 맛이 절로 느껴진다. 마치 향기로운 향이 사람의 코를 은근히 자극하듯이 말이다. 그런 까닭에 소재를 고를 때는 신중을 기해야 하는 것이다.

좋은 소재는 글감이 참신해야 하고, 의미를 전달하는 면에서 공감을 줄 수 있어야 하며, 주제를 잘 이끌어 낼 수 있어야 한다. 다음 수필은 이런 면에서 잘 갖춰진 글이라고 할 수 있다.

🖋 예문

2019년 3월 어느 날 아침, 베란다 문을 열다 뜻밖의 일을 목격했습니다. 베란다 바깥 난간 작은 틈 사이에 작고 여린 풀꽃이 피어 있었습니다.

"아니, 풀꽃이 언제 피었지? 그리고 베란다 난간에 어떻게 뿌리를 내렸을까?"

나는 흙도 없는 베란다 난간에 풀꽃이 자란다는 사실에 흥분을 가라앉히지 못하고 연신 감탄을 쏟아냈습니다. 더군다나 내가 사는 아파트는 6층인데다 그것도 난간에 뿌리를 내리다니 참으로 감동적이었습니다.

추측하건데 바람에 날려 와 베란다 난간에 쌓인 흙에 풀씨가 날아와 싹을 틔웠던가, 아니면 바람에 날려 온 흙에 풀씨가 들어 있었던가, 둘 중 하나가 그 이유가 아닐까 하고 생각해 보았습니다. 이유야 어쨌든 풀꽃의 강한 생명력에 깊은 희열을 느끼며 가슴이 따뜻해져 왔습니다.

나는 스마트 폰으로 풀꽃을 찍었습니다. 이 아름답고 감동적인 순간을 사진으로 남겨 두고두고 기억하고 싶었습니다. 그 날은 풀꽃이 가져다 준 기쁨에 참 행복했습니다.

그 다음날 나는 자리에서 일어나자마자 베란다로 나가 풀꽃이 잘 있나 보았습니다. 밤새도록 강풍이 불고 비가 내렸기 때문입니다. 내 걱정과는 달리 풀꽃은 아침햇살을 받아 맑게 빛났습니다.

나는 반가운 마음에 "풀꽃아, 안녕!" 하고 인사를 했습니다. 그러자 풀꽃도 내 말을 알아들었다는 듯 몸을 가늘게 흔들며 반겨주었습니다. 나는 베란다에 쪼그리고 앉아 풀꽃을 가만가만 쓰다듬어 주었습니다. 아기 볼처럼 보드라운 풀꽃이 손에 닿자 풀꽃이 더 사랑스러워졌습니다.

"풀꽃아, 강한 비바람과 맞서서도 이처럼 우뚝한 걸 보니 참 예쁘고 고맙다. 풀꽃아, 오늘도 즐겁게 지내자."

나는 이렇게 말해주고는 방으로 들어왔습니다.

그 날 이후 한 달이 넘도록 풀꽃은 아무 일 없이 잘 자랐습니다. 나는 한 달 넘도록 매일매일 풀꽃을 보는 즐거움으로 지냈습니다. 그러는 사이 풀꽃은 키가 많이 자랐고, 키가 자란만큼 풀꽃과 정이 들었습니다.

나는 마음을 열고 대하면 풀꽃 같은 식물과도 듬뿍 정이 든다는 사실을 다시금 깨달았습니다.

그리고 무엇보다 고마운 것은 영하로 떨어진 꽃샘추위의 심술에도 꿋꿋하게 버텨냈다는 사실입니다. 그게 그렇게도 대견하고 사랑스러울 수가 없었습니다.

나는 풀꽃의 대견함과 사랑스러움을 <풀꽃>이란 제목으로 시를 썼습니다.

아파트 베란다 바깥 쪽 난간 틈사이로
작은 풀꽃이 피었다.

바람에 날려 와 쌓인 흙에
뿌리를 내린
풀꽃의 저 뜨거운 만개滿開를 보라.

누가 풀꽃을 여리다고 했는가.

비바람 맞으며
꽃샘추위를 견뎌내고
꿋꿋하게 싹을 틔우고 꽃을 피워 올린,

풀꽃의 저 찬란하게 빛나는 생명력!

그것은 하나의
거룩한 종교며, 삶이며, 신념이며, 철학이다.

풀꽃은 더 이상 작고 여린 풀꽃이 아니었습니다. 풀꽃은 내게 있
어 하나의 거룩한 종교며, 삶이며, 신념이며, 철학이었습니다.
나는 나에게 생명의 존엄성과 행복을 선물해 준 풀꽃이 참 고마워,
풀꽃에 입을 맞추고 두 손으로 어루만지며 이렇게 말했습니다.

"풀꽃아, 나를 찾아와 줘서 정말 고마워. 너로 인해 참 행복했단다. 내 년에도 우리 기쁘게 다시 만나자."

"네, 그럴게요. 저를 사랑하고 예뻐해 주셔서 참 감사했어요. 건강하고 행복하세요. 우리 내년에 다시 또 만나요."

풀꽃은 내 말에 이렇게 대답하며 환히 웃는 듯 했습니다. 내 입가에도 잔잔한 미소가 피어났습니다.

〈풀꽃〉이란 수필이다. 글쓴이는 추운 겨울을 떠나보내고 3월 어느 날 베란다 문을 열다 베란다 난간 작은 틈 사이에 피어난 풀꽃을 보고 크게 감동한다. 그 여린 풀꽃이 날아 온 흙이 쌓인 베란다 난간에 생명을 틔웠다는 것은 글쓴이에겐 하나의 커다란 사건이 아닐 수 없다. 글쓴이는 자신이 받은 감동을 글로 풀어냈는데, 그냥 "풀꽃이 피었네." 하고 넘길 수 있는 소소한 것에서도 글감을 찾아 낸 눈이 신선하다. 그리고 그것에 생명력을 불어 넣어 읽는 이들에게 생명의 소중함과 경탄스러움, 풀꽃은 더 이상 작고 여린 풀꽃이 아니라 하나의 거룩한 종교며, 삶이며, 신념이며, 철학이라는 형이상학形而上學적 발상發想을 이끌어 낸 점이 이 수필의 매력이라고 하겠다.

셋째, 표현력이 문장을 받쳐 주어야 한다.

생기가 느껴지는 글, 생동감이 넘치는 글, 마치 글 속에 내가 있는 것 같은 동질감을 느끼게 하는 글은 표현이 자연스럽고, 나긋나긋 얘기를 들려주는 것처럼 정겹다.

생동감 넘치는 글은 무더운 여름날 마시는 시원한 한 잔의 샘물처럼 몸과 마음에 신선한 에너지를 불어넣어 준다. 그런 까닭에 이런 글은 읽고 또 읽어도 처음 읽는 것처럼 새롭고 신선하다. 그리고 마음을 따뜻하고 포근히 감싸 준다.

🖋 예문

"차 한 잔 하실래요?"

아는 사람으로부터 이런 말을 들으면 어떤 생각이 드나요. 아마 대개는 가슴이 환하게 열리며 마음이 따뜻해지는 걸 느끼게 될 것입니다.

이 말에는 여러 의미가 담겨 있는데, 나 하고 같이 차 한 잔 하면서 이야기를 나눴으면 해요, 라든가 또는 내가 당신한테 할 말이 있는데요, 라든가 아니면 무슨 부탁이 있을 때 자연스럽게 하는 말이기 때문이지요.

한 번도 본 적이 없는 사람한테 차 한 잔 하자는 말을 한다는 것은 상식에 어긋나는 일이며, 상대는 의아하게 생각할 게 빤하지요. 그러기 때문에 비록 한 잔의 차를 마시는 일이지만, 이것은 서로가 잘 알지 못하면 쉽게 할 수 없는 말이지요.

나 역시 누군가로부터 "차 한 잔 하실래요?"라는 말을 듣게 되면 마음이 따듯해짐을 느낍니다. 차 한 잔속에는 상대의 따뜻한 마음이 들어 있기 때문이지요.

한 잔의 차가 지니는 또 다른 의미는 모르는 사이에 용무가 있을 때 "차 한 잔 하시겠습니까?" 하고 말을 하면 분위기를 부드럽게 만들어주지요. 하지만 그냥 용무를 볼 땐 다소 경직된 분위기가 느껴지곤 합니다.

이처럼 한 잔의 차는 마음을 나누는 매개체로 또는 용무를 볼 때 분위기를 자연스럽게 하는 매개체로 아주 그만이지요.

"차 한 잔 하실래요?"

오늘 당신은 누군가로부터 이 말을 들어 보았나요? 아니면 당신이 누군가에게 말했나요? 이런 말을 많이 듣고 많이 한다는 것은 그만큼 인간관계가 좋다는 것을 의미하지요.

한 잔의 차는 나눔이며, 사랑이며, 따뜻함이랍니다.

〈차 한 잔 하실래요?〉라는 수필이다. 소품의 글이지만 참 정겹고 따뜻함이 묻어나는 글이다. 마치 다정한 연인이나 사랑하는 사람의 목소리처럼 달콤하다. 하지만 글 속엔 삶의 철학이 담겨 있다. 한 잔의 차를 통해 인간관계의 중요성을 드러내 보인다. 단순히 감성적인 서정수필이 아니다.

이처럼 표현력이 문장을 생생하게 받쳐 주어야 생기 있고 생동감 넘치는 톡톡 튀는 글이 되어 읽는 맛을 높여 주는 것이다.

넷째, 주제가 잘 나타나야 한다.

글에 있어 주제가 좋아야 한다는 것은 불문율不文律과도 같다. 아무리 글이 진실되고, 꾸밈이 없고, 소재가 신선하고, 생동감 넘치는 글이라 할지라도 주제가 약하면 글의 생명력이 취약하다. 실한 나무는 뿌리가 탄탄한 것처럼 좋은 글 역시 주제라는 뿌리가 튼튼해야 한다. 그런 까닭에 주제는 글에 있어 글 나무를 튼튼하게 받쳐 주는 뿌리인 것이다.

🌱 예문

"삶은 우리가 만드는 것이다. 늘 그래왔고 앞으로도 그러할 것이다."

이 말을 한 사람은 그랜마 모세스이다. 그녀는 그림을 배운 적은 없지만 남편이 죽고 일흔 여덟에 자신의 방식으로 그림을 그리기 시작했다. 모세스가 주로 그린 그림은 그리운 추억 등 인간의 정서를 잔잔하게 표현한 소박한 소재가 대부분이다.

그러던 어느 날 미술품컬렉터가 우연히 시골약국에 걸려있던 모세스의 그림을 보게 되었다. 그는 모세스의 그림을 보는 순간 번쩍하는 강렬한 느낌을 받았다. 미술품전문가로서 모세스의 그림이 좋은 평가를 받을 수 있겠다는 감을 느낀 것이다. 미술품컬렉터는 모세스의 동의를 얻어 그녀의 작품을 미국 뉴욕화랑에서 전시회를 열었는데 놀라운 일이 벌어졌다. 모세스의 그림이 많은 사람들에게 감동을 주며 큰 인기를 끌었던 것이다. 그야말로 하루아침에 유명화가가 되었다. 그녀의 그림은 유럽 화랑가에서도 큰 주목을 받으며 일약 스타화가가 되었다. 모세스의 그림은 뉴욕메트로폴리탄 미술관을 비롯해 파리 미술관과 러시아 모스크바 푸시킨 미술관등에 걸려 많은 사람들에게 사랑받고 있다.

모세스는 유명예술가에게 주는 뉴욕메달을 받았으며, 트루먼 대통령이 주는 여성프레스클럽상을 수상하였다. 뉴욕시에서는 모세스의 100번째 생일을 맞아 그날을 '모세스 할머니의 날'로 정해 그녀의 생일을 축하해주었다.

101세에 세상을 떠난 모세스가 남긴 작품은 무려 1,600여점이나 된다고 하니 그저 놀라울 뿐이다. 평범했던 모세스는 일흔 여덟이라는 늦은 나이에 그림을 그리기 시작했지만 그녀가 최고의 화가가 될 수 있었던 것은 자신을 사랑하고 자신이 하고 싶은 일을 진정으로 즐겼기 때문이다.

누구에게나 기회는 언제 올지 모른다. 그런데 그 기회는 아무에게나 오지 않는다. 욕심을 부리지 않고 열심히 즐기다 보면 자신도 모르게 기회는 오는 것이다.

자신이 하고 싶은 일이 있으면 나이를 따지지 말고 언제든지 시작하라. 무슨 일이든 시도하는 것이 중요하다. 그리고 일단 시작했으면 즐거운 마음으로 즐기면서해야한다. 즐기다보면 그만큼 기회도 더 많이 오는 법이다.

〈삶은 우리가 만든다〉라는 수필이다. 일흔 여덟이 되어 그림을 그리기 시작한 그랜마 모제스 할머니. 어린 시절 집이 가난해 학교를 다닌 적도 그림을 배운 적도 없지만, 자신만의 방식으로 그림을 그린 할머니. 사람들이 모제스의 그림에 감동한 것은 급격한 산업화의 발달로 인해 정서가 메말라 버린 사람들의 정서를 환기시켜 주는 소재로 그림을 그렸기 때문이다. 어린아이가 그린 것과 같은 순수함, 방앗간, 농장, 들녘 풍경 등 고향의 정서를 느끼게 하는 소재가 사람들의 잃어버린 마음의 고향을 되찾아 준 것이다.

글쓴이는 모제스의 그림에서 인간의 근원이랄 수 있는 고향과 같은 정서를 발견하고 이를 글감으로 수필을 썼는데, 주제는 모제스처럼 나이를 따지지 말고 자신이 하고 싶은 것을 언제든지 시작하라는 메시지를 준다.

이렇듯 공감을 주는 수필을 쓰기 위해서는 너무 꾸미지 말고 진실되게 써야하고, 소재가 좋아야 하고, 표현력이 문장을 받쳐 주어야 하고, 주제가 잘 나타나야 한다.

그렇다. 공감을 주는 수필을 쓰기 위해서는 이를 반드시 숙지하고, 수필 쓰기의 표본標本으로 삼아야겠다.

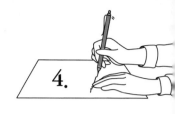

4.

소설은 어떻게 써야
재미날까?

◦ 소설이 문학으로서 지니는 최대의 장점

　시보다 소설이 월등히 많이 팔리는 것은 쉽게 읽히고 재밌
기 때문이다. 시는 비유와 함축적인 시어로 인해, 또 난해함과
모호함으로 인해 이해하는 데 어려움이 따르다 보니 잘 읽지
않는다. 그런 까닭에 아무리 좋은 시라고 떠들어 봐야 독자들
은 난해하고 모호한 시에는 눈길조차 주지 않는다. 그러다 보
니 시집은 찍는 순간 재고在庫가 되고 먼지만 쌓인다는 말이
있을 정도다.

　그러나 소설은 이야기로 풀어 가는 대표적인 산문문학이다.
또한 현실에 있음직한 허구를 소재로 하기 때문에 상상력을 자극시키는 맛이 시나 수필과 다르다. 무슨 말이냐면 시나 수필은 체험을 중시하는 문학이다. 물론 '시나 수필에도 허구가 필요한가?'라는 문제로 다뤄진 예가 종종 있지만 특성상 한계가 있다.

왜 그럴까? 시와 수필은 단문短文에 지나지 않는다. 그러다 보니 허구성을 현실처럼 그럴 듯하게 꾸며 쓰는 데는 한계가 있다. 생각해 보라. 스토리는 장대한데 그것을 줄인다는 것은 이야기의 맛을 떨어트리는 경우이다 보니, 제대로 이야기의 맛을 살릴 수 없다. 이는 마치 창唱과 판소리와 같은 이치다. 창은 대개 짧게 끝나고 만다. 그런데 판소리에는 이야기가 있고, 눈물도 있고, 흥도 있고 그래서 재밌다. 말하자면 시와 수필은 창과 같고 소설은 판소리와도 같은 것이다.

그렇다, 소설은 대개가 장문長文이다. 물론 손바닥 소설이라는 장편掌篇소설이 있지만, 이는 어디까지나 소설의 한 부류일 뿐이다. 소설이 대개 장문이다 보니 지면의 공간에 제약이 따르지 않으며 허구를 현실화해서 맘껏 꾸미고 재주를 부릴 수 있는 것이다. 이것이 소설이 지니는 스토리텔링문학으로서의 최대의 장점인 것이다.

시인이나 수필가에게는 이야기꾼이라는 표현을 하지 않는다. 소설가에게나 이야기꾼이라고 별칭을 붙인다. 즉 소설가는 거짓말 같은 이야기를 마치 진짜인 양 제 맘대로 부려 쓰는 사람인 것이다. 이것이 소설 쓰는 사람에게 주어진 최대의 장점이며 재능인 것이다.

　이렇듯 소설은 허구를 소설적 장치로 이용해 현실인 것처럼 꾸며 쓰는 문학이며, 동시에 소설을 재밌고 흥미롭게 만드는 장점을 지니는 것이다.

◦ 소설은 어떻게 써야 할까?

　시나 수필 등 그 어떤 장르라도 쓰는 형식이 있다. 무턱대고 쓰는 것이 아니다. 소설 역시 소설만의 형식 또는 방법이 있다. 이는 마치 운전자에게 내비게이션이 도움이 되어 주듯 소설을 쓰는 사람에겐 방향을 잡아 주는 길잡이 역할을 해 준다.

　그렇다면 소설을 쓰기 위해서는 쓰기 전에 어떤 과정이 필요한지 몇 가지 관점에서 살펴보도록 하겠다.

　첫째, 무엇을 쓸 것인가를 고민하라.

　소설의 소재 역시 시나 수필처럼 다양하다. 자신이 겪은 이야기나 친구나 주변 사람들이 겪은 이야기, 책에서 본 이야기에서 모티브로 한 것, 드라마와 영화를 보고 번뜩이는 아이디어, 신기하고 특이한 꿈을 꾸고 나서 그 꿈 이야기 등 무궁무진하다. 다만 독수리가 먹잇감을 낚아채듯 소재를 낚아채지 못하기 때문에 소재 정하기가 쉽지 않은 것이다.

무슨 장르나 다 그렇듯 소재가 어떠냐에 따라 글이 재밌기도 하고, 무겁기도 하고, 웃기기도 하고, 울리기도 한다. 소재 즉 무엇을 쓸 것인가는 소설을 쓰는 사람에게는 큰 과제와도 같은 것이다.

어니스트 헤밍웨이가 불후의 명작 《노인과 바다》를 쓴 배경에는 다음과 같은 이야기가 전해진다. 그레고리오 푸엔테라는 사람이 있었다. 그는 어부로서 53일 동안 아무것도 못 잡다가 드디어 여섯 마리의 물고기를 잡았다. 그런데 집으로 돌아오는 길에 상어 떼를 만나 물고기가 모두 상어 떼에게 물어 뜯겨 뼈만 남았다고 했다. 그 얘기를 듣던 헤밍웨이가 소설로 쓰고 싶다고 말했고, 그레고리오 푸엔테는 소재를 허락하는 대가로 술과 음식을 사 달라고 했다. 그래서 헤밍웨이는 그에게 술과 음식을 사 주고 그 이야기를 모티브로 하여 소설을 구상하고 소설을 썼는데 그 작품으로 노벨문학상까지 수상하였다.

이 이야기를 통해 중요한 점을 발견할 수 있다. 대개의 사람들은 그레고리오 푸엔테의 이야기를 단순한 흥밋거리로 듣겠지만, 헤밍웨이는 달랐다. 헤밍웨이는 53일 동안 고기 한 마리 못 잡다, 실로 오랜만에 운 좋게 여섯 마리의 물고기를 잡왔지만, 상어 떼가 나타나 먹어치우는 바람에 빈손으로 돌아온 그레고리오 푸엔테를 통해 한 인간의 집념과 허무를 느꼈던 것이다. 그리고 그것은 헤밍웨이에게 훌륭한 소재로 작용하였고, 그에게 있어 최고의 작품이 되게 했던 것이다.

만일 헤밍웨이가 그레고리오 푸엔테의 말을 듣고, 어부라면 누구나 겪을 수 있는 그저 그렇고 그런 얘기라고 치부했다면 소설의 소재거리는 되지 못했을 것이다. 그러나 헤밍웨이는 소설가로서 늘 '무엇을 쓸까' 하고 생각했을 것이다. 그런데 그레고리오 푸엔테가 겪은 이야기는 헤밍웨이에겐 행운과도 같은 소재가 되었던 것이다.

헤밍웨이의 또 다른 명작《무기여 잘 있거라》는 제2차 세계대전 당시 그가 종군기자로서 언제 죽을지도 모를 전쟁터를 누비며 경험한 것을 소재하였다. 그리고《누구를 위하여 종은 울리나》는 그가 스페인을 너무 좋아하여 4차례나 방문하였는데, 그 곳에서의 다양한 경험을 바탕으로 쓴 소설이다.

헤밍웨이의 경우에서와 같이 소설을 쓰려는 사람에게는 '무엇을 쓸 것인가?'는 매우 중요하다. 소재의 선택에 따라 소설이 잘될 수도 있고, 그저 평범한 소설이 될 수도 있기 때문이다.

세계적인 베스트셀러인《연금술사》는 작가인 파울로 코엘료가 산티아고 순례 길에서의 경험이 모티브가 되었다. 판타지 동화《해리포터》시리즈를 통해 무명에서 일약 유명작가로 변신에 성공한 조앤 K. 롤링. 그녀가 이 소설을 쓰게 된 동기는 어느 날, 퇴근 후 집으로 가는 길에 기차가 갑자기 멈추어 섰고, 그 때 불현듯 해리포터에 대한 아이디어가 떠올랐던 것이다. 그리고 그것은 아주 구체적인 얼개로 짜여졌고, 그녀에게 최고의 베스트셀러작가라는 영예와 10억 달러가 넘는 자산을 안겨 주었다.

이렇듯 성공한 소설들은 '무엇을 쓸 것인가?'에 대한 작가의 깊은 관심 즉, 소재의 선택이 탁월하고, 그것을 어떻게 최적화最適化해서 작품화하느냐에 달렸다는 것을 잘 알게 한다.

비단 성공한 소설이 아니라고 할지라도 소설을 쓰는 사람에겐 '무엇을 쓸 것인가?'는 소설을 쓰는 데 있어 매우 중요한 과제인 것이다. 자신이 소설을 쓰길 원한다면 '무엇을 쓸 것인가?'에 대한 진지하고도 신중한 선택에 최선을 다해야 할 것이다.

둘째, 첫 시작을 어떻게 할지에 대해 생각하라.

사람과의 첫 만남에서 첫인상은 매우 중요하다. 처음 각인된 이미지가 상대방의 마음을 차지하고 오래오래 기억되게 하기 때문이다. 소설 역시 마찬가지이다. 소설은 쓸 때 처음 시작을 어떻게 시작할지에 대해 잘 생각해야 한다. 독자들로 하여금 소설을 읽어야겠다는 생각이 들게 만들어야 한다. 이

것이 독자들의 마음을 끌어당기는 힘이기 때문이다. 그런 까닭에 처음이 밋밋하면 독자들도 별로 흥미를 갖지 못한다. 아무리 중간이나 뒷부분이 빼어나다 해도 첫 시작이 밋밋하여 독자들의 마음을 끌지 못하면 그냥 묻히고 만다. 그래서 첫 시작이 중요한 것이다.

🖋 예문 1

"딩동! 딩동!"

요란하게 현관 벨이 울렸다.

인서는 점심을 먹다 말고 자리에서 일어나 인터폰에 비친 남자와 그 뒤로 그림자처럼 서 있는 남자들을 보았다. 순간 이상한 생각이 들었지만 그녀는 차분히 목소리를 가다듬어 물었다.

"누구세요?"

"여기가 조민수 씨 댁 맞습니까?"

"네. 그런데요."

인서의 목소리가 문풍지에 바람이 일듯 가늘게 떨렸다.

"법원에서 왔습니다."

"법원이요?"

"네. 드릴 말씀이 있으니 문 좀 열어주시지요."

법원 직원이 카랑카랑한 목소리로 말했다. 인서는 문을 열어주면서도 찜찜한 마음을 감출 수 없었다. 법원에서 하등에 올 이유가 없기 때문이다. 잠시 후 여러 명의 남자들이 거실로 들어왔다.

"실례하겠습니다."

작달막한 키의 대머리 남자가 말했다.

"그런데 무슨 일이시죠?"

인서가 조심스럽게 남자들을 살피며 물었다.

"집달관 이병국이라고 합니다. 조민수 씨가 부도를 내 가압류처분 차 왔습니다."

"네에! 부, 부도라니요? 그, 그럴 리가 없어요."

인서의 목소리는 방금 전과는 달리 심하게 떨렸다. 그녀는 너무나 뜻밖의 말에 얼굴이 하얗게 질려 금방이라도 쓰러질듯이 휘청거렸다.

"저, 진정하세요."

젊은 남자가 몸을 움찔거리며 말했다.

"뭔가 잘못 알고 오신 거 아니에요?"

인서는 믿지 못하겠다는 표정으로 말했다.

이는 장편소설 《사랑이 우리에게 이야기하는 것들》의 처음 시작부분이다. 처음 시작부분이 긴장감을 한껏 끌어 올린다. 마치 드라마에서 주인공이 뜻하지 않은 위급한 상황에 처한 것처럼 말이다. 독자는 이 장면에서 '대체 무슨 일이야? 무슨 일인데 시작부터 법원에서 사람들이 찾아오는 걸까'라는 의구심을 품게 되고, 다음 장을 넘기게 된다.

소설의 첫 부분이 매우 인상적이기 때문이다. 이처럼 독자의 호기심을 자극하기 위해서는 시작을 인상적이게 해야 효과적이다.

🖋 예문 2

내가 그녀를 처음 본 것은 화가 이수정의 그림 전시회가 열리는 유림 갤러리에서였다. 나는 문화평론가라는 직업 때문에 문학행사나 그림 전시회, 음악회가 열리는 곳은 어김없이 찾아다닌다. 이수정은 40대 초반 중견 여류 화가로서 초현실주의적인 화풍과 입체파적인 화풍을 적절하게 배합하는, 다소 실험적인 작업을 해옴으로써 화단에 주목을 받아왔다.

'삶과 열정 그리고 그림이 주는 환희의 메시지' 라는 문구가 다소 장황한듯하지만, 철학적 느낌이 은은히 배어나는 전시회 제목이 그럴 듯 해 보였다. 나는 이 수정과 서 너 차례 만난 적이 있어 그녀가 추구하는 작품세계와 작품의 의도를 어느 정도는 펠 정도가 됐다. 이런 연유로 가끔 스스럼없이 전화 정도는 하는 사이가 됐다.

"김 선생님, 이번에 열리는 그림 전시회에 꼭 오실 거죠?"

"물론이죠. 만사 제쳐 두고서라도 꼭 가야지요."

"김 선생님은 시원시원해서 좋아요. 그게 크나큰 매력이에요."

"아, 그렇습니까? 감사합니다. 그렇게 칭찬 해 주셔서……."

"칭찬은요. 전 사실만 말했을 뿐이에요."

"저도 사실만 말했을 뿐이에요."

"네? 호호호……. 김 선생님과 얘기를 잠시라도 나누다 보면,

나 또한 십년은 젊어진 것 같은 착각이 들어요.”

“그러세요. 그렇다면, 제 감각이 그만큼 상큼하고 생동감 있다는 말씀이시네요.”

“그래요. 그걸 여태 몰랐어요? 자신이 그렇다는 걸?”

“네. 제 자신에겐 좀 둔한 편이거든요.”

“어머나, 저런……. 괜한 소리겠지요?”

“하하하, 그렇게 생각하세요?”

“호호호. 그럼, 아닌가요?”

“아무튼 고맙습니다. 잘 봐주셔서…….”

“아니, 진심이라니까요.”

“아네, 압니다. 하하하. 그럼 내일 모레 뵙겠습니다.”

이는 단편소설 〈우리들의 축제〉의 첫 시작부분이다. 이 소설은 처음 시작부터 설정 인물들이 매우 밝고 유쾌하다는 것을 알 수 있다. 마치 구름 한 점 없는 맑은 푸른 하늘에 두 마리의 새가 포르르 날개짓을 하며 날아가는 듯 경쾌하다. 또한 음音에 악센트를 주어 뚝뚝 끊어 연주하라는 음악의 용어인 스타카토처럼 톡톡 튀는 문체로 인해 머리에 쏙쏙 들어온다. 그러다보니 다음 장면은 어떻게 펼쳐질지 호기심을 자극한다.

이처럼 등장인물들의 유쾌한 대화의 전개와 톡톡 튀는 문체는 독자들을 흡입하는 힘이 있다. 그런 까닭에 첫 시작은 독자의 관심을 최대한 집중시키게 하는 것이 중요하다.

셋째, 인물의 대립과 갈등과 배경은 어떻게 할 것인가?

소설을 재밌게 끌고 가기 위해서는 내용이 흥미로운 것은 기본이고, 소설 속 인물들이 서로 대립하고 그로 인해 갈등하는 구조가 반드시 필요하다. 대립과 갈등이 없으면 아무리 내용이 좋아도 긴장감을 줄 수 없다. 긴장감은 극적이게 하고 스릴을 느끼게 하는 장치로써 매력적인 요소이기 때문이다.

또한 배경은 연극이나 뮤지컬의 무대와 같이 소설의 무대와 같다고 하겠다. 가령, 카페에서 두 남녀가 만나 이야기하는 장면에서 소설의 이야기 전개에 맞게 분위기를 깔아 주어야 한다. 서로 사랑을 고백하는 이야기라면 그 분위기를 한껏 고조시키는 음악이 흐르게 하고, 카페 인테리어라든가 소소하지만 커피 잔의 디자인이 어떻다든가 하는 등의 분위기가 뒷받침된다면 독자들의 상상력을 자극하고, 몰입하게 하는데 도움이 된다. 그런 까닭에 소설에 있어 인물설정과 배경은 연극이나 뮤지컬의 무대처럼 아주 중요한 구성요소인 것이다.

예문

동철의 아내는 잔뜩 독이 올라 동철이 퇴근하고 오기를 기다렸다. 마치 그녀의 표정은 사생결단이라도 하려는 듯 보였다.

오늘은 그 어느 날 보다 동철의 아내에게는 더 길고 힘든 하루였다. 아침부터 시어머니가 여느 날보다 더 심한 현상을 보였기 때문이다. 시어머니가 잠든 틈을 타 잠깐 마트에 간 사이 잠에서 깬 시어머니가 변을 보고는 기저귀를 벗어 방안을 엉망으로 만들어 놓았다. 마트에서 돌아온 동철의 아내는 너무 놀라 얼마 동안을 얼어붙은 듯 꼼짝도 할 수 없었다. 지금껏 이런 일은 처음이었기 때문이다.

얼마를 그렇게 서 있던 동철의 아내는 방을 치우고 시어머니를 욕실로 모시고 갔다. 변이 시어머니 온 몸에 묻어 씻기는데 너무도 힘이 들었다. 너무 힘들다보니 냄새나는 것도 몰랐다. 그런데 아무것도 모르는 시어머니는 "이 미친년아, 왜 꼬집고 지랄이야." 라고 소리치며 그녀를 꼬집어대고 난리를 피웠다. 그 바람에 놀란 아래층 여자가 올라왔다.

"미안해요. 번번히."

동철의 아내는 소란을 피워 미안하다며 양해를 구했다. 아래층 여자는 그렇게 힘들어서 어떻게 하냐며 마치 자신의 일이라도 되는 양 안타까워했다. 아래층 여자가 가고 나자, 한바탕 난리를 피운 시어머니는 "야 이년아, 배고프단 말야. 나를 굶길 참이냐!" 라고 소리쳤고, 밥을 갖다드리자 식사를 하고는 잠이 들었던 것이다.

동철을 기다리던 아내는 침대에서 일어나 시어머니에게 꼬집힌 상처 부위에 후시딘을 발랐다. 따갑고 쓰리고 아파 양미간을 찌푸렸다. 그녀의 팔과 다리엔 늘 손톱에 할퀸 자국과 푸른 멍이 마치 그녀의 고단한 흔적처럼 남아 있다. 동철의 아내는 오늘은 기필코 시어머니를 요양병원에 모시든가, 아니면 자신이 집을 나가든가, 양단간에 결정하기로 작정하였다. 그렇게 작정을 하고나니 더는 겁날게 없었다.

동철은 9시가 막 지나서 퇴근하였다. 동철의 아내는 그가 옷도 벗기 전에 싸늘하게 말했다.

"당신 나하고 얘기 좀 해!"

아내의 싸늘한 목소리에 동철이 흠칫 놀라며 말했다.

"무슨 일인데 그래? 미안하지만 내일 하면 안 될까? 내가 좀 피로해서……."

"속 편한 소리하고 있네. 누군 안 피곤하고?"

동철의 말에 아내는 독기를 품고 날카롭게 말했다. 그녀의 말에 동철은 마지못해 자리에 앉으며 말했다.

"무슨 말인지 해 봐."

이는 장편소설 《탁동철》의 첫 시작부분이다. 동철의 아내는 남편이 들어오길 잔뜩 독이 올라 기다린다. 그 장면을 상상하는 것만으로도 무슨 일이 일어날 것만 같아 긴장감이 흐른다. 마치 폭풍전야와 같은 분위기다.

동철의 아내는 치매에 걸린 시어머니의 병수발로 힘든 시간을 보내고 있다는 것을 내용 분위기상 알 수 있다. 그녀의 팔과 다리엔 늘 손톱에 할퀸 자국과 푸른 멍이 마치 그녀의 고단한 흔적처럼 남아 있다는 표현이 그것을 잘 말해 준다. 동철의 아내는 오늘은 기필코 시어머니를 요양병원에 모시든가, 아니면 자신이 집을 나가든가, 양단간에 결정하기로 작정하고, 그렇게 작정을 하고 나니 더는 겁날게 없다고 하는 것으로 봐서는 상황이 매우 심각하다는 것을 알 수 있다.

9시가 넘어 동철이 집에 오자 동철의 아내는 그가 옷도 벗기 전에 얘기를 하자고 싸늘하게 말하고, 동철은 피곤하다며 회피를 하려 하지만 아내의 성화에 마지못해 말해 보라고 말한다.

동철의 아내와 동철 사이에는 팽팽한 긴장감이 흐르고, 대립관계에 있다는 것을 알 수 있다.

이처럼 소설에서 인물의 설정과 배경은 중요하다. 인물들 간에 서로 갈등하고 대립하게 함으로써 긴장감을 조장하여 독자들을 소설 속으로 몰입하게 하기 때문이다.

넷째, 이야기의 반전을 꾀하라.

드라마나 영화에서 순탄하게 흘러가다 느닷없이 장면이 바뀌면서 전혀 예상하지 못한 상황으로 전개될 땐 극적인 효과가 배가 된다. 소설 또한 마찬가지다. 갑자기 내용의 흐름이 바뀌면 호기심은 최고조에 이르고, 상황에 따라 긴장감 역시 배가 된다. 이를 반전反轉이라고 한다.

소설에서 반전은 드라마의 드라마틱한 장면과 같아 독자들의 흥분과 긴장감을 유발시키는 효과로서 작용한다. 그런 까닭에 소설에서는 묘수妙手와 같다고 하겠다,

✒️ 예문

유경하 씨,

당신을 만날 수 있었던 것을 내 마지막에 대한 신의 은총이라고 믿겠습니다. 당신의 따스한 친절과 부드러운 미소 그리고 다정다감한 말투, 상처 입고 방황하는 나에 대한 인간적 예의에 대해 감사드립니다. 경하 씨의 사랑의 방황과 아픔도 이번 여행을 통해 말끔히 치유되길 바랍니다. 그래서 경하 씨 앞날에 넘치는 행복과 무궁한 영광이 함께 하길 바라며, 내 마지막 사랑의 불꽃을 피우게 해 준 당신을 영원히 있지 않겠습니다.

라은비

편지를 읽고 난 한동안 멍한 표정으로 앉아 있었다. 어제 밤 일이 꿈속에서 있었던 것처럼 아득해졌다.

두 손으로 얼굴을 비벼대며 자리에서 일어나 세수를 하고 밖으로 나와 울진 방향으로 차를 몰았다. 불영계곡을 통해 영주로 해서 서

울로 가기 위해서였다. 불영계곡을 지나는 길은 한적해서 좋았다.

'나도 이번 여행에서 돌아가는 길로 나의 미래에 대해 다시 한 번 생각해 보고 결정을 내릴 거예요. 그러니 은비 씨도 돌아가는 대로 은비 씨의 앞날에 대해 결정을 하세요. 그리고 지금까지와는 다른 인생을 살기바랍니다.'

갑자기 어제 밤 내가 그녀에게 했던 말이 생각났다. 그리고 동시에 내가 했던 말이 왜 그렇게도 덜떨어지고 유치찬란한 말처럼 생각이 들던지, 누가 보는 사람도 없건만 귓불이 발개지며 부끄러움을 느꼈다.

"나의 사전에 미래에 대해 다시 한 번 생각해 보고 결정을 내리겠다는 말은 없다. 내 마음이 원하는 대로 살자. 이제 난 나의 길을 갈 거다!"

나는 이렇게 중얼거렸다.

어제 밤 내가 한 말은 단 하루도 안 돼 수정되어졌다.

난 내 마음속에 가시처럼 박혀 있는 내 욕망의 뿌리를 가차 없이 뽑아버릴 것을 굳게 다짐했다. 지금의 내가 아닌 새로운 나로 살자고. 마음이 한없이 맑아지며 입에서는 콧노래가 흘러나왔다. 마치, 잃어버린 내 인생을 되찾은 기분이었다. 내 노래는 서울로 오는 내내 이어지고, 이어지고 또 이어졌다.

이는 단편 소설 〈해피 데이〉의 마지막 장면이다. 주인공 유경하는 문화그룹 기획실장으로 재벌집 딸을 아내로 맞아 살지만, 늘 출장이다 모임이다 해서 회사 일에 매여 산다. 그러다 보니 아내와의 관계가 소원해지고 게다가 부부 관계에 문제가 많다. 이른바 섹스리스부부다. 그의 아내는 채워지지 않는 욕구에 불만이 쌓이고 급기야는 남편에게 인격적인 모독도 서슴지 않는다. 유경하는 아내의 거침없는 인격모독에 삶의 회의를 느끼고 마음을 다잡을 겸 동해로 떠나고, 그곳에서 자살을 시도하는 여자를 가까스로 구조해 병원에 입원시키고 간호를 한다. 그녀는 사고로 부모를 잃고 초등학교 5학년 때부터 고모네 집에서 자랐다. 고모네 집엔 중학교 2학년인 고종사촌 오빠가 있었는데 공부도 잘 하고 성품이 좋아, 그녀에게 많은 도움을 주고 외로운 그녀를 늘 자상하게 챙겨주었다. 그녀는 고모내외와 사촌오빠의 사랑을 받으며 중학교를 마치고 고등학교에 진학해서 꿈을 향해 달려갔다.

그녀가 여고 2학년 겨울방학 때 고모 내외가 2박 3일 동안 집을 비운 사이 사촌오빠가 그녀를 범하고 둘은 사랑하는 연인으로 발전한다. 그녀가 대학 2학년 때 군대 간 오빠를 면회갔다 관계를 맺고 그만 임신을 하고 말았다. 그녀는 죄책감에 시달려야 했고 현실 앞에서 방황하였다. 그러다 임신 사실이 알려지고 아이 아빠가 아들이라는 사실에 경악해 하는 고모에게 이끌려 아이를 지우고는 고모 집에서 쫓겨나고 말았다.

그녀는 아르바이트를 해서 생활비를 벌고 장학금으로 공부를 마치고 임용고시에 합격해 음악교사가 되었다.

너무도 사랑했던 오빠와 고모 내외를 볼 수 없다는 것이 그녀에겐 큰 고통이었다. 더구나 그녀가 목숨처럼 사랑하는 사촌오빠를 고모 내외의 반대로 만날 수 없어 그녀의 상실감은 점점 깊어만 갔다. 사촌오빠를 보기 위해 회사까지 찾아갔지만 사촌오빠는 그녀를 만나 주지 않았고, 전화를 해도 쌀쌀맞고 냉정하게 대했다. 그녀가 그토록 사랑했던 예전의 자상하고 따뜻한 오빠가 아니었다. 그녀는 날마다 슬픔에 잠겨 지냈다. 사촌오빠가 그녀 곁에 없는 삶은 한 번도 생각해 보지 않았다. 그녀는 점점 삶에 의욕을 잃어갔다.

그리고 얼마 후 사촌오빠가 자신이 다니는 회사 상무 딸과 결혼한다는 소식을 들었다. 그 소식으로 그녀는 큰 충격을 받았고 고모 댁으로 사촌오빠를 만나러 갔다, 고모로부터 따귀를 맞고 대문 앞에 쓰러지고 말았다. 비가 주룩주룩 내리는 길에서 그녀가 울고 있는 것을 알면서도 사촌오빠는 냉정하게 그녀를 외면했다. 그녀는 그날 밤 온몸이 들끓는 열로 사경을 헤매는 고통을 겪어야만 했다.

그녀의 사촌오빠는 결혼식을 올렸고 그녀로부터 희망을 가져가 버렸다. 그녀는 지독한 배신감과 상실감으로 괴로워했고, 그것은 피해망상이 되어 그녀는 죽음을 생각하게 됐다. 사촌오빠가 그녀 곁에 없는 삶은 더 이상 그녀에게 아무런 의미도 되어주지 못했다. 그녀는 고민하며 방황하다 죽을 결심을 하고 언젠가 사촌오빠와 온 적이 있는 추암으로 왔다고 했다.

그리고는 죽음을 시도했는데 유경하 때문에 목적을 이루지 못했다고 말하며 주르륵 눈물을 흘렸다.

여자는 퇴원을 하고 둘은 합의 하에 사랑을 나눈다. 그녀와의 관계 때 유경하는 최고의 절정감에 이르고 자신의 남성성에 아무 이상이 없다는 걸 알고는 흥분한다. 둘은 서로의 앞날을 빌어주며 헤어지고, 유경하는 서울로 돌아오는 길에 새로운 인생을 살겠다고 다짐하며 노래를 부른다.

앞의 예문은 이 소설의 마지막부분으로 반전을 이룬다. 유경하는 재벌 사위로 기획실장이라는 막강한 위치에 있다 보니, 아내의 온갖 수모에도 묵묵히 견뎌 왔지만, 라은비와의 관계를 통해 지금의 자신에 대해 자각하게 되었고, 아내로부터 벗어나기로 한다.

〈해피 데이〉라는 소설 제목이 이를 잘 말해 준다고 하겠다.

다섯째, 소설 속 인물설정에 집중하라.

드라마와 영화에 있어 배역설정은 중요하다. 주연은 누굴할 것이며 주요 조연과 주변 인물 설정은 드라마와 영화의 묘미를 살려 준다. 또한 그로 인해 흥행에 큰 영향을 끼친다. 같은 드라마와 영화가 리바이벌될 때 첫 번째 인물과 다른 배우를 설정하는 경우를 보면, 드라마와 영화를 보는 맛이 다르다. 그러다 보니 원래의 드라마와 영화보다 더 나을 때도 있고 못할 때도 있다. 연출자와 감독의 역량에도 그 원인이 있지만 그보다는 배역을 누가 하느냐에 따라 영향을 받게 되는 것이다. 그런 까닭에 드라마와 영화에서 배역 설정은 중요한 것이다.

이는 소설 또한 마찬가지다. 소설 속의 인물의 캐릭터가 그만큼 중요하기 때문이다. 소설 속의 인물이 마치 살아있는 듯한 착각이 들만큼 생동감을 줄 때 소설의 맛은 배가 되는 것이다. 그런 까닭에 소설 속 인물설정을 잘 해야 하는 것이다.

프랑스 소설가인 알렉상드르 뒤마의 《몽테크리스토 백작》은 소설에 있어 인물설정이 얼마나 중요한지에 대해 잘 알게 한다.

일등항해사 에드몽 당테스는 갑자기 선장이 죽자 19세의 나이에 선장이 되었다. 이를 질시하는 회계사 당글라르는 당테스의 약혼녀 메르세데스를 연모하는 페르낭과 함께 당테스를 나폴레옹 스파이라고 밀고하였다. 당테스는 약혼 피로연회장에서 체포 돼 감옥에 갇히고 만다. 당테스는 늙은 죄수 파리아 신부를 통해 삶의 지략을 배우고, 몽테크리스토 섬에 매장된 보물의 비밀을 듣게 된다. 당테스는 신부가 죽자 그의 시체로 꾸며 탈옥한 뒤 보물을 찾아낸다. 그리고 이름을 바꾼 뒤 고향으로 돌아갔다.

그동안 14년의 세월이 흘러 아버지는 죽었으며, 은인인 선주船主 모렐은 파산직전이었다. 당글라르는 대은행가이자 남작이 되었으며, 페르낭은 메르세데스를 아내로 삼고 육군 중장인 모르세르 백작이 되었으며, 당테스에게 음모를 씌운 검사 빌포르는 검찰총장이 되어 있었다.

당테스는 막대한 재력과 신부로부터 전수 받은 지략으로 몽테크리스토 백작으로 변장해 모렐을 파산으로부터 구해 준다. 파리 사교계의 명사가 된 몽테크리스토 백작은 세 사람의 가족을 끌어들여 자신의 계획을 실천한다. 세 사람은 그의 지략에 의해 어려움에 처한다. 모르세르는 에스파냐 전쟁에서 은인과 성을 적에게 팔아넘겼던 배신행위가 폭로되고, 당테스의 비밀을 알게 된 메르세데스와 아들로부터 버림받고 당테스까지 나타나자 자살하고 만다. 빌포르는 계속 되는 가족의 독살사건에다 영아를 살해했던 악행이 폭로되자 당테스의 복수라는 사실을 알고 미쳐 버린다. 당글라르는 당테스의 책략으로 파산한 뒤 당테스 앞에 무릎을 꿇는다. 그리고 그의 머리는 하얗게 변해 있었다. 복수를 끝낸 당테스는 모르세르 아들과 메르세데스를 구하고, 빌포르의 딸과 모렐의 아들을 결혼시킨 후 막대한 재산을 그들에게 주고 떠나간다.

《몽테크리스토 백작》은 정치적 음모에 휘말린 당테스의 복수를 통해 정의가 무엇이며, 진실이 무엇인지를 잘 보여 주는 소설이다.

이 소설 속의 주인공인 당테스와 주변 인물들의 캐릭터가 생생하게 살아 있어 소설 읽는 맛을 더한다. 마치 영상을 통해 보듯 생동감이 넘친다.

이처럼 소설에서 인물설정은 살아있는 캐릭터를 만드는 데 절대적으로 작용한다. 그런 까닭에 소설을 쓸 때 인물설정과 인물들의 캐릭터에 신중을 기해야 한다.

여섯째, 표현력이 뛰어난 문장은 소설의 생명이다.

시와 수필에서 말했듯이 소설에서도 표현력은 매우 중요하다. 글의 생명력을 주는 것은 다름 아닌 표현력에 있는 것이다. 표현력을 좋게 하기 위해서는 명문장이 될 수 있도록 문장을 잘 다듬어 쓰는 것이다. 또한 소설 역시 수사법에 신중을 기해야 한다. 은유와 직유, 제유, 환유 등의 비유는 소설 내용에 있어 감칠맛을 가미시키는 장치이다. 그런 까닭에 표현력에 신중을 기해야 하는 것이다.

"나쁜 생각을 천성적으로 가지고 태어난 인간이 아닌 한, 인간의 성질은 죄를 싫어하게 되어 있다. 그런데 문명은 우리에게 욕망과 악덕, 부자연스러운 욕구를 주고, 때로는 우리의 선량한 본능을 죽여서 우리를 악한 쪽으로 끌어가는 식으로 영향은 미친다."

이는《몽테크리스토 백작》에서 늙은 죄수 파리아 신부가 당테스에게 한 말로 문명이 인간에게 끼친 부정적인 영향에 대해 잘 알게 한다. 참 멋진 표현이 아닐 수 없다.

"저 보잘 것 없는 남자가 온 힘을 다 기울여서 80년 동안 사랑한
다 한들 나의 하루치 분량만큼도 사랑하지 못할 것이다."

이는 《폭풍의 언덕》에서 에드거와 자신의 사랑을 비교하는
히스클리프의 말로, 자신의 사랑을 강력하게 드러내 보인다.
자신의 사랑을 이처럼 함축적으로 확실하게 보여 주는 표현
이 어디 또 있을까 싶다.

"자연의 여신은, 눈을 뜨면 행복해질 수 있을 때 '보라!'고 말해
주는 경우가 거의 없고, 또 '어디에 있느냐?'는 외침에 대해서도 '
여기 있다!'고 대답해 주는 일이 거의 없어 나중에는 그 숨바꼭질
이 지겹고 진부한 것이 되어 버린다."

이는 소설 《테스》에서 아무리 인류가 발전하고 진보해도 운
명의 장난으로부터 해방되지 못한다고 주장하는, 작가인 토
머스 하디의 인생관을 잘 드러낸 말이다.

이상에서 보듯 소설에서 멋진 문장은 소설의 맛을 살림은
물론, 분위기를 몰입하게 하는 힘이 있다. 그런 까닭에 비단에
정교한 수를 넣듯 소설을 쓸 때 한 문장 한 문장에 공을 들여

야 하는 것이다.

◦ 소설은 어떻게 써야 재미가 날까?

'좋은 소설과 재미있는 소설은 어떻게 다른가?'라는 문제
에 이르면 항상 고민하게 된다. 좋은 소설은 재미가 없어도
될 수 있다. 내용과 소설적 장치가 즉 주제와 의미가 잘 조화
되어 문학성을 획득하게 될 때 좋은 소설로서 인정받기 때문
이다.

그러나 재밌는 소설은 문학성이 없어도 얼마든지 재미있을
수 있다. 물론 문학성도 있고 재미도 있으면 그거야말로 금상
첨화 아니겠는가. 하지만 그렇게 해야 한다는 것을 알면서도
하지 못하는 게 또한 소설을 쓰는 사람에게는 커다란 과제인
것이다.

어쨌든 가장 바람직한 소설은 문학성도 있고 재미도 있는,
이 두 가지는 꼭 갖춰야 한다는 것만은 분명한 사실이다.

소위 베스트셀러라는 걸 보면 좋은 소설도 있지만 재밌는
소설이 더 많다. 좋다고 해서 소설이 잘 팔리는 것은 아니다.
재미가 있어야 더 많이 팔린다. 가령 노벨문학상을 받은 소설
이라고 하자. 노벨문학상을 받았다고 다 잘 팔리는가. 천만에
말씀이다. 물론 노벨문학상이라는 권위를 지닌 덕에 이슈가

되어 그 효과로 각국에서 번역되어 나오는 등 그 파급효과는 여타 상과는 비교가 되지 않는다.

그러나 노벨문학상만 놓고 볼 때 잘 팔리는 소설도 있고, 그에 못 미치는 소설도 있다. 문학성이야 인정받았다고 치더라도 재미가 있어야 더 많이 팔린다는 것은 기정사실이다. 과거에는 노벨문학상 수상 소설은 노벨문학상이라는 프리미엄이 붙어 많이 팔렸다.

그런데 언젠가부터는 판매 면에서 지지부진遲遲不進하다고 한다. 물론 워낙 책을 안 읽으니 그럴 만도 하지만 재미가 없기 때문이라는 게 마치 정설처럼 되었다. 그러다 보니 문학성을 지닌 좋은 소설보다는 재밌는 소설이 더 판매가 잘 된다는 것이다.

왜 그럴까. 일단 문학성을 지닌 소설은 내용이 무겁다. 읽어도 이해가 잘 안 되는 부분도 많다. 그래서 읽다 보면 '앞에 무슨 내용이 있었지?' 하고 고개를 갸웃거리게 된다. 그러다 보니 읽는 속도가 나질 않는다.

반면에 재밌는 소설은 읽는 즉시 이해가 되고, 웃음을 유발하고, 인터넷 게임하듯 그냥 재밌다. 그러다 보니 좋은 소설이 아니어도 많이 읽게 되고 많이 팔리는 것이다.

세상이 복잡 미묘하다 보니 애나 어른이나 생각하고 머리 쓰는 것은 별로 좋아하지 않는다. 단순하고 그저 한번 웃고 만다는 식으로 지나가 버리고 만다. 대체로 진지한 면이 없다.

그저 즉흥적이고 지나치게 현실적이다. 그러니 머리를 식히는 의미에서라도 무거운 것은 싫고 가벼운 것을 좋다고 하는 것이다. 재밌게 소설을 쓰기 위해서는 어떻게 해야 할까?

첫째, 무거운 주제는 피하라.

우리나라 독자들은 한국소설가가 쓴 소설보다 일본소설을 더 재밌어 한다. 그 이유는 가볍고 재밌기 때문이다. 대형서점에 갈 때마다 보고 느끼는 것은 일본소설 매대가 따로 있다는 것이다. 많이 읽으니까 따로 매대를 두는 것이다. 그에 비해 우리나라 일부 소설은 주제가 무겁다. 아직도 이념 따위의 소설이 나도는 걸 보면 더더욱 그렇다는 생각이다.

그런 가운데서도 팔리는 소설은 가볍고 재밌다. 일본소설 영향 탓이라는 생각이 든다. 그리고 정적인 소설보다는 드라마틱한 소설을 좋아한다. 요즘 젊은 세대들은 영상매체 세대이다 보니 활자로만 된 것에는 별로 관심이 없다. 시대에 뒤떨어졌다고 여긴다. 그런데 재밌고 잘 팔리는 소설은 드라마 보듯 쪽수가 쓱쓱 넘어간다.

일본 소설가 히가시노 게이고의 소설 《나미야 잡화점의 기적》은 2012년 우리나라에서 출간된 이래 지금까지 170만 부나 팔린 소설이다. 이 소설이 우리나라 독자들의 마음을 사로

잡은 이유가 무엇일까.

이 소설은 30여 년째 비어 있는 폐가 '나미야 잡화점'에 숨어든 삼인조 좀도둑이 뜻밖에도 과거로부터 도착한 고민 상담 편지에 답장을 하면서 겪게 되는 기묘한 하룻밤의 이야기를 추리적 기법으로 그린다.

이 소설은 자신이 지니고 있는 고민을 해결하고 싶은 바람으로 나미야 잡화점에 편지를 보내고, 그 고민에 귀 기울여 주는 누군가가 있다는 것만으로도 큰 도움이 될 수 있다는 것을 알았던 40여 년 전 나미야 할아버지를 통해 따뜻한 위로와 용기를 얻게 되는 가슴 따뜻한 이야기를 담고 있다. 이것이 우리나라 독자들을 사로잡을 수 있었던 이 소설의 힘인 것이다.

실생활에 있어 사람들은 자신의 고민을 누군가에게 얘기함으로써 해결하고 싶은 마음에 상담을 받기도 한다. 직접 만나 상담하기도 하고, 편지를 써서 보내 상담받기도 한다. 그리고 그로인해 고민을 해결하기도 한다.

이 소설은 이런 인간의 심리를 소설적 소재로 따뜻하고 흥미롭게 잘 적용시킴으로써 성공을 거둔 소설이라고 할 수 있다.

우리나라 젊은 작가들이 쓴 소설 중엔 이미예의 어른들을 위한 힐링 판타지 《달러구트 꿈 백화점》이 신선한 반응을 일

으키며 큰 인기를 끌었다. 그 이후 김호연의 《불편한 편의점》
은 밀리언셀러로 선풍적인 인기를 끌고 있다. 《달러구트 꿈
백화점》과 《불편한 편의점》 또한 가슴 따뜻한 위안을 내용으
로 하는 힐링 소설이다.

　이처럼 미스테리한 내용의 소설, 추리소설, 판타지소설, 공
상소설, 힐링소설 등 현실과 동떨어진 내용의 소설은 읽느라
고 신경을 집중시키지 않아도 술술 넘어간다. 재밌고 흥미롭
기 때문이다.

　이에 대해 반론을 제기하는 사람도 있을 것이다. 꼭 주제가
가벼워야만 잘 읽히느냐고. 물론 아니다. 때론 주제가 무겁고 정
적이어도 잘 읽히는 소설도 있다. 2016년에 출간 되어 밀리
언셀러가 된 조남주의 《82년생 김지영》처럼 사회적인 문제
를 다룬 마치 르포소설과 같은 경우도 있다. 어떤 것이든 다
예외가 있는 법이다. 그러나 그것은 지극히 한정적이라는 것
이다. 그런 까닭에 무거운 주제를 피하라는 것이다.

　둘째, 따뜻한 인간애를 자극하라.

　요즘 윤정은의 판타지 소설 《메리골드 마음세탁소》가 독자
들의 마음을 끌고 있다. 출간된 지 70일 만에 10만 부를 돌파
했고, 우리나라 소설 최초로 팽귄랜덤하우스 UK에 최고가로
수출계약이 되었다고 한다.

《메리골드 마음세탁소》는 한밤중 언덕 위에 생겨난, 조금 수상하고도 신비로운 마음세탁소에서 벌어지는 일들을 그린 힐링 판타지 소설이다. 횟가루처럼 창백한 하얀 얼굴에 바짝 마른 몸, 라면가락처럼 구불구불한 긴 머리의 미스터리한 여자. 그녀는 세탁소를 찾아오는 사람들을 위해 매일같이 따뜻한 차를 끓인다. 차를 마신 이들은 어느 누구에게도 말하지 못했던 자신들의 비밀스러운 이야기를 그녀에게 털어놓는다. 그리고는 아픈 날의 쓰라린 기억을 옷에 묻은 얼룩을 지우듯 깨끗이 지워달라고 말한다.

갖가지 일로 마음에 상처라는 얼룩을 가진 사람들, 그 사람들의 마음을 위로하고 어루만져 새로운 희망을 갖게 한다는 것은 정녕, 아름답고도 서로를 행복하게 한다. 이것이 이 소설이 주는 메시지라고 할 수 있다.

마음을 치유하는 힐링 소설이 삶에 지친 현대인, 특히 취업과 경쟁에 시달리는 젊은 세대들에게 위안의 안식처가 되지 않았나 싶다. 지치고 외롭고 힘들 때 사람은 그 대상이 사람이든, 음악이든, 그림이든, 여행이든 기대고 싶어 한다. 위로받고 싶기 때문이다.

그런데 이 소설은 이런 면에서 독자들의 마음을 사로잡았다고 할 수 있다.

앞에서 소개했던 《달러구트 꿈 백화점》, 《불편한 편의점》

또한 따뜻한 인간애가 소설 밑바탕에 깔려 있다는 것을 잘 알게 한다. 따뜻한 인간애는 누구에게나 본능과도 같은 것이기 때문이다.

셋째, 유머와 풍자와 해학을 갖추어라.

어떤 소설은 읽다 보면 풍자와 해학이 넘친다. 그 순간 얼굴 근육은 웃음으로 인해 한껏 위아래로 또는 옆으로 당겨지고, 배꼽이 들락날락 거리지만 웃고 나면 가슴이 후련해지곤 한다. 우리나라 소설 중 김유정의 단편소설《봄봄》을 읽다 보면 해학이 넘친다.

주인공 나는 봉필의 집에서 머슴처럼 일을 한다. 봉필이 딸 점순이 키가 크면 결혼을 시켜준다고 주인공인 나에게 약속을 했기 때문이다. 말하자면 데릴사위의 자격으로 말이다.

그러나 결혼은 자꾸만 늦춰진다. 점순이 키가 작다는 이유에서다. 하지만 이는 주인공 나에게 일을 더 시키려는 봉필의 계략이다. 그는 자신의 집에서 일을 하면 자신의 딸들과 혼례를 시켜준다는 말로 그동안 많은 젊은이들을 일꾼으로 부려먹었다. 그러고도 그는 혼례를 시켜주지 않은 전력이 있다.

주인공 나는 꾀병을 부리는 등 자신의 속마음을 드러낸다. 하지만 봉필의 설득에 넘어가고 만다. 그러던 어느 날 점순이가 언제

까지 일만할 거냐며 주인공인 나를 부추긴다. 그리고는 자기 아버지 수염을 잡아채지 그냥 둘 거냐며 말한다. 다시 말해 적극적으로 혼례를 시켜달라고 주장하라는 말이다.

주인공 나는 배가 아프다고 드러눕고, 그것을 못마땅하게 여긴 봉필이 지게작대기로 주인공인 나를 찌르고 때리자, 주인공 나는 점순이 말대로 봉필의 수염을 잡아챈다. 그리고는 봉필과 서로 붙들고 몸싸움을 벌인다. 그런데 자기를 편을 들 줄 알았던 점순이가 주인공인 나를 타박한다. 어안이 벙벙해진 주인공 나는 봉필의 매질을 당하지만 피할 생각을 하지 않는다.

이 소설 속 등장인물들의 캐릭터가 매우 흥미롭고 개성이 넘친다. 그리고 질펀한 강원도 사투리가 웃음을 더 유발시킨다. 이 소설은 1935년 《조광》에 발표된 근대 소설이지만 지금 읽어도 전혀 손색이 없다. 그만큼 김유정의 소설은 격조가 있다.

풍자와 해학이 넘치는 소설로는 윤흥길의 《완장》, 1950년대 후반 조흔파의 명랑소설 《얄개》 시리즈는 유머의 진수를 보여 준 대표적인 청소년 소설이다. 또한 김려령의 청소년 소설 《완득이》 역시 인물들의 캐릭터가 톡톡 튀고 개성이 넘치고 유머러스하다.

이처럼 소설에 유머와 풍자가 있고 해학이 넘치면 소설 읽는 맛이 난다. 그런 까닭에 재미난 소설을 쓸 땐 이점을 깊이

고려해야 한다.

넷째, 생동감 넘치는 캐릭터가 소설의 묘미를 끌어 올린다.

소설에서 인물들의 캐릭터는 그 어떤 소설적 장치보다 중요하다. 내용을 받쳐 주는 것은 소설의 이야기와 배경도 그렇지만, 인물들의 캐릭터가 절대적이다. 캐릭터가 밋밋하면 내용이 아무리 좋아도 소설이 살지 않는다. 하지만 캐릭터가 톡톡 튀거나 생동감이 넘치면 소설의 분위기를 확 끌어 올린다.
이른바 명작으로 알려진 소설들의 공통점 중엔 캐릭터가 절대적으로 작용한다는 것을 알 수 있다. 그만큼 소설에서 인물들의 캐릭터가 소설의 가치를 좌지우지한다는 걸 알 수 있다.
영국의 소설가 에밀리 브론테의 소설《폭풍의 언덕》을 보면, 소설에서 캐릭터가 얼마나 중요한 역할을 하는지 잘 알 수 있다.

이 소설은 폭풍의 언덕이라고 불리는 요크셔의 한 농장이 주무대로 설정되어 있다. 농장 주인인 언쇼 씨는 리버풀에서 고아를 집으로 데리고 온다. 그는 아이에게 히스클리프라는 이름을 지어준다. 아들 힌들리는 처음부터 그를 적대시하고 괴롭힌다. 하지만 캐서린은 히스클리프와 정이 두텁다.

캐서린은 우연히 지주인 린턴 가문을 알게 되고 히스클리프를 사랑하면서도 린턴 가문의 아들인 에드거의 청혼을 받아들인다. 이 사실을 안 히스클리프는 갑자기 자취를 감춘다. 캐서린은 그를 찾지만 찾지 못하자 에드거와 결혼한다.

3년 뒤 폭풍의 언덕으로 돌아온 히스클리프는 돈 많은 신사가 되어 있었다. 그러나 그의 마음은 캐서린은 물론 힌들러를 비롯한 사람들을 향한 복수심으로 불타고 있었다. 그는 도박판에서 힌들러의 재산을 빼앗고, 힌들러의 아들까지 학대를 일삼는다. 그리고 에드거의 여동생 이자벨라를 유혹해 아내로 삼는다. 또 캐서린에게 접근해 에드거를 괴롭힌다. 캐서린은 그의 집착에 시달리다 딸을 낳다 죽는다. 하지만 그의 증오심은 꺼지지 않는다.

증오심에 불타는 히스클리프와의 생활을 견디지 못하고 이자벨라는 집을 나가 아들 린턴을 낳고, 아들이 12세 때 죽는다. 그리고 실의에 빠져 지내던 힌들러 역시 죽고 만다. 히스클리프는 린턴의 가문을 손에 넣기 위해 자신의 아들 린턴을 캐서린의 딸과 강제로 결혼시키지만 린턴이 병으로 죽는다. 에드거 또한 죽고 만다. 히스클리프 역시 죽고 만다.

《폭풍의 언덕》은 사랑과 증오에 사로잡힌 한 인간의 복수심이 얼마나 무서운 결과를 낳고, 죄의 사슬에 얽매이는지를 잘 보여 주는 작품이다.

증오심에 불타는 히스클리프를 보면 인간이 어떻게 저처럼 악독할 수 있지 할 만큼 소름을 끼치게 만든다. 소설을 읽고 나면 어디선가 그가 나타날 것만 같은 생각이 들 정도다.

나관중이 지은 《삼국지》는 마치 캐릭터만 모아 놓은 드라마의 대본 같다는 생각이 든다. 침착하고 반듯한 맏형 같은 유비, 지혜와 신상필벌의 원칙주의자인 제갈량, 듬직하고 우직한 관우, 어디가나 웃음을 자아내게 하는 장비, 조조를 비롯한 원소, 여포 외 등장인물들의 캐릭터가 생생하다. 그런 까닭에 《삼국지》는 시대를 떠나 널리 읽히는 것이다.

이처럼 소설에서 인물들의 캐릭터는 그 소설의 생명을 좌우하는 중요한 요소이다. 소설을 쓸 때 이를 잘 살려 쓰는 것이 곧 소설의 성패를 결정한다고 해도 과언이 아님을 기억해야 할 것이다.

다섯째, 기발한 상상력은 소설의 결정체이다.

소설은 허구로 현실에 있을 법한 이야기를 소재로 한다. 그런 까닭에 현실에서는 일어날 수 없는 일을 소설에서는 얼마든지 표현할 수 있어 독자들에게 대리만족을 유발시키는 데는 그만이다.

인간의 내면에는 현실에서 이룰 수 없는 것을 이루고 싶어 하는 심리가 있는데, 그것을 현실로 실현화하지 못하니까 가상의 세계를 통해서라도 느끼고 싶어하고, 느낌으로서 욕구를 충족시키는 데 허구가 최적이기 때문이다. 그런데 이를 가장 잘 반영시키는 문학의 장르가 소설이고, 그런 까닭에 영상화하기 좋은 소설은 영화로 만드는 데 제격이다.

영국의 소설가 존 로널드 루엘 톨킨의 3부작 판타지 소설 《반지의 제왕》이라든가, 미국의 소설가인 마이클 크라이튼의 SF 소설 《쥐라기 공원》이라든가, 조엔 K. 롤링의 《해리포터》 시리즈 등이 영화화되어 크게 성공을 거둔 것은 기발한 상상력에서 발현된 상상의 힘에 기인한다.

물론 모든 소설이 상상력을 기반으로 하지만, 누구나 생각할 수 없는 그야말로 독보적인 상상력을 기반으로 할 때 그 소설은 절대적인 위력을 드러내며 독자들의 마음을 사로잡는 것이다. 그리고 그것은 대개가 영화화되는 등 제 2차적인 창작물의 바탕이 된다.

모 작가가 말하기를 잘 쓴 소설 하나가 인생을 결정짓는다고 했다. 그렇다. 이는 절대 허언虛言이 아니다. 시나 수필 등은 아무리 뛰어나도 장르가 지니는 한계가 있다.

그러나 소설은 아니다. 모 작가의 말처럼 소설은 인생을 바꿔 놓을 만큼 힘이 세다. 다만 그렇게 한다는 것은 뛰어난 상상력과 글쓰기의 힘에 기인하는 것이다.

신학을 공부했지만 양치기를 하며 지내는 산티아고는 어느 날 버려진 낡은 교회에서 잠자다 꿈을 꾼다. 어떤 어린아이가 그를 이집트 피라미드로 데려가 그 곳에 오면 보물을 찾을 수 있다고 말한다. 산티아고는 동일한 꿈을 연이어 꾼 것을 이상히 여겨 노파에게 꿈 해몽을 부탁한다. 노파는 그의 이야기를 듣고 그 꿈은 신의 계시니 피라미드에서 보물을 찾게 될 거라고 말하며 보물 중 10분의 1을 자신에게 달라고 한다. 그러나 산티아고는 노파의 말을 듣지 않는다.

그런데 산티아고 앞에 멜기세덱이라는 노인이 나타나 보물과 자아신화 등의 이야기를 하며 그가 가지고 있는 양의 10분의 1을 주면 보물 찾는 법을 알려 준다고 말했다. 산티아고는 그 노인이 사기꾼이라고 생각하지만 다음 날 그는 노인에게 양의 10분의 1을 주자 그는 보물을 잘 찾기 위해서는 표지를 잘 쫓아야 된다고 말한다.

산티아고는 경비를 마련하기 위해 양을 모두 팔아 버린다. 산티아고는 보물을 찾기 위해 떠난다. 그러나 산티아고는 가지고 있던 돈 모두를 사기꾼에게 잃고 만다. 그는 분노에 떨며 인간에 대한 불신감에 절규한다. 산티아고는 고향에 돌아갈 심정으로 크리스탈 가게에서 일을 한다. 그는 열심히 일했고, 그의 뛰어난 장사 수단으로 크리스탈 가게는 번창한다. 그로인해 산티아고는 잃어버린 돈의 두 배를 벌었다.

그는 보물을 찾기 위해 다시 이집트로 간다. 그리고 그는 오아시스에 도착한다. 산티아고는 위험을 겪고 나서 연금술사를 만난다. 연금술사는 산티아고에게 계속 보물을 찾아가라고 말한다. 산티아고는 보물을 찾아 떠난다. 그는 첫눈에 반한 파티마를 두고 떠나는 것과 이런저런 생각에 갈등하지만 그는 자신의 마음이 평안해짐을 느낀다.

연금술사와 동행을 하던 산티아고는 군대를 만나 죽을 고비를 당하지만 슬기롭게 극복하고 피라미드에 도착한다. 피라미드에 도착하기 전 연금술사는 자신의 길을 떠났다.

산타아고는 피라미드 앞에서 감사의 눈물을 흘린다. 그리고 모래를 팠지만 어디에서도 보물은 보이지 않았다.

그런데 한 무리의 군인들이 나타나 산티아고가 가지고 있던 금을 빼앗고 그를 구타하였다. 산티아고는 살기 위해 자신이 이곳에 온 이유는 보물을 찾기 위해서라고 말한다. 그러자 군인들의 책임자는 2년 전 이곳에서 스페인의 쓰러져가는 교회 무화과나무 아래에서 보물을 찾는 꿈을 여러 번 꾼 적이 있지만, 자신은 보물을 찾기 위해 스페인으로 가는 어리석은 짓은 하지 않는다고 말하며 떠났다.

산티아고는 그가 말한 곳이 어딘지 알았다. 그의 입가엔 기쁨의 미소가 베어났다. 그리고 산티아고는 고향으로 돌아가 전에 꿈을 꾸었던 낡은 교회에서 보물을 찾는다.

이는 파울로 코엘료의 소설《연금술사》의 줄거리로 이 소설은 많은 생각을 하게 한다. 보물이란 꿈일 수도 있고, 사랑과 행복일 수도 있다. 여기서 말하는 꿈은 '자아의 신화'를 말함인데 자아는 스스로 깨닫는 것이다. 인간은 깨달음의 동물이고 깨달음을 통해 자신만의 인생을 만들어 간다.

그런데 어떤 이는 자아실현을 통해 자신의 인생을 완성시키는데, 또 다른 어떤 이는 자아를 찾는 일에 게을러 자신의 인생을 완성시키는 데 실패한다.

꿈이란 자아의 실현을 통해서 이루어지는 것이다. 자아의 실현 없이는 꿈을 이룰 수 없다. 자아를 실현하기 위해서는 노력이 필요하다. 그리고 한 가지 중요한 사실은 꿈은 멀리 있지 않고 자신 가까이에 있다는 사실이다. 그런데 마음의 눈이 어두워 그걸 깨닫지 못한다.

산티아고가 피라미드를 찾아가느라 죽을 고비를 넘기고, 돈을 사기당하고, 크리스탈 가게에서 일을 하는 등 어려움을 겪지만 보물은 자기 고향에서 찾는다. 그렇다고 해서 산티아고가 어리석은 짓을 했다는 게 아니다. 그런 과정 하나하나는 산티아고에겐 그 어떤 보석보다도 값지다. 사람에 따라서는 각자에게 주어진 인생의 루트가 있다. 그 루트를 따라 충실하게 살다보면 자신이 원하는 꿈을 찾게 된다.

코엘료가 이 소설을 쓰게 된 배경에는 다음과 같은 이야기가 숨겨져 있다. 1982년에 떠난 유럽여행에서 신비로운 체험을 경험한다. 그가 체험한 신비로움은 그를 새로운 길로 나아가게 하는 계기가 되었다. 그는 세계적인 음반회사 중역자리를 미련 없이 버리고 산티아고 데 콤포스텔라로 순례를 떠났다. 순례길은 그에게 새로운 세계를 보여 주었다. 그것은 인간의 세계에서 있을 수 있는 일이 아닌, 마치 천상의 세계에서나 있음직한 마음의 세계였다. 마치 생텍쥐페리가 아프리카 사막에 불시착한 후 느끼게 되는 신비로운 경험과 그 체험을 통해 명작《어린왕자》를 썼듯이 그 또한 자신의 경험을 《순례자》라는 소설로 쓰며 작가의 길로 들어섰다. 그는 이듬해《연금술사》를 썼는데, 이 소설은 전 세계적으로 무려 3,000만 부나 팔렸으며, 그에게 막대한 돈과 명성을 얻게 했다.

신학을 공부한 주인공 산티아고나 멜기세덱 노인이니 하는 등의 이야기 전개방식이 성경적 요소가 다분하지만, 그의 기발한 상상력이 절대적으로 작용한 까닭이다.

이렇듯 소설 쓰기에 있어 남들이 할 수 없는 자기만의 기발한 상상력은 재미를 주고, 독자들을 소설 속으로 끌어들이는 흡인력의 요인인 것이다.

재미있는 소설을 쓰기 위해서는 무거운 주제는 피하고, 따뜻한 인간애를 자극하고, 유머와 풍자와 해학을 갖추고, 생동감 넘치는 캐릭터를 설정하고, 기발한 상상력을 갖추어야 한다. 물론 생각하기에 따라 다른 점도 들 수 있겠지만 이

다섯 가지 요소야말로 필수라고 할 수 있다.

소설의 구성요소인 인물, 사건 배경이라든가, 소설의 주제, 문체라든가, 발단, 전개, 위기, 절정, 결말이라든가 하는 기본적인 것은 중고등학교 때 이미 배웠기에 더 이상의 설명은 생략하기로 하겠다.

앞에서 다루었듯 소설 쓰기에 있어 가장 실체적이고 핵심적인 것만 다루었음을 밝힌다.

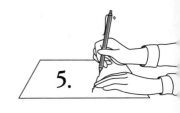

감상문은
어떻게 써야 할까?

'마음에 느끼어 일어나는 생각'이란 말은 감상感想의 사전적
의미이다. 사람은 책이든, 영화든, 뮤지컬이든, 연극이든 무언
가를 보게 되면, 느끼고 생각하게 된다. 감상문이란 이러한 감
각적 작용에 의해 발현된 느낌과 생각을 글로 쓰는 것을 말
한다.

감상문에는 책을 읽고 쓰는 독서감상문, 영화를 보고 쓰는
영화감상문, 뮤지컬을 보고 쓰는 뮤지컬감상문, 음악연주회
를 듣고 쓰는 음악감상문 등 그 대상에 따라 아주 다채롭다.
이를 다 설명하기보다는 독서감상문과 영화감상문만 다루기
로 하겠다. 대상만 다를 뿐 감상문 쓰는 방식은 다 같은 까닭
이다.

◦ 첫째, 독서감상문

　우리가 흔히 독후감이라고 하는 것을 독서감상문이라고 한다. 책을 읽고 느낀 것과 깨달은 것을 자신의 생각에 담아 쓰는 글을 말한다. 초중고 시절에 학교에서 과제로 내주던 대표적인 글이 독서감상문이다.

　그런데 대개는 독서감상문 쓰기를 몹시 싫어하였다. 남이 써 놓은 것을 베껴 써서 냈다가 선생님한테 들켜 혼나던 아이들이 많았다. 그만큼 쓰기 싫어하던 글이 독서감상문이기도 했다. 그도 그럴 것이 책 읽는 것조차도 싫은데 독서감상문을 써 오라고 했으니, 죽을 맛이었다. 그러다 보니 어머니나 아버지 또는 삼촌, 이모 할 것이 없이 동원이 돼서 합작품을 만드는 아이들도 있었다. 다 지나간 얘기지만 지금 생각해 보면 입가에 웃음이 돌곤 한다.

◦ 독서감상문은 어떻게 쓸까?

　독서감상문 제목은 읽은 책 제목을 독서감상문 제목으로 정하기도 하고, 중심내용에 맞게 따로 정해 써도 상관없다.

　읽은 책: 체 게바라 평전

독서감상문 제목: '체 게바라 평전'을 읽고.

또는 읽은 책의 내용에 잘 맞는 제목을 따로 정해 쓴다. 이 때 제목을 정한 후, 읽은 책이름은 제목 밑에다 써야한다.

읽은 책: 체 게바라 평전
독서감상문 제목: 자유와 평화의 등불
_'체 게바라 평전'을 읽고

◦ 독서감상문의 틀은 어떻게 짤까?

처음 부분은 **책을 읽게 된 동기와 지은이와 책 소개를** 한다. 하지만 책을 읽게 된 동기는 꼭 안 써도 된다. 가운데 부분은 **가장 감명 깊었던 대목이나 재미있었던 대목, 교훈적인 부분의 줄거리를 그에 대한 느낌과 생각을 넣어 번갈아가며 쓴다.** 그리고 주인공의 행동과 나를 비교하여 쓴다. 그래야 자신의 중심생각을 바르게 나타내는 데 도움이 된다. 끝부분은 **전체적인 느낌과 생각, 자신의 결심이나 각오**覺悟**을 쓴다.**

앞에서 말한 틀 짜기는 기본적인 것으로 독서감상문을 쓸 때 이에 맞춰 쓰면 쉽게 쓰는 데 도움이 된다. 하지만 독서감상문을 잘 쓰는 사람은 꼭 이런 순서로 글을 쓰지 않아도 된다. 책을 읽은 후 그 책이 전하는 메시지를 자연스럽게 펼쳐 보이며 일반 수필 쓰듯이 쓰면 된다. 다음 예문을 보면 '아하, 이렇게 쓰면 된다는 말이구나'라고 쉽게 이해가 될 것이다.

📄 예문

자유와 평화는 인간이 인간답게 살아가는 데 있어 반드시 갖춰야 할 필수 조건이다. 이 조건이 충족 되지 않으면 인간은 인간으로서 살아갈 가치를 잃게 된다. 그래서 자유와 평화가 위협을 받으면 목숨을 걸고 싸워서라도 지키려고 한다. 자유와 평화는 하나님이 인간에게 부여한 최고의 선물인 동시에 권리이다.

지금 이 순간도 독재자에 의해 자유와 평화를 구속당한 체 살아가고 있는 사람들이 세계 도처에 놓여있다. 북한 및 미얀마 등 사회주의국가와 이란을 비롯한 일부 이슬람국가종교적인 구속들과 시리아 외 아프리카 일부 국가가 대표적인 예이다. 인간의 존엄성을 말살하고 자유와 평화를 위협하는 것은 창조주에 대한 도전과도 같다.

핍박받는 사람들의 자유와 평화의 존엄성을 지키기 위해 자신을 아낌없이 바친 영원한 자유와 평화의 등불인 체 게바라. 그의 일대기를 담은《체 게바라 평전》은 자유와 평화가 얼마나 소중한 것인지를 잘 알게 하는 자유와 평화의 교과서라고 할 만하다.

군복에 검은 베레모, 짙은 눈썹, 짙은 턱수염에 잘생긴 외모의 남

자. 한 때는 금기시 한 그에 대한 서적들, 금기시된 책의 주인공인 체 게바라. 그의 어릴 때 이름은 에르네스토 게바라이다. 그는 아르헨티나의 로사리오 중산층의 가정에서 맏아들로 태어났다. 체 게바라는 어려서 천식을 몹시 앓았다. 그래서 그의 부모는 그를 키우는 데 여간 신경을 쓰지 않으면 안 될 정도로 몸이 약했다고 한다. 부모의 사랑과 정성으로 그는 건강한 몸을 찾았다.

체 게바라는 아버지의 영향으로 자신보다 가난하고 어려운 친구들과 어울리며 그들에게 먹을 것을 주고 집에서 재워 주기도 했다. 그만큼 그는 따뜻하고 부드러운 품성을 지닌 소년이었다.

그런데 체 게바라는 성장하면서 누구는 잘살고 누구는 가난하게 살아야 하는지에 대한 강한 의구심을 갖게 되었다. 이는 그가 훗날 성인이 되었을 때 그의 인생을 완전히 뒤바꾸어 놓는 결정적인 역할을 하게 된다.

체 게바라는 대학에 진학할 때 자신의 꿈을 위해 의대를 선택했고 입학 후 열정적으로 의학을 공부했다. 그렇게 공부에 몰입한 그는 1953년 부에노스아이레스 대학에서 의학박사학위를 받았다. 그는 가난하고 병들고 어려운 이들을 위해 살기로 결심하였다.

그러나 그에게 전혀 생각지도 못했던 일이 생긴다. 체 게바라는 의학박사라는 사회적 지위와 부를 축적할 수 있는 자리를 과감히 버리고, 오직 혁명이라는 그 사실 하나만을 위해 온 몸을 바치기로 결심했다. 그는 혁명만이 라틴 아메리카의 사회적 불평등을 해결할 수 있다고 굳게 믿었던 것이다. 이런 생각에 빠져 있던 체 게바라는 1954년 멕시코로 가서 그곳에서 망명하고 있던 쿠바 혁명의 지도자인 피델 카스트로와 합류하여 의기투합하고, 쿠바 정부에 반기를 든 피델 카스트로와 반정부 활동을 벌였다.

그들이 벌인 게릴라 전투는 그 어떤 전쟁보다도 치열했다. 체 게바라는 전쟁을 결코 두려워하지 않았다. 그는 전쟁만이 위기에 빠진 쿠바를 건져 낼 수 있다고 믿었다. 체 게바라는 총알과 폭탄이 빗발치는 전쟁터에서 그것도 남의 나라인 쿠바의 민주주의 혁명을 위해 아낌없이 몸을 던져 싸웠다. 치열한 싸움 끝에 마침내 쿠바의 독재자 바티스타를 축출하는 데 성공하였다. 쿠바의 새로운 역사가 시작되는 데 있어 체 게바라는 일등 공신이 되었다.

체 게바라의 공을 높이 산 피델 카스트로는 그를 산업부장관에 임명하였다. 체 게바라는 이방인으로서 타국의 장관이 된 것이다. 1961년부터 1964년까지 쿠바정부의 산업부장관을 역임한 그는 편안한 삶을 살 수 있는데도, 자신과는 아무 상관이 없는 나라의 억압받는 국민들을 위해 자신의 힘을 쏟는 데 주저 하지 않았다.

그는 1985년 분쟁 중에 있던 볼리비아로 잠입하여 반정부군 지도자가 되어 전쟁에 참여하였다. 그러던 중 볼리비아 정부군에 붙잡혀 1967년 발레그란데 근처에서 총살되었다. 그의 나이 39세 때의 일이다.

체 게바라는 왜 그처럼 자신의 인생을 송두리 채 혁명을 위해 바쳤을까. 그것도 자신의 조국 아르헨티나가 아닌 쿠바와 볼리비아, 그 밖의 나라를 위해서 말이다. 그것은 그가 자유와 평화를 소중히 여기는 사람이었기 때문이다. 체 게바라는 천성적으로 타고 난 박애주의자였다. 이것이 그의 존재이유였으며 삶의 목표였던 것이다.

사람들은 그 누구나 자신에게 주어진 환경 속에서 편안히 살기를 원한다. 그러나 체 게바라는 안락하고 부가 보장된 삶의 길을 과 감히 벗어 던져버렸던 것이다. 체 게바라는 게릴라 전투에 대한 2 권의 책을 썼는데, 책에서 그는 농민이 주동이 되는 혁명운동이 야말로 후진국의 살길이라고 주장하였다. 그는 뼛속 깊이 자유와 평화를 사랑했다. 자유와 평화에 대한 그의 철저한 사상과 철학 이 그를 더욱 위대한 혁명가로 남게 했다.

체 게바라가 죽은 지 57년이 지난 지금2023년 현재, 그것도 좌파니 반체제니 하는 수식어가 필요 없는 세상에서도 그는 사랑의 횃불 이 되어 타오르고 있을 것이다.

《체 게바라 평전》은 한 인간의 열망이 얼마나 위대한 역사를 만 들 수 있는지를 잘 보여 준다. 사람들은 대개 마음으로는 원하면 서도 막상 실행을 하려고 하면 포기하는 경우가 많다. 그것은 자 신감이 없어서이다. 자신이 무엇을 하겠다고 결심을 하면 반드시 실행하는 적극적인 자세를 가져야 한다. 그렇지 않으면 그 어느 것도 해낼 수 없다.

그런 면에서 체 게바라가 지금을 살아가는 사람들에게 시사 하는 바는 자못 크다고 하겠다. 그는 한 인간으로서의 편안한 삶을 포기하고 민중을 위해 자신의 젊음을 바친 혁명주의자이며 박애주의자이다. 그의 삶이 빛나는 건 다수를 위해 자신의 삶을 포기하고 자신의 목숨을 희생했다는데 있다.

또한 체 게바라는 무소유의 실천자였다. 그는 인간을 사랑하고 자유와 평화를 위해 살았던 진정한 휴머니스트이다.《체 게바라 평전》은 체 게바라의 삶을 오롯이 알 수 있는 인생의 대서사시라고 할 수 있다.

이는 쿠바의 자유와 평화를 위해 또 세상의 자유와 평화를 위해 자신의 모든 것을 내려놓은 채 헌신하다 거룩한 죽음을 맞음으로써 자유와 평화의 상징이 된 아르헨티나의 체 게바라의 삶에 대한 이야기이다. 그의 삶을 기록한《체 게바라 평전》을 읽는 것만으로도, 인간에게 있어 자유와 평화가 얼마나 중요한지, 인간의 존엄성이 얼마나 소중한지를 잘 알게 한다.

영화감상문이나 뮤지컬감상문 등 모든 감상문은 독서감상문 형식에 맞춰 쓰면 된다.

◦ 둘째, 영화감상문

영화감상문 쓰는 형식이나 틀도 독서감상문과 같다. 다음은 봉준호 감독의 〈설국열차〉를 보고 쓴 영화감상문이다. 이를

읽는 것만으로도 어려움 없이 영화감상문을 쓰는 데 큰 도움
이 될 것이다.

 예문

설국열차에 대한 사색의 프리즘
_ '설국열차'를 보고

참으로 오랜만에 직접 영화관을 찾아 영화를 보았다. 봉준호 감
독의 '설국열차'이다. 영화관은 사람들로 인산인해를 이루었다.
소문난 영화이니 만큼 영화에 대한 사람들의 기대심리가 매우 크
다는 걸 알 수 있었다. 나 역시 설국열차에 대한 기대심리가 컸다.
'실미도', '괴물' 등 관객 수 천 만을 넘긴 영화도 직접 영화관에서
보지 않았다. 영화가 상영 된지 오랜 시간이 흐르고 텔레비전을
통해 본 게 고작이었다.

그런데 설국열차만큼은 달랐다. 나는 영화관으로 가서 예매를 하
고 영화시작시간 전 까지 서점에 들러 책도 사고, 식당으로 가서
이른 저녁을 먹었다. 그러고 나서 나는 들뜬 마음으로 영화관으
로 가서, 자리를 잡고 앉아 영화가 시작되길 기다렸다.

드디어 영화가 시작되었다. 지구온난화를 막기 위해 CW-7이란
것을 각 나라마다 대대적으로 살포하였다. 그 결과 극심한 한파
가 몰아쳤고 지구는 냉각되어, 눈으로 뒤덮인 설국으로 변하였
다. 지구상에 존재하는 살아 있는 모든 생명체는 다 죽고 말았다.

살아남은 사람들은 설국열차에 탄 사람들뿐이다. 설국열차는 1년에 지구를 한 바퀴 도는데 쉼 없이 달린다. 기차가 멈추는 순간 그것은 곧 죽음을 뜻하기 때문이다.

설국열차를 만든 윌 포드는 열차 맨 앞 엔진 칸에 자리하고 각 칸마다 일어나는 일들을 모니터를 통해 소상히 알고 있는 절대 권력자이다. 그리고 윌 포드를 신처럼 추종하는 메이슨 총리를 비롯한 친위부대 사람들과 열차 앞 칸에서 온갖 호사를 누리며 지내는 상류층 사람들은 선택받은 사람들이다. 그리고 중간 칸에서 지내는 보통 사람들, 그러나 꼬리 칸에 살고 있는 사람들은 바퀴벌레로 만든 프로틴 블록으로 목숨을 연명한다. 그들은 프로틴 블록을 먹기 전에는 살기 위해 사람들을 죽여 인육을 먹었다. 사람으로서는 도저히 해서는 안 되는 일이 같은 열차를 탄 사람들 사이에서 일어난 것이다. 한 마디로 열차 앞 칸과 꼬리 칸은 천국과 지옥이라고 할 만큼 극과 극이었다. 지구 마지막 생존열차인 설국열차에도 계층별로 삶이 구분되어 있다는 것에 환멸을 느꼈다. 더불어 인간이란 존재는 매우 냉혹하고 무자비하다는 것을 다시금 깨달았다.

윌 포드의 군대는 설국열차에 인구가 늘어나는 만큼 사람들을 참혹하게 죽였다. 그것은 설국열차의 질서를 유지하기 위한 명분아래 자행되는 인간사냥이었다. 명분은 한정된 열차의 조건으로 사람 수가 늘어나면 먹는 것, 입는 것 등으로 곤란을 겪게 된다는 이유에서였다.

꼬리 칸 사람들은 부당한 처우에 불만을 품고 폭동을 일으키지만 주동자 일곱 명은 모두 죽고 말았다. 그 후 커티스를 위시하여 길리엄의 호위무사인 그레이 등 꼬리 칸 사람들은 길리엄을 설국열차의 지도자로 존경하며 또 다시 윌 포드를 제거하기 위해 기회를 엿본다. 그리고 마침내 윌 포드 군대와 혈투를 벌이며 한 칸 한 칸씩 앞으로 나아간다. 행동대장 커티스는 감옥에 있던 보안설계자인 남궁 민수를 찾아 쇳덩어리열차 문을 열 것을 부탁한다. 남궁 민수는 한국인으로 산업폐기물이며 인화물질인 크로놀에 중독되어 크로놀만 주면 문을 열어주었다.

많은 희생을 치루고 드디어 커티스는 윌 포드를 만난다. 커티스는 윌 포드로부터 길리엄은 자신과 절친한 친구사이라는 것과 폭동이 일어나 사람들을 죽인 것은 앞에서 밝혔듯이 설국열차의 질서유지를 위한 것이라고 말하고는 길리엄 역시 자신의 생각과 똑같았음을 말한다. 이에 커티스는 놀라움을 감추지 못한다. 자신이 지도자로 존경하던 길리엄 또한 윌 포드와 다를 바가 없는 사람이었기 때문이다. 이에 윌 포드는 커티스에게 자신을 이어 설국열차의 지도자가 되어달라고 말한다. 커티스는 자신에게 주어진 뜻밖의 상황에 혼란스러워한다.

그런데 그 때 엔진 룸 안에 아이가 갇혀 있음을 보게 된다. 커티스는 아이가 왜 그 좁은 곳에 있느냐고 묻자 윌 포드는 엔진의 작은 부품이 유실되는 바람에 아이가 부품을 대신하여 기계를 돌본다고 말했다. 이에 분노한 커티스는 윌 포드를 가격하여 기절시킨다. 그리고 아이를 구해내기 위해 안간힘을 쓴다. 그 때 남궁 민수의 딸 요나가 성냥을 달라며 커티스에게 온다. 요나는 아이를 구하려는 커티스를 목격한다. 커티스는 요나에게 마지막으로 남은 한 개비의 성냥을 주고 요나는 아버지의 지시대로 크로놀로 만든 폭탄에 불을 붙인다. 곧이어 큰 폭발음과 함께 설국열차는 무참히 파괴되고 열차에 타고 있던 사람들은 죽고 만다. 살아남은 사람은 요나와 흑인 아이 뿐이다. 두 아이는 눈 덮인 산에서 서성이는 북극곰과 마주친다. 그리고 영화는 끝을 맺는다.

설국열차를 보고 나서 한동안 가슴이 먹먹해서 견딜 수가 없었다. 앞으로 인류에게 닥칠 미래를 보는 것 같아서 영 마음이 개운치 않았다. 나는 나의 에세이에서 밝혔지만 지금보다 더 잘사는 것을 바라지 않는다. 인류는 발전이라는 명분 아래 그동안 지구를 너무나 혹사시켰다. 그로 인해 지구엔 온난화가 급속하게 진행되고 있다. 북극과 남극의 빙하가 하루가 다르게 녹고 있다. 지금 이상기온 현상으로 전 세계가 극심한 고통에 시달리고 있다. 수없이 발생하는 지진과 해일, 집중호우와 극심한 한파 등 지역을 가리지 않는 이상기온 현상으로 이미 세계는 초 비상사태에 직면해 있다. 이 모두는 인간의 탐욕이 만든 결과이다.

지금 인류가 사는 길은 더 이상의 경제적인 발전 대신 전 세계적으로 병들어 망가진 지구를 되살리는 일에 목숨을 걸어야 한다. 그렇지 않으면 설국열차와 같이 전 인류는 멸망하게 될 것이다.

지구는 더 이상 인간들에게 관용을 베풀 마음이 없다는 걸 잊어서는 안 된다.

설국열차의 만화원작자인 장마르코 로세트는 설국열차의 모티브를 노아의 방주에서 찾지 않았을까 하는 생각이 들었다. 물론 이것은 어디까지나 내 생각에 따른 것이니만큼 오해가 없기를 바란다.

그런데 여기서 노아의 방주와 설국열차는 엄청난 차이가 있다는 걸 알 수 있다. 노아의 방주는 하나님의 명령에 따라 의인 노아가 방주를 만들고 자신의 가족과 각 짐승 암수 한 쌍씩, 살아 있는 것들을 배에 태운다. 그러고 나자 40주야로 비가 퍼부어 댔다. 그로 인해 지구의 모든 사람들과 살아있는 것들은 멸종하고 말았다. 노아의 방주는 평화를 상징하고 새로운 시작을 알리는 희망의 방주였다. 홍수가 그치고 살아남은 자들은 하나님의 명령에 따라 새로운 세계를 만들어 나갔다.

그러나 설국열차는 죽음을 상징하고 멸망을 상징한다. 설국열차에는 온갖 죽음이 만연하고, 음모와 폭력으로 아비규환을 이룬다. 극한 상황에서 똘똘 뭉치지 못하고 가진 자와 못가진 자, 지위가 있는 자와 없는 자 등 불평등과 비민주주의가 횡행한다. 야심에 사로잡힌 자들과 그들을 제거하려는 자들과의 불협화음은 결국 모두를 죽음으로 몰아갔다.

인류의 최후를 맞는 '노아의 방주'와 '설국열차'는 하나는 새 희망으로 그리고 다른 하나는 멸망으로 대조를 이루며 어떻게 살아야 하는지를 가슴 깊이 각인시킨다. 우리는 더 이상 욕심을 부리지 말아야 한다. 더 많이 가지려고 없는 자들을 무시해서는 안 된다. 서로 나누어 주고, 서로 합심해서 병든 지구를 살려야 한다. 그래야 지구의 미래는 있다. 이를 무시하고 지금처럼 무지막지하게 자연을 파괴시킨다면 자연은 더 이상 인간들에게 관용을 베풀지 않을 것이다.

이 글을 쓰는 내 귓가엔 눈 덮인 설국을 굉음을 내며 달리는 설국열차의 소음이 죽음의 소리처럼 들려온다. 그리고 사람들의 비명 소리가 떠도는 바람처럼 음산하게 들려온다.

영화의 장면을 떠올리는 것만으로도 찢어질 듯 가슴이 아프다. 이런 참혹한 비극이 없기를 우리는 바라야 한다. 그것만이 지구가 멸망하지 않고 평화롭게 유지되는 최선의 길인 것이다.

독서감상문과 영화감상문 등 2편의 감상문을 통해, 감상문은 어떤 글이며, 어떻게 써야하는지를 잘 이해하였으리라고 생각한다.

모든 것이 다 그렇듯이 처음 얼마간은 다 어려운 법이다. 하지만 꾸준히 읽고, 보고, 써 보면 습관이 되고, 습관이 되면 마음과 생각으로부터 자연스럽게 우러나와 잘 쓰게 된다.

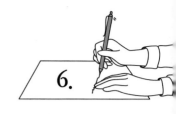

기행문은 어떻게 써야
효과적일까?

◦ 기행문은 어떤 글인가?

　기행문은 여행을 통해 보고, 듣고, 경험하고, 느낀 것 등 새롭게 발견한 생각을 쓰는 글을 말한다. 기행문은 크게 보면 수필의 한 부분이라고 할 수 있다. 굳이 이름을 붙인다면 '기행수필'이라고 할 수 있다.

　요즘 서점에 가 보면 국내여행이나 세계여행을 하고 쓴 수필을 더러 보게 되는 데 이것이 바로 기행수필문인 것이다.

∘ 무엇을 어떻게 써야 하는 걸까?

기행문은 쓰는 방식이 딱히 정해진 건 아니다. 하지만 여행하는 과정에 따라 자연스럽게 쓰는 것이 좋다.

기행문을 효과적으로 쓰기 위해서는 첫째, 여행을 떠나는 동기나 느낌을 쓰고 둘째, 여행지에서 보고, 듣고, 경험하고, 느끼고, 생각하는 것 등을 쓰고 셋째, 여행을 통해 새롭게 발견한 생각과 깨달음 등을 쓴다.

📝 예문

신라 천년, 그 세월을 거닐다
－경주를 다녀와서

1.

붉은 단풍이 한창 무르익을 무렵 아들과 둘이 경주로 여행을 떠났다. 언젠가 부천에 사는 아들과 통화 때 "언제 한 번 우리 아들과 단둘이 여행을 하는 것도 참 좋을 것 같구나."하고 말한 적이 있는데, 그걸 잊지 않고 기억하고 있다가 10월 20일 무렵 전화를 해서는 11월 첫째 주 토요일에 여행을 가는 게 어떻겠냐며 물었다. 그래서 좋다고 말하며 경주로 가자고 했다. 아들과 전화를 끊고 나니 마음이 한껏 충만해졌다.

그 날 이후 나는 책을 읽고 글을 쓰면서 또 볼일을 보러 가는 동안에도 여행갈 생각에 그날이 빨리 왔으면 하고 바랐다. 하루가 가고, 이틀이 가고, 바람의 시간은 어느 덧 손끝에 와 있었다. 드디어 '내일 아침이면 아들이 나를 데리러오겠지.'하고 생각하면서 여행준비를 하였다. 여행준비를 마치고 나자 아들에게 확인전화가 왔다. 아들과 전화를 끊고 나니 흐뭇한 마음에 기분이 고조되었다.

나는 인터넷을 살펴보며 여행 코스를 메모하였다. 그러고 나서 저녁을 먹고 쓰다 중단한 청탁원고를 썼다. 청탁원고를 쓰고 나니 12시가 막 지났다. 잠자리에 누워 한동안 잠을 못 이루다 나도 모르게 잠이 들었다.

다음날 일찍 잠에서 깬 나는 세수를 하고 준비를 마친 후 아들이 도착하길 기다렸다. 20분쯤 지나자 아들이 5분 후에 도착한다고 전화를 했다. 나는 여행 배낭을 둘러메고 밖으로 나갔다. 그리고 잠시 후 아들이 도착해서 차를 타고 여행길에 나선 것이다.

아들이 운전하는 차를 타고 중앙고속도로를 따라 남으로 남으로 내려가는 길은 마치 꿈길을 달리는 듯 내 마음은 푸른 하늘을 날고, 눈에 보이는 것마다 잘 빚은 한편의 정갈한 서정시이요, 한편의 명작이었다. 타고르가 쓴들 저만 할까, 릴케가 쓴들 또한 저만 할까, 고흐를 그린들 저만 할까, 피카소가 그린 들 또한 저만 할까, 자연이 쓰고 그린 그림은 가히 명작 중에 명작이었다.

"아들, 아들과 함께 여행을 가니 참 기분 좋고 든든하구나."

"그렇게 좋으세요?"

"그럼 좋고말고."

"죄송해요. 진즉에 모시고 갔어야 했는데."

내 말에 아들은 이렇게 말하며 엷게 미소 지었다.

"죄송하긴, 지금 이렇게 가고 있잖니. 이렇게 아들과 단 둘이 여행을 하다니 그저 고마울 따름이구나."

"아버지, 다음에도 가끔씩 시간 내서 가도록 하겠습니다."

"그래. 그렇게 하자꾸나."

나는 이렇게 말하며 아들의 커다란 손을 꼭 잡아 주었다. 아들은 나를 보고는 빙그레 웃었다.

2.

원주를 떠난 지 3시간 쯤 지나 경주에 도착하였다. 단풍철이라 경주 곳곳에는 여행객들로 가득 넘쳐났다. 아들이 예약해 놓은 음식점에 들러 아침 겸 점심을 먹고 차를 마신 후 곧바로 불국사로 향했다.

천삼백 년 고찰 불국사에 드니 그 장엄함에 전율이 인다. 석가탑 다보탑 청운교 백운교 연화교 칠보교 에밀레 종 등 보는 것마다 신라장인들의 숨결이 뜨거운 생명의 빛으로 피어났다. 화강암을 나무로 가구 짜듯 하는 건축기법인 가구석축식은 신라장인의 뛰어난 솜씨를 한층 더 돋보이게 했다.

만산홍엽滿山紅葉이라, 붉은 물이 뚝뚝 떨어지는 단풍든 나무숲은 가히 일품이었다. 그 속을 지나가는 수많은 사람들은 마치 그림

속의 소재런가 하니 가히 그림 같고, 이보다 진귀한 그림이 어디 또 있으랴 싶었다.

바람도 소슬하니 좋고, 폐부를 말끔히 씻어주는 맑은 공기 또한 좋고, 드넓은 경내의 풍광 또한 상중의 상이니 어찌 감탄하지 않을 수 있으랴. 경내 이곳저곳을 둘러보는 내 마음엔 천년 신라의 따스한 숨결이 하염없이 하염없이 감동의 물결로 굽이쳐 흘렀다.

불국사를 나와 세계 유일의 인공석굴인 석굴암에 가고자 토함산을 오르는데, 오르는 길 굽이굽이마다 마치 대관령을 오르는 듯 처음인데도 낯설지가 않았다. 오르는 길 아래로는 까마득한 천 길 낭떠러지였고, 저 멀리로 보이는 동해바다가 꿈결인 듯 아득하였다. 산들은 겹겹이 어깨동무를 하고, 우거진 숲은 목해木海를 이루니, 보는 것마다 그림이요, 들리는 것마다 노래가 되었다.

토함산을 오른 지 얼마 후 석굴암 주차장에 도착하였다. 주차장에 주차를 한 후 석굴암으로 향했다. 그리운 사람을 만나러 가는 듯 걷는 것만으로도 참 좋았다. 게다가 풋풋하고 상쾌한 공기가 폐부 깊숙이 닿자 몸이 날아갈 듯 가뿐해졌다.

10여분을 걸었을까, 드디어 석굴암이 시야에 들어왔다. 난 마음을 가다듬고 석굴암에 들어 불상佛像과 마주하니, 신라 장인들의 섬세함에 탄성이 절로 일었다. 그 먼 옛날 이토록 과학적인 건축법으로 인공석굴을 만들다니 과연 단군檀君 자손들의 뜨거운 핏줄이란 게 실감이 났다.

밖으로 나와 저 멀리 노을 지는 동해바다를 바라보니, 이곳이 마치 천상의 세계인 듯 무념무상無念無想에 빠져들었다. 얼마를 그러고 서 있는데, 새들이 무리지어 날아가는 소리에 꿈결에서 깨어난 듯하였다. 그래서 일까, 몸과 마음이 한결 가벼워졌다. 세심洗心이란 바로 이런 걸 두고 일러 말함이라.

석굴암을 돌아 본 후 경주박물관에 이르니 처마 끝이 날아갈 듯 날렵하다. 옛사람을 대하듯 경건한 마음으로 문을 열고 들어가니, 신라 천년의 빛나는 유물들이 반가이 맞아준다. 천마총 금관, 황금보검, 팔찌, 목걸이 등 갖가지 유물이 어찌도 그처럼 세련미가 넘치는지, 천년의 세월을 훌쩍 뛰어 넘어 지금에 이른 듯 저 세밀하고 섬세한 금속공예의 아름다움이라니, 마치 장인의 뜨거운 손끝이 살아 있는 듯하였다. 보고 또 봐도 질리지 아니하고 신기하기만 하니, 그 먼먼 시절이 꿈결인 양 아련하게 다가온다.

일찍이 나의 선조先祖는 신라 땅 선산善山에 뿌리를 두었으니, 나 또한 신라의 후예가 아니던가 하니, 가슴 저 깊은 곳으로부터 뜨거운 것이 올라와 목젖을 적셨다. 나는 속으로 신라 장인들의 그 높고 높은 손길 위에 하늘의 은총이 함께 하길 빌어주었다.

경주박물관을 나오니 저녁 8시였다. 저녁을 먹기 위해 황리단길로 향했다. 황리단길 인근 주차장에 차를 주차하고 걸어가는데, 여행객들로 거리가 들썩였다. 이곳저곳을 살피다 뜨거운 국물이 좋겠다 싶어 우거지해장국집으로 들어갔다. 푹 우려낸 한우의 국물이 목으로 넘어갈 때의 그 감칠맛이라니, 지금도 잊을 수가 없다.

저녁을 먹고 나서 숙소로 정한 포항 영일대 인근 호텔로 향했다. 경주를 떠난 지 30여분 후에 호텔에 도착해 씻고 나니, 10시 30분이 막 지났다. 호텔 9층에서 바라보는 어둠에 잠긴 바다 저 멀리로 수많은 불빛이 휘황찬란하게 빛나고 있었다. 그 멋진 황홀경이라니. 그리고 곳곳에 오징어잡이 고깃배들이 점점이 떠 있어 한 폭의 그림이었다. 바닷가엔 여행객들이 삼삼오오 백사장을 거닐고 있었다. 그저 보는 것만으로도 눈을 즐겁게 하였다.

아들과 잠시 이런 저런 얘기를 나누다 잠이 들었다.

3.

다음 날 아침 일찍 일어나 호텔 창가에서 바라보는 동해의 일출은 가히 장관이었다. 호텔 바로 앞에 4차선 도로가 있고, 도로 건너면 바로 바다였다. 호텔에서 불과 40미터도 안 되었다. 그래서인지 몰라도 태양의 붉은 기운이 온몸을 감싸는 듯 가슴이 뜨거워짐을 느꼈다.

일출을 한 마디로 표현한다면 세계 최고의 빈 필하모닉 오케스트라가 연주하는 장엄한 교향곡이요, 자연이 쓴 대서사요, 감동 그 자체였다.

호텔식당에서 아침을 먹고 밖으로 나가 영일대에 올라 사진을 찍고, 바닷가를 이러 저리 거닐다 곧바로 경주로 향했다. 40분 만에 경주에 도착해 동리, 목월 문학관으로 갔다. 동리, 목월 문학관은 한 건물로 이뤄졌는데 한쪽은 동리, 한쪽은 목월 기념관으로 구성되었다.

동리는 <무녀도>를 쓴 소설가요, 목월은 <청노루>를 쓴 시인으로 경주가 자랑하는 문학가답게 나란히 한 칸을 차지한 채 마주보고 있었다. 명성에 비해 다소 협소하고 이렇다 할 시설 또한 없어 아쉬움이 있지만, 소박한 전시실은 문학의 본질이 무엇인지를 말하는 듯하여 시를 쓰는 시인으로서의 마음가짐을 새롭게 했다.

살아서도 읽히고 죽어서도 읽히고 기억되는 삶이란, 그 얼마나 고맙고 감사한 일이런가. 호사유피인사유명虎死留皮人死留名이라, 사람은 떠나도 이름은 남아 두고두고 회자膾炙되니, 문학가란 그 얼마나 값진 이름인가. 하여 생각느니, 스스로에게 부끄럽지 않게 글 쓰는 일에 좀 더 매진해야겠다는 생각에 마음을 가다듬었다.

동리, 목월 문학관을 나와 현존하는 세계에서 가장 오래된 천문대인 첨성대로 향했다. 첨성대에 도착하니 많은 이들로 북적였다. 첨성대는 한국 과학의 우수성을 널리 알린, 돌로 층층이 쌓아 올린 천문관측소이다. 첨성대의 단순한 건축미는 담백하다 못해 순수미에 가깝다. 첨성대 꼭대기는 네모로 뚫려있고, 정면 윗부분은 창문 같은 출구가 뚫려 있었다. 이토록 단순한 천문대에서 별을 관측했다는 게 그저 놀라울 뿐이었다. 그 오래전 천문관측소를 세계 최초로 건축했다는 것은 신라인들의 깨어있는 정신세계를 잘 보여주나니, 한국인으로서의 긍지를 감출수가 없었다.

사람들은 첨성대를 배경으로 사진 찍기에 바쁘건만, 첨성대는 귀찮을 법도 할 텐데 사람들과 사이좋게 어울려 포즈를 취해준다.

나 또한 첨성대와 한 몸이 되어 사진 속 주인공이 되었다.

일정이 빠듯하다보니 곧바로 신라 별궁터인 동궁과 월지로 향했다. 동궁과 월지는 삼국통일 후 문무왕 14년 못을 파고 못 가운데 3개의 섬을 만들고, 북동쪽으로 12개의 산을 만들어 나무와 꽃을 심어 가꾸었다고 한다. 문무왕 19년에는 동궁을 지어 나라의 경사와 귀한 손님을 맞을 때 연회를 베푼 곳이라서 그런지 아기자기한 것이 커다란 정원처럼 운치가 있었다.

동궁과 월지를 걸어가자니 옛사람의 음성이 두런두런 들리는 듯하고 바람의 숨결처럼 고요했다. 조명에 비친 동궁과 월지를 보기 위해 어둠이 찾아오길 기다리는데, 어둠이 들자 하나둘씩 조명이 켜지고 월지에는 화려한 불꽃이 피어나기 시작했다. 그 모습에 백로들이 떼를 지어 지저귀고, 구름처럼 모여든 사람들은 저마다 사진 담기에 바빴다. 동궁과 월지는 하나가 되어 고운 자태를 드리우고, 아득한 그때가 현실에 이른 듯 천 년 세월이 손끝에 머무는 듯하였다. 내 입에서는 연신 좋다, 좋다, 참 좋다가 연속적으로 터져 나왔다.

동궁과 월지를 끝으로 경주 여행을 마치고, 저녁을 먹은 후 일정의 짧음에 아쉬움을 남긴 채 곧바로 원주로 향했다. 가보지 못한 경주 양동 마을을 비롯한 몇 곳은 다음에 시간을 내서 보기로 하였다.

신라 천년의 도읍지 옛 서라벌 경주는 살아 있는 박물관이었다.

눈에 보이는 곳, 발길 닿는 곳 그 어디인들 유적지 아닌 곳이 없으니 대한민국 문화의 보고寶庫다웠다. 주택, 커피숍, 식당, 마트, 주유소 할 것 없이 지붕은 온통 기와로 이어지고, 전통을 잇고자하는 시민들의 정성이 면면이 보였다.

도시에 높은 건물이라고는 호텔과 아파트 뿐 고도를 최대한 낮춰 유적지에 흠이 되지 않게 하려는 것이 과연 신라천년의 후예들다웠다.

경주를 돌아보고 드는 생각이 이곳에서 딱 한 달만이라도 살아보고 싶다는 것이었다. 그만큼 경주는 내게 커다란 감흥을 불러 일으켰던 것이다.

수많은 사람들이 경주를 찾는 이유가 저들 또한 나와 같은 마음에서 일 것이리라. 경주에 머문 1박 2일의 그 짧은 여정 속에서도, 그 옛날 신라인들의 품격 높은 자취를 느낄 수 있었음에, 신라가 천년을 이어 온 세계 유일한 왕조일 수밖에 없다는 사실을 깊이 통감할 수 있었다. 경사스럽고 기쁨의 이름 경주慶州, 과연 경주는 경주였다.

여행의 목적은 새로운 곳을 보고, 느끼는 즐거움에도 있지만, 진정 중요한 것은 새로운 것을 보는 눈을 기르는 데 있다. 이에 대해 프랑스 소설가 마르셀 프루스트 다음과 같이 말했다.

"진정한 여행이란 새로운 풍경을 보는 것이 아니라 새로운 눈을 가지는 데 있다."

마르셀 프루스트의 말은 여행의 진정한 목적이 무엇인지 잘 알게 한다.

여행의 묘미 중 하나는 누구랑 여행을 하느냐 하는 건데, 그 대상에 따라 여행에서 느끼는 감정이 각기 다르기 때문이다. 즉, 감정의 이입移入이 다른 까닭인 것이다.

이토록 눈부신 가을 날 아들과의 여행은 내겐 더없는 인생의 선물이었음에 감사하고 감사할 뿐이었다. 또 아들이 있다는 것이 이토록 든든한 일이라는 걸 다시금 느끼게 해준 경주여행은 내겐 더없는 행복이며 축복이었다.

내게 천금千金과도 같은 여행을 선물해 준 아들이 참 고맙다.

이는 경주를 여행하고 나서 쓴 〈신라 천년, 그 세월을 거닐다〉란 제목의 기행문이다. 이 글에서 보듯 여행을 떠나는 동기와 느낌, 여행지에서 보고, 듣고, 경험하고, 느끼고, 생각하는 것, 그리고 여행을 통해 새롭게 발견한 시각과 깨달음을 잘 나타냈다.

이처럼 기행문은 여행의 과정과 그 때마다 보고, 듣고, 경험하고, 느낀 것을 물결 흐르듯 자연스럽게 쓰면 효과적이다. 그리고 보다 중요한 것은 여행을 통해 새로운 것을 발견하는 눈 것을 잘 표현해야 한다는 것을 잊어서는 안 될 것이다.

7.

동시는 어떻게 써야
잘 쓰는 것일까?

◦ 동시란 무엇이며, 쓸 때 주의할 점은?

동시는 어린이가 읽고, 쓰고, 감상하는 시이다. 여기서 한 가지 더 추가하자면 어린이가 직접 쓰는 시도 동시며, 시인들이 어린이를 위해 쓰는 시도 동시라고 한다. 일각에선 어린이가 쓰는 시를 아동시兒童詩라고 말하는 이들도 있다. 어쨌든 동시의 주 독자는 어린이라는 데 있다.

한창 몸과 마음이 자라나는 어린이들에게 동시를 읽히면 정서적으로 좋을 뿐만 아니라 고운 마음을 가꿀 수 있고, 상상력을 기르는 데 큰 도움이 된다. 그런 까닭에 아이의 눈높이에 맞춰 쓰는 것이 좋다. 하지만 요즘 보면 어린이가 읽기에 난해한 동시들이 난무亂舞하고 있다. 이런 동시는 어른들이 읽거나 동시를 전문적으로 쓰는 시인들이 읽기에도 매우 거북하다.

이런 현상의 유발자들은 성인시를 쓰는 시인들이다. 이들이 대거 동시문단에 발을 들여 놓은 것에 대해 나는 매우 긍정적으로 생각하며 두 손을 들어 환영한다. 그동안 많은 잡지를 통해 발표되는 동시를 보면서 아쉬움이 컸기 때문이다. 기발하고 좋은 동시들도 있는 반면 좀 더 열정을 기울였으면 하는 동시들이 의외로 많음을 보아 왔던 터에, 성인시를 쓰는 시인들의 동시문단 출현은 기존 동시문단에 자극이 되고, 활력이 되기에 부족함이 없다는 생각에서다.

성인시를 쓰는 시인들의 동시는 시적인 영향동시는 주 독자층이 어린이로 소재의 선택이나 표현에 제약을 받지만 시는 제약을 받지 않음에 의해 소재가 다양하며 깊이에 있어서도 기존의 동시보다 폭이 넓고 깊다. 또한 상상력이 활달하고 거침이 없으며, 자유분방하다. 이를 보더라도 성인시를 쓰는 시인들의 출현이 지금과는 다른 동시의 다양성을 확보하게 됨은 물론 그로 인해 동시의 저변확대에 크게 기여할 거라고 생각한다.

그런데 이처럼 긍정적이고 희망적인 측면에도 불구하고, 성인시를 쓰는 시인들의 동시는 문제가 있다. 그 문제점을 세 가지 관점에서 살펴보기로 하겠다.

첫째, 성인시를 쓰는 시인들답게 소재의 참신성과 깊이, 거침없이 활달하고 폭넓은 상상력과 시적장치는 매우 바람직하다고 할 수 있다. 그런데 문제는 표현의 난해함과 모호함에 있다. 일부 시인들의 동시는 어른들이 봐도 이해하기 힘들다. 이런 동시의 난해함과 모호함은 '동심童心'이라는 가장 근본적인 본질을 벗어나는 일로 매우 잘못된 일이라고 할 수 있다. 성인시는 성인들이 주 독자층으로 난해하든 모호하든 어떤 방식으로 써도 무방하지만, 동시는 주 독자층이 어린이들을 대상으로 하는 만큼 그 어떤 이유로도 난해함과 모호함을 정당화시킬 수는 없다. 아무리 상상력이 뛰어나고 표현이 좋다고 해도 이해가 되지 않으면 느끼지 못하고, 느끼지 못하면 가슴에 와닿지 않는다. 머리로 이해하고 가슴으로 느끼게 되는 상호작용을 통해 재미가 있던, 감동을 주던, 깨우침을 주던 해야 하는데 난해함과 모호함은 커다란 장애가 되기 때문이다. 그런 까닭에 내가 염려하는 것은 이러한 동시로 인해 어린이들이 동시를 멀리할지도 모른다는 것이다.

둘째, 어린이 정서에 맞지 않는 소재나 표현이다. 가끔 일부 시인들이 쓴 동시집을 읽다 보면, 시에서나 쓸법한 소재나 표현을 아무 거리낌 없이 쓴다는 것이다. 이는 동심이 무엇인지, 동시의 주 독자층이 어린이인지조차도 망각한 파렴치한 일이 아닐 수 없다. 동시를 쓰는 것은 자유이나 대상을 제대로 인식하고 제대로 썼으면 한다.

셋째, 성인시를 쓰며 동시를 쓰는 시인들 중 어떤 이들은

'착한 동시'니, '천사표 동시'니 해서 이를 마치 진부한 동시, 낡은 동시로 여기는 듯하다. 이는 동시의 본질인 '동심'에 반하는 것이다.

결론적으로 말해 동시는 착해야 한다. 동시는 어디까지나 어린이들이 주 독자층으로 어린이들의 눈높이 맞춰 써야 한다. 어린이들이 한 사람의 인격체로 자라나는 데 있어 정서적인 영향은 매우 크다. 정서가 풍부한 어린이는 타인에 대한 배려와 양보심이 좋고, 어려운 일을 보면 그냥 지나치지 않는다. 정서의 밑바탕엔 '동심'이라는 원초적인 마음이 깔려 있기 때문이다.

나는 착한 동시, 천사표 동시라고 규정지어 말하는 것은 유치한 발상이라고 생각한다. 착한 동시나 천사표 동시는 없다. 그러나 '좋은 동시'는 있다. 어린이들의 정서를 맑고 아름답게 하는 데는 좋은 동시처럼 좋은 것은 없다. 앞에서 내가 결론적으로 말해 동시는 '착해야 한다'라고 한 것은 착한 동시니, 천사표 동시니 운운한 이들에 대한 반론적으로 한 말로서, 나는 이를 '좋은 동시'라고 규정한다.

좋은 동시가 되기 위해서는 정수장에서 여과과정을 거쳐 맑고 깨끗한 물이 각 가정에 공급되어 생활용수가 되듯, 동시는 일상생활에서 쌓인 어린이들의 찌든 마음을 맑게 정화시키는 '동심의 여과장치'로서의 역할을 충실히 해야 한다. 그래서 어린이에게 바른 심성을 길러 주고, 정서를 맑고 푸르게 가꾸어 주고, 타인에 대한 배려와 양보심을 길러 주고, 도덕과 질서와 예를 중시하고, 사람과 자연을 소중히 여기는 마음을 길러 주어야 한다.

또한 옳고 그름에 대한 비판정신을 길러 주고, 자기반성 및 절제력을 길러 줄 수 있어야 한다. 이런 마음을 길러 주기 위해서는 좋은 동시가 반드시 필요하다. 이치가 이럴진대 좋은 동시를 착한 동시니, 천사표 동시라고 폄훼한다면, 그것은 대단히 편협하고 잘못된 생각이 아닐 수 없다.

더구나 물질중심주의 영향으로 자기중심적이고 이해타산적인 어린이들이 많은 시대이다. 친구를 사귈 때도 아파트 평수를 따지고, 부모의 직업을 따지는 어린이들의 이야기는 놀라움 그 자체다. 이 뿐만이 아니다. 욕을 잘 하는 어린이가 반에서 인기가 있고, 더 많은 인기를 끌기 위해 인터넷을 뒤져 가며 욕을 찾는다는 이야기를 듣고, 아연실색한 적이 있다.

지금은 그 어느 때보다도 좋은 동시가 더더욱 필요한 시대이다. 어린이들을 진정으로 미래의 주인공이며, 꿈나무라고 생각한다면 좋은 동시를 많이 읽을 수 있도록 해야 한다. 아무리 상상력이 기발하고, 활달하고, 참신하고, 다양한 소재, 다양한 시적 장치의 동시라고 해도, 난해함과 모호함을 무슨 실험동시니 하는 따위의 것으로 삼아서는 안 된다.

어린이들이 이 땅에 존재하는 한 과거에도 그러했고, 현재에도 그렇고, 미래에도 동시는 어디까지나 '동심'의 본질을 전제로 한다는 것을 결코 잊어서는 안 될 것이다. 난해하고 모호하여 읽지 않는 동시는 박제된 동시며, 문자의 낭비일 뿐이다.

내가 동시를 쓸 때 주의할 점에 대해 이토록 강하게 강조하는 것은 동시를 쓰려고 하는 사람들이 의외로 많기 때문이다. 이들 또한 많은 동시를 읽었을 것이고 또한 읽고 있을 것이다.

그런데 읽으면서 난해하고 모호한 동시들을 보고, '요즘은 동시를 이렇게 쓰는가 보다' 하는 오해의 소지가 있기 때문이다. 그런 까닭에 어린이들을 위한 동시를 쓰려고 한다면 앞에서 말한 내 말에 귀를 기울여 주었으면 한다. 그것이 바른 동시를 쓰는 척도이기 때문이다.

또한 문예지를 통해 발표하는 신인들의 동시들 중엔 성인시를 쓰며 난해한 동시를 쓰는 일부 시인들을 그대로 모방하는 경향이 있어 우려를 금할 수 없기 때문이다. 아닌 것은 아닌 것이다. 아닌 것을 따라서 하기 때문에 문제가 된다는 사실을 깊이 인식하고 바른 동시 쓰기에 몰입해 주었으면 한다.

그리고 말장난 같은 동시가 종종 눈에 띈다. 말장난은 말장난일 뿐 바람직하지 못하다. 어린이들이 읽는 시라고 해서 가볍게 다뤄서는 안 된다는 것을 명심해야 한다. 한 가지 더 덧붙인다면, 어린이들의 입맛에만 맞는 동시를 쓰려고도 말아야 한다. 이는 마치 편식이 몸에 나쁜 것처럼 어린이들의 다양한 생각을 제한시킬 수 있는 우를 범할 수도 있기 때문이다.

◦ 동시는 무엇을 어떻게 써야 할까?

동시작가를 꿈꾸는 이들은 의외로 참 많다. 그러나 강의를 하다 보면 어떻게 써야 하는지 잘 모른다는 것을 알 수 있다. 그저 어린이들이 읽는 동시니까 대충 써도 된다고 생각한다. 이는 동시의 본질을 잘 모르는 까닭이다.

간단히 말해서 동시는 본 대로, 들은 대로, 느낀 것을 그림을 그리듯이 써야 한다. 동시는 '말글이 그려놓은 그림'인 까닭이다. 또 알맞은 꾸밈말비유을 넣어 써야 한다. 또한 의성어소리 흉내 말, 의태어모양 흉내 말를 넣어 생생하고 생동감 있게 써야 한다.

또한 어린이가 잘 이해하고 느낄 수 있도록 쉽고 알맞은 말을 골라, 가급적이면 짧고 간결하게 쓰는 것이 좋다. 그렇다고 해서 어린이들의 입맛에만 맞게 써서는 안 된다. 물론 이는 가장 기본적인 것이지만 어린이들의 생각을 넓혀 주기 위해서는 다양한 방식으로 쓰는 것이 효과적이다.

이에 대한 예는 '좋은 동시를 쓰기 위해서는 어떤 조건을 갖추어야 할까?'에서 예를 든 동시를 읽는 것만으로도 충분히 이해가 될 것이다.

∘ 시를 쓰기 위해서는 어떤 조건을 갖추어야 할까?

동시는 일상생활에서 본 것, 들은 것, 느낀 것 그리고 직접 경험한 것, 마음속으로 생각한 것을 소재로 하여 쓴다.

동시 소재 또한 시나 수필처럼 수없이 많다. 다만 동시의 주 독자층이 어린이이기 때문에, 어린이의 관점에서 바라보고 눈높이에 맞춰 쓰도록 해야 한다. 그러면 좋은 동시를 쓰기 위해서는 어떤 조건을 갖추어야 할까.

첫째, 같은 사물도 새롭게 보라.

해님 시간표엔 휴일이 없어요.
비 오는 날과 눈 오는 날만 휴일이래요.
매일 해야 할 일들로 빼곡하지요.

0교시: 오늘 할 일 검토하기
1교시: 온 세상에 빛 뿌리기
2교시: 으뜸이네 논 둘러보기
3교시: 복순이 할머니네 감자밭 살펴보기

4교시: 동해바다 독도 찾아가기

5교시: 뒷동산 동물들 일광욕시키기

6교시: 깊은 산골 외딴집 들여다보기

7교시: 하루일과 정리하기

피곤하겠네요.

온 종일 해님은

앉아 쉬지도 못 하겠네요.

여기저기 살펴보시느라고

부지런한 우주일꾼은……

이 동시는 2010년 제27회 '새벗문학상'을 수상한 〈해님시간
표〉이다. 이 동시에 대한 심사평을 보자.

시적 완성도와 새로움에 도전하는 도전정신을 높이 샀다.
'해님시간표'는 일반 동시와 낯설게 한 시적 새로움의 도전이 낳
은 소산물이다. 2연의 '0교시부터 7교시는 초등학교 고학년의
학교 시간수가 아침자습시간을 포함해서 8시간'이다. 시적소재
와 시적형태와 내용이 독자들을 낯설게 하고 있다. '해님'은 '우
주의 부지런한 일꾼'을 상징한다. 휴일도 없이 정해진 시간표대
로 쉼 없이 일하는 '해님시간표'가 암시하는 시적효용성은 새로

운 기법으로 형상화시킨 동시 한편이 주는 기쁨이 크다.

심사평에서 보듯 〈해님시간표〉는 매일 보는 '해'라는 사물을 새롭게 보는 눈이 뛰어나다. 그리고 그것을 남들이 생각하지 못하는 기발한 상상력을 발휘하여 완성도 높은 동시로 탄생시켰다. '해'를 동시의 소재로 많은 이들이 동시를 썼지만, 〈해님시간표〉와 같은 동시는 없다.

이처럼 좋은 동시를 쓰려고 한다면 같은 사물도 전혀 새롭게 보는 눈을 길러야 한다. 그렇게 될 때 좋은 동시로서 인정받게 된다.

둘째, 옳고 그름에 대한 비판정신을 길러 주어야 한다.

고속도로
버스 전용차선으로
까만 승용차가 끼어 달린다.

다른 차들은 엉금엉금
자기 차선으로 가는데
미꾸라지처럼
요리조리 빠져나가며
약을 바짝 올리면서 달린다.

화가 난 차들은
빵빵거리며 소리치고
사람들이 손가락질을 해도
아무렇지도 않게
버스차선으로만 간다.

법을 지키는 사람들은
다 바보라는 듯
미꾸라지가 되어
눈 하나
깜빡 안 하고 달린다.

이는 〈미꾸라지〉라는 동시로, 이 역시 새로운 시각으로 고속도로에서 교통법규를 어긴 차사람에 대해 비판한다. 모든 차들은 다 자기차선을 지키는데 '까만 승용차'는 자기만 똑똑한 척 버스차선으로 끼어 달리는 것에 대해 일침을 가한다. 이 동시를 읽은 어린이들은 어떻게 생각할까? 당연히 까만 승용차처럼 법을 어겨서는 안 된다는 것을 깨닫게 될 것이다.

동시는 되도록이면 예쁜 말로, 고운 말로 써야 하지만, 때론 〈미꾸라지〉 동시처럼 옳고 그름에 대한 말로 동시를 써야 한다. 그래야 어린이들에게 해서 될 일과 해서는 안 되는 일을 가릴 줄 아는 마음을 길러 줄 수 있다.

셋째, 따뜻한 정서를 길러 주도록 써야 한다.

지각할까
허둥지둥 달려 나가는 날
현관 앞에서
놓아주지 않는 우리엄마

외투 매만지며 툭툭
목도리 여며주며 툭툭
장갑 낀 손 쓸어보며 툭툭
신발 끈 잡아보며 툭툭

잠시 한 걸음 물러나
내 몸을 쭈-욱 살피더니
마지막으로 내 엉덩이를 툭툭,
출발신호로 겨우 풀려났어요.

학교로 달려가는 내내
찬바람이 틈새를 찾아 온몸을 괴롭혔지만
난 조금도 춥지 않았어요.

그제야 알았어요.

엄마는 툭툭, 손길 건넨 곳마다

오래도록 식지 않는

손난로를 붙여놓았다는 걸요.

이는 2014년 조선일보 신춘문예에 당선된 작가 김정수의 〈엄마마음〉이라는 동시이다. 추운 겨울날 학교에 가기 위해 허둥지둥 현관문을 나서는 아이를 불러 세워, 조금이라도 추울까봐 이리저리 살펴보는 엄마의 모습엔 사랑이 넘친다. 아이는 지각할까 조바심이 났지만, 엄마에게는 아이가 춥지 않은 게 우선이다. 마침내 엄마의 손을 벗어난 아이는 고삐 풀린 망아지가 내달리듯 추위 속을 뚫고 학교로 향한다. 하지만 아이는 추운 줄 모른다. 그리고 아이는 엄마의 사랑을 느낀다. 엄마가 자신의 몸 구석구석 따뜻한 손난로를 붙여 놓았다는 것을.

이 동시에서의 단연 압권은 '손난로'이다. 손난로는 '엄마의 사랑'을 상징한다. 이 동시가 성공한 작품이 된 데에는 '손난로'의 영향이 절대적이다.

이렇듯 〈엄마마음〉처럼 따뜻한 마음, 따뜻한 사랑을 어린이들에게 전해 줌으로써 정서를 환기시키고 따뜻한 마음을 길러주는 동시가 좋은 동시이다.

넷째, 어린이의 마음을 잘 담아 내야 한다.

내일은 청원피스를 입어야지

내일은 하얀 운동화를 신어야지

내일은 머리를 하나로 묶고 가야지

내일도 핑크빛 틴트를 발라야지

내일은 하얀 뿔테 안경을 쓰고 가야지

내일은 떡볶이 파티비 500원도 챙겨야지

내일은 은정이랑 학교에 같이 가야지

내일 급식 때 닭 강정 많이 달래야지

내일은 조금 빨리 가서 공기놀이 많이 해야지

내일 오전 쉬는 시간엔 수학숙제를 해야지

내일도 내 짝꿍은 준비물 안 챙겨오려나?

내일 체육시간엔 또 달리기하려나?

내일은 2층 화장실이 더 깨끗 하려나?

내일 선생님 기분은 괜찮겠지?

내일도 남자애들은 옆 반이랑 축구시합 하려나?

내일도 휴대폰 다 걷으려나?

내일도 황사가 몰려올까?

내일은 누구 엄마가 교통을 서실까?

한말 또 하고 또 하고
끝도 없이 되풀이 되는
엄마의 잔소리 시간
엄마에겐 죄송하지만
내겐 딴생각하기 좋은 시간

이는 김정수의 〈딴 생각하기 좋은 시간〉이란 동시로, 아이의 천진스러움이 능청스럽게 나타나 있다. 아이는 무슨 잘못을 했는지 엄마에게 불리어 앉혀져서는 엄마의 말을 듣고 있다. 하지만 아이의 생각은 온통 딴 데에 가 있다. 엄마는 그런 아이와는 달리 진지하게 말을 할 거라는 것은 안 봐도 빤하다. 그런데 아이는 연신 딴 생각을 하며 그 시간을 벗어나려고 하니, 이 동시를 읽다 보면 웃음이 절로 난다.

이 동시 속의 아이처럼 이것이 보통 아이들의 모습이다. 이 동시가 동시로서 성공을 거둘 수 있었던 것은, 발랄하고 유쾌함 속에는 동심의 진정성이 잘 나타나 있다는 데 있다. 이 순진무구함의 동심이 톡톡 살아 넘침은, 동시의 참묘미를 느끼게 하기에 손색이 없다.

다섯째, 자신의 경험을 동심으로 잘 담아 내야 한다.

쨍쨍 내리쬐는 햇살 아래

나무들이 제 키 자랑을 하는

여름이 되면

나무 아버지이시던 아버지는

우리의 아버지로 돌아오셨다.

가을, 겨울, 봄

핏줄 같은 나무를 지키느라

아버지는

우리들 마음에

산만큼 커지는 그리움을 못 본 척하셨다.

어쩌다 내리는 비나 눈과 함께

다녀가시는 아버지는

엄마는 못 사주는

달콤한 과자를 안겨주시는

낯선 손님 같았다.

어느 해 초여름

아버지와 함께 갔던 국립공원의

빨간 꽃, 노란 꽃

활짝 피운 초록나무에서

자식들을 키우듯

사랑의 손길로 다독였을
자랑스러운 아버지를 보았다.

늘
나무를 사랑하여
그 나무를 가꾸고 지키느라
골병이 드신 아버지는
너무 일찍
나무 곁에 누우셨다.

여름이 가고
또 새 여름이 와도
아버지는 돌아오시지 않았다.

사계절 내내 나무가 되신 아버지.

이 동시는 작가 정가람의 〈나무 아버지〉이다. 신춘문예 최종심에 올랐지만, 아깝게 당선되지 못했다. 하지만 문예지를 통해 당선되었다.

정가람의 아버지는 산림공무원이었다. 직무상 집에서보다 산에서 보내는 시간이 더 많았다. 정가람과 형제들이 어린 시절 아버지와 함께 즐거운 시간을 갖는다는 것은 하나의 꿈이었다.

그녀의 아버지는 자식들과 함께 하며 아버지의 사랑을 주고 싶어도 그렇게 할 수 없어 참 안타까웠을 것이다. 어느 아버지인들 자식들과 떨어져 살기를 바랄까.

정가람은 자신의 시에서 표현했듯 그녀의 아버지는 어쩌다 내리는 비나 눈과 함께 집에 다녀갔고, 미안한 마음에 엄마는 못 사주는 달콤한 과자를 안겨 주는 낯선 손님 같았다. 그런데 그런 아버지가 애석하게도 오래 살지 못하고 너무 일찍 세상을 떠나 사계절 내내 나무가 되었다.

아버지는 가정의 경제를 책임지는 가장으로서 자신에게 주어진 일은 그 무엇이라 할지라도 해야만 하는 것이다. 그래야 자식들을 먹이고 입히고 가르쳐 한 사람의 인격체로 길러 낼 수 있기 때문이다.

그런데 자식들은 그런 아버지의 마음을 잘 모른다. 자신이 원하는 것을 하지 못하면 불평불만을 일삼고, 아버지 가슴에 상처를 남긴다. 그래도 아버지는 내색조차 안 한다. 그 또한 자식에게 아픔이 된다고 생각하기 때문이다.

아버지는 집을 단단히 받치고 선 대들보 같은 분이다. 그렇기에 어떤 어려움과 시련이 따르더라도 다 참아 낼 수 있는 것이다. 아버지는 말없는 사랑이다. 가슴에 자식을 품어 안고 머나먼 인생길을 가는 달팽이와 같은 존재이다.

〈나무 아버지〉는 작가의 어린 시절이 투영된 작품으로, 성인이 되어 그 시절을 생각하며 쓴 동시이다. 동시로서는 다소 무거운 주제지만, 어린이들이 이해할 수 있도록 쉽게 잘 표현함으로써 성공을 거둔 작품이다.

여섯째, 어린이들이 이해하기 쉽게 써야 한다.

친구들은 1학년이 되면서
새 침대, 새 책상, 새 옷장으로 꾸며진
내 방이 생겨서 좋다고 자랑하지만,

난
내 방이 없어서 정말 좋아요.

왜냐구요?
난 엄마 아빠랑 같이 자거든요.

이 동시는 정가람의 〈없어서 정말 좋아요〉라는 동시로, 초등학교 1학년이 되어 친구들은 자기 방이 생겨서 좋다고 자랑하지만, 시적 화자인 어린이는 오히려 자기 방이 없어서 좋다고 말한다. 그 이유는 엄마 아빠하고 같이 자기 때문이란다. 참으로 어린아이다운 순수무구純粹無垢한 동심이 아닐 수 없다. 정가람은 아이의 이러한 마음을 간결하게 잘 표현함으로써 동시로서의 가치를 획득하였다고 할 수 있다.

〈없어서 정말 좋아요〉처럼 동시는 어린이들이 읽고 쉽게 이해할 수 있어야 하고, 내용과 주제가 좋다면 이런 동시야말로 가장 이상적인 동시라고 할 수 있다. 아무리 주제가 좋고 내용이 좋아도 어린이들이 이해하지 못하면 의미가 없다. 난해하고 모호한 동시는 동시를 쓸 때 가장 삼가야 함을 잊지 말아야겠다.

◦ 동시는 쓰는 방식이나 소재가 정해져 있을까?

동시는 쓰는 방식이나 소재가 따로 정해져 있지 않다. 초등학교 때 다들 배웠듯이 우리가 일반적으로 알고 있는, 행을 가르고 연을 가르는 것이 보편적인 방식이라면 방식이라고 할 수 있다. 하지만, 지금은 이러한 전통방식은 그대로 하되, 행과 연을 가르지 않고, 운율리듬도 관계없이 쓰는 산문동시, 동화처럼 대화 글을 넣어 쓰는 이야기 동시 등 어떤 방식으로 쓰던 상관없다.

보다 중요한 것은 어린이들이 읽는 데 부담이 없으면 된다. 소위 말해 어린이문학 즉, 아동문학의 본질은 어린이들이 주체이고, 동시의 내용이나 주제 등이 어린이 중심, 어린이 눈높이에 맞춰지면 그것이 최선인 것이다. 동시 쓰기를 좋아하는 이들이나 동시작가를 꿈꾸는 예비 작가들은 이점을 분명히 해야 할 것이다. 이에 대한 몇 가지 동시의 예문을 보도록 하자.

첫째, 산문동시이다.

일찍 학교에서 돌아온 나는
우렁각시로 변신하기로 했어.
엄마가 퇴근하기 전에 꽃병에 물도 갈아주고,
신발들도 가지런히 맞추고,
소파의 방석도 반듯하게 하고,
베란다 문도 열어 환기를 시키고,
빨래도 걷어 예쁘게 개어놓고,
엄마가 미처 다하지 못한 설거지도 말끔히 해놓았어.
나는 엄마가 어떤 반응을 보일까
은근히 기대하며 수학문제를 풀고 있었어.
아니나 다를까 퇴근을 하고 온 엄마가 깜짝 놀라며
"어머, 우리 집에 우렁각시가 다녀갔나 봐."
그리고는 나를 꼭 끌어안고 뽀뽀를 하더니
"꼬마 우렁각시님, 고마워요."
라며 활짝 웃었어.
그날 이후 난 가끔 우렁각시가 되었고,

내 돼지 저금통은 점점 살이 통통하게 올랐지.

아무튼 우렁각시가 되는 것도 썩 괜찮은 일이야.

이 동시는 《월간문학》에 발표된 〈꼬마 우렁각시〉라는 동시이다. 이 동시는 시적화자인 어린이가 직장에서 근무하는 엄마를 위해, 꽃병에 물도 갈아 주고, 신발들도 가지런히 맞추고, 소파의 방석도 반듯하게 하고, 베란다 문도 열어 환기를 시키고, 빨래도 걷어 예쁘게 개어 놓고, 엄마가 미처 다하지 못한 설거지도 말끔히 해 놓은 것을 〈꼬마 우렁각시〉로 비유한 산문동시이다. 연을 따로 가르지 않은 비연의 동시라고 할 수 있다.

이처럼 산문동시는 산문 쓰듯이 쓰되, 어린이들이 이해하기 쉽고 지루하지 않게 재밌게 쓰는 것이 관건關鍵임을 알아야겠다.

둘째, 동화동시이야기동시이다.

아파트 베란다 창문 틈새로

들어온 햇살이

이제 막 눈뜨기 시작한

연둣빛 아기 새싹과 인사를 나눕니다.

"안녕, 새싹아. 만나서 반가워."

"누구세요?"

"응. 난 햇살이야?

"햇살?"

"응. 너의 탄생을 축하해.

어서 튼튼하게 자라렴. 내가 지켜줄게."

"고맙습니다."

새싹은 그제야 마음이 놓입니다.

날마다 눈만 뜨면 찾아와

하루 종일 새싹과 도란도란

놀아주는 고마운 햇살

새싹도 햇살도

하루하루가 너무 행복합니다.

이는 '아동문예문학상'을 수상한 〈새싹〉이라는 동화동시이다. 햇살과 새싹을 의인화하여 동화처럼 구성하여 쓴 동시로 재미를 준다.

이처럼 동화동시는 대화 글을 넣어 쓰는 동시를 말한다. 마치 한편의 동화를 동시로 축약縮約시키는 것과 같아 이야기동시라고도 한다. 동화동시는 어린이들에게 낯설지 않다. 마치, 아주 짧은 동화를 읽는 것과 같을 테니까.

동화동시를 쓸 땐 동화동시로 쓸 수 있도록 소재 선택에 신중을 기하고, 동화 쓰듯 함축적으로 가급적이면 재밌고 흥미롭게 담아 내도록 해야 한다.

셋째, 판타지 동시이다.

야, 이왕 쓰는 것
예쁘게 써주면 안 되겠니?
넌 항상 나를 꼬불꼬불
꼬부랑 할머니처럼 만들어 놓잖니
심지어 어떨 땐
내가 지렁이가 된 기분이야
그리고 더 웃긴 건
니가 쓰고도 나를 알아보지 못해
인상을 찌푸리고 헤맨다는 거야
학교에선 선생님이
글씨 좀 잘 써라, 하고
집에선 엄마가
발가락으로 써도 이보단 낫겠다, 하잖니

하지만 넌 언제나 그때뿐이지
부탁한다
나도 잘난 글씨가 되고 싶어
네가 창피하면 나도 창피하니까

이 동시는 《월간문학》에 발표된 〈글씨들이 나더러〉라는 동시로, 글씨가 어린이에게 자신을 예쁘게 써 달라고 하는 기발함이 이 동시를 흥미롭게 이끈다. 굳이 말을 붙인다면 판타지 동시라고 할 수 있다. 판타지는 동화의 전유물이지만, 동시 또한 새로운 형식으로서의 판타지를 가미하여 얼마든지 동시로 쓸 수 있다. 그런 까닭에 기발한 상상력을 바탕으로 한다면 재밌고 판타스틱한 동시를 씀으로써, 어린이들에게 상상력을 키울 수 있도록 도움을 줄 수 있어 매우 긍정적이라고 할 수 있다.

넷째, 자연환경동시이다.

사람들은 왜 모를까.
이 땅에 주인은 자연이란 것을.
풀 한 포기, 나무 한 그루, 꽃 한 송이
이들이 이 땅의 주인이란 것을.

그런데도 사람들은
마치 자신들이 주인인 것처럼
자연을 파헤쳐 상처를 주고
자연이 아파서 우는 소리를 듣지 못한다.

자연이 아프면
그 아픔이 사람들에게 온다는 것을
사람들은 왜 모를까.

산이 발갛게 피를 흘리고
송사리 떼 노닐던 개울은 거품을 토하고
한낮에도 하늘이 우중충하다.

사람들은 왜 모를까.
자신들이 이 땅에 잠시 세 들어 산다는 것을.
물건을 빌려 쓰면
깨끗하게 쓰고 주인에게 돌려주어야
한다는 것을.

이는 〈사람들은 왜 모를까〉라는 동시로, 자연의 소중함에 대해 이야기한다. 사람들로 인해 자연이 파괴되고 망가져 가지만, 마치 사람들은 자신들이 주인인 것처럼 행동한다. 진짜

주인은 자연인데도 말이다. 이 동시는 자연을 살리고 보존해야 한다는 깨우침의 메시지를 전하는 자연환경동시이다.

이처럼 자연환경을 소재로 하여 자연의 소중함을 알리는 동시는 어린이들에게 자연의 소중함을 심어 주는 의미 있는 동시로서 손색이 없다.

이밖에도 어떤 대상을 주요소재로 하느냐에 따라 그 동시만의 이름을 붙일 수도 있다. 이는 무엇을 말하는가. 동시는 쓰는 방식이나 소재가 따로 정해져 있지 않음을 뜻한다고 하겠다.

8.

동화는
어떻게 써야 할까?

◦ 동화란 무엇이며, 무엇을 어떻게 써야 할까?

동화는 어린이들을 주 독자층으로 하는 이야기 글이다. 소설이 발단, 전개, 절정, 결말의 단계를 갖듯, 동화 또한 마찬가지이다. 그런 까닭에 동화 역시 이런 과정을 거침으로써 한 편의 동화로 태어난다.

동화의 소재는 사람일수도 있고, 동물일수도 있고, 자연일 수도 있고 그 대상이 무궁무진하다. 이는 동화가 판타지의 특성을 지닌 까닭이다.

동화는 내용과 주제에 따라 생활동화, 판타지동화, 역사동화 등 다양하다. 생활동화는 일상생활을 소재하는 하는 동화이고, 판타지동화는 우리가 동화라고 말하는 보편적인 동화이고, 역사를 소재로 해서 쓰는 동화가 역사동화이다. 동화를 쓰는 이가 어떤 소재를 택해 쓰느냐에 따라 동화는 그 동화만으로서의 가치를 지니게 된다.

○ 좋은 동화는 어떻게 써야 할까?

첫째, 기발함으로 상상력을 한껏 끌어올리게 써야 한다.

《책 먹는 여우》의 작가 프란치스카 비어만은 상상력이 매우 뛰어나다. 이 책의 경우만 보더라도 '어떻게 이런 발상을 할 수 있을까' 할 만큼 그녀의 상상력은 놀랍다. 남들이 미처 생각하지 못하는 것을 소재로 동화를 쓰는 것은 작가로서 매우 바람직한 자세이다. 그것은 곧 자기만의 개성을 독자들에게 알림으로써 자기의 문학적 영역을 확실하게 굳힐 수 있는 좋은 계기가 되기 때문이다. 프란치스카 비어만은 이런 관점에서 볼 때 작가로서 확고한 위치를 굳힌 작가라고 할 수 있다.

《책 먹는 여우》는 어린이들에게 책에 대한 관심을 갖게 하는데 충분한 조건을 갖춘 책이다. 책을 잘 안 읽는 어린이들도 《책 먹는 여우》를 읽고 나면 재미있다는 생각을 갖게 될 만큼 이 책은 발상이 신선하고, 이야기 구성이 탄탄하고 흥미롭다.《책 먹는 여우》의 줄거리는 다음과 같다.

책을 매우 좋아하는 여우 아저씨가 있다. 여우 아저씨는 어찌나 책을 좋아하는지 책을 읽고 나면 책에 소금과 후추를 뿌려 맛있게 먹었다. 여우 아저씨는 먹어도 먹어도 늘 배가 고팠다. 여우 아저씨는 집이 가난하여 책을 자신이 원하는 만큼 살 수 없었다. 여우 아저씨는 물건을 전당포에 맡기고 그 돈으로 책을 사서 먹었는데 이젠 맡길 만한 물건이 없었다. 그래서 여우 아저씨는 도서관에 가게 되었고, 도서관의 책을 빌려다 다 읽고는 먹어치웠다.

그런데 누군가가 책을 갉아먹는다고 사람들이 불평하기 시작했다. 또 책에서 짐승냄새가 난다고도 했다. 사서는 곰곰이 생각하다 범인이 여우 아저씨라고 생각했다. 책을 빌려가고 나서 한 번도 돌려주지 않았기 때문이다.

그러던 어느 날 아침, 사서는 책에 소금과 후추를 뿌려 맛있게 먹는 여우 아저씨를 보고는 깜짝 놀랐다. 사서는 여우 아저씨에게 도서관 출입금지령을 내렸다. 책을 못 먹자 영양실조로 여우 아저씨의 몸에서는 털이 빠지고 몰골이 형편없이 변했다. 여우 아저씨는 책이 너무 먹고 싶어 밤마다 책 꿈을 꾸었다. 여우 아저씨는 생각 끝에 뚱뚱이 할머니에게 털모자를 빌려 쓰고 길모퉁이 서점에서 책을 빼앗아 집으로 가지고 가서 먹다가 경찰에게 잡혀 교도소에 갇히고 말았다. 책을 먹을 수 없게 된 여우 아저씨는 교도관에게 종이와 연필을 얻어 글을 쓰기 시작했다. 열심히 쓴 끝에

923쪽이나 되는 책을 완성했다. 여우 아저씨가 책을 보여 주자 교도관은 여우 아저씨가 쓴 책을 아주 재미있게 읽었다. 그리고 서점에서 팔 수 있는 책을 만들자고 말했다. 여우 아저씨가 좋다고 해서 교도관 아저씨는 출판사를 차려 책을 만들었다. 소설은 베스트셀러가 되었고, 영화로도 만들어져 여우 아저씨는 부자가 되었다. 유명작가가 된 여우 아저씨는 다른 책은 먹지 않고 자신이 쓴 책만 맛있게 먹었다. 자신이 쓴 책이 더 맛있기 때문이다. 《책 먹는 여우》가 어린이들에게 사랑받는 것은 기발한 상상력과 흥미 있는 이야기 구성에 있다. 마치 어린이 드리마나 연극을 보는 것 같이 생동감이 넘친다. 이런 요소들이 조화롭게 작용함으로써 베스트셀러가 되었다.

《책 먹는 여우》처럼 유쾌하고 기발함으로 쓴 동화는 어린이들의 상상력을 한껏 끌어올리게 한다. 그리고 책 읽는 흥미를 갖게 만든다. 좋은 동화를 쓰고 싶다면 이처럼 자신만의 유쾌하고 기발한 상상력으로 동화를 쓸 수 있도록 꾸준히 습작하는 자세를 지향해야 한다.

둘째, 꿈과 용기를 길러 주어야 한다.

어린이들에게 꿈과 용기를 길러 주는 것처럼 바람직한 것이 있을까. 좋은 환경을 지닌 아이는 그 아이대로, 어려운 환경 속에 처한 아이는 그 아이에게 꿈과 용기를 길러 주어야한다. 환경이 좋다고 해도 꿈과 용기가 필요하고, 어려운 환경 속에 처해있다면 더더욱 꿈과 용기를 길러 주어야 한다. 다음 동화는 이런 관점에서 쓴 동화이다.

나에게는 유보리라는 이름이 있지만 내놓은 아이라고 부른다. 나를 내놓은 아이라고 부르는 것에 대해 처음엔 속이 상해 견딜 수가 없어 "엉엉" 운적도 꽤 여러 번 된다. 하지만 지금은 아무렇지도 않게 여긴다. 내가 내놓은 아이는 결코 아니니까.

나에게는 아빠가 없다. 아빠는 내가 1학년 때 회사에서 일하다 사고로 돌아가셨고, 엄마는 2학년 때 나를 할머니에게 맡기고 어디론가 떠나버렸다.

그 후 내가 엄마를 마지막으로 본 것은 3학년 2학기가 마악 시작 되고나서다. 학교를 마치고 터덜터덜 교문을 나서는데 "보리야!" 하고 부르는 소리에 고개를 드니 엄마였다. 내가 본 엄마는 아주 예쁜 옷을 입었고, 화장도 예쁘게 했다. 엄마가 아닌 것 같았다. 그때처럼 예쁜 엄마를 한 번도 본적이 없었기 때문이다.

"어, 엄마!"

"그래, 보리야. 잘 있었어?"

"……."

잘 있었어, 라는 엄마의 말에 나는 말을 잇지 못하고 고개만 끄덕거렸다. 엄마는 나를 데리고 시장으로 가서 레이스가 달린 예쁜

원피스와 미키마우스가 새겨진 멜빵바지와 티를 사주고 먹고 싶었던 햄버거도 사주었다.

집으로 돌아온 엄마는 나보고 밖에서 놀라고 하고는, 한참을 할머니와 무슨 말을 주고받더니 울면서 밖으로 나왔다. 엄마, 왜 그래? 하는 말이 입 밖으로 나오려는 것을 참고 있는데 엄마가 나를 안고 말했다.

"보리야, 할머니 말씀 잘 들어야 해. 그래야 다음에 엄마가 또 예쁜 옷도 사주고 맛있는 것도 사주지. 알겠지?"

엄마는 울면서 내 얼굴을 몇 번이고 어루만지고는 떠났다. 나는 저 멀리 사라지는 엄마를 따라갈 생각도 못한 채 "엉엉" 울기만 했다.

"못 된 것 같으니라고. 어린 것을 놔두고……."

방에 들어오니 할머니는 울면서 넋두리를 하였다. 그날 이후 두 번 다시는 엄마를 볼 수 없었다.

할머니는 관절염을 앓아 힘든 일을 하지 못하신다. 생활보호대상자로 지정 되어 동사무소에서 얼마간의 생계비가 나오지만 할머니 약값하기에도 부족했다. 할머니는 생활비를 벌기 위해 아픈 몸을 이끌고 채소를 팔지만 장사를 거르는 날이 더 많다. 나는 아픈 할머니를 보면 얼른 어른이 되어 돈을 벌고 싶었다. 그래서 나를 위해 고생하는 할머니를 편하게 해드리고 싶다.

내가 내놓은 아이라고 불리게 된 것은 5학년을 시작하고 나서 얼마 되지 않아서이다. 하루는 미술 준비물을 가져가지 못했다. 고무 찰흙을 가지고 가야하는데 할머니에게 부러 말을 안했다. 할머니는 심한 몸살 때문에 벌써 여러 날 째 누워계셨다. 사정을 빤히 아는 나는 차마 말을 할 수가 없었다. 그래서 그냥 학교에 갔던 것이다.

"얘, 넌 왜 준비물 안 가져왔어?"

"……."

다짜고짜 다그치는 선생님 말에 나는 아무 말도 못하고 선생님을 바라보았다.

"야, 너 선생님 말이 말 같지 않니? 왜 대답을 안 해?"

"……."

나는 몰아붙이는 선생님 말에 아무 말도 할 수 없었다.

"아니, 뭐 이런 얘가 다 있어? 너 선생님을 아주 우습게 여기는 구나."

"아, 아닌데요."

"뭐가 아냐? 지금 니 그런 태도가 날 우습게 여기는 거잖아?"

"아니에요. 저 선생님 우습게 안 여겨요."

나는 내 마음도 몰라주는 선생님이 너무 야속했다.

"야, 어딜 빤히 쳐다봐? 너, 아주 못된 아이구나!"

선생님은 이렇게 말하며 나를 노려보았다. 난 더 이상 아무 말도 하지 못한 채 눈물만 흘렸다. 서러웠다. 그냥 서러웠던 것이다.

"너, 오늘부터 일주일 동안 화장실 청소해. 그리고 미술 시간 끝날 때까지 저 뒤에 가서 무릎 꿇고 앉아 있어."

난 아무 말도 못하고 시키는 대로 했다. 그러자 여기저기서 키득 대며 웃는 소리가 났다. 그런데 유독 나를 화나게 하는 아이가 있었다. 그 아인 박미소이다. 미소는 연신 나를 보고 손가락질을 하며 아이들과 쑥덕거렸다. 나는 눈물을 멈추고 이를 악물며 참고 또 참았다.

지옥같은 미술시간이 끝나고 난 절뚝거리며 내 자리로 돌아갔다.

"쟤 아주 웃긴다. 미술준비물도 못해온 게 선생님을 우습게 알아."

"맞아, 쟤 되게 웃기는 애야. 내 친구가 그러는데 4학년 때도 연신 준비물을 빼먹고 왔대."

"그래? 어쩐지, 그런 것 같더라니."

미소와 얘들은 나를 흉보며 깔깔대고 웃었다.

"야, 니들 그만해! 그만 안 하면 가만 안 둬."

나는 화가 나서 소리쳤다.

"가만히 안 두면 니 주제에 뭘 어쩔 건데?"

미소가 나를 툭 치며 키득키득 웃자 얘들도 따라서 낄낄거렸다. 나는 더 이상 참을 수가 없어 미소 머리채를 잡고 쓰러뜨렸다. 그러자 미소는 벌떡 일어나 달려들었다. 나는 사정 두지 않고 발로 걷어찼다. 순간 미소는 나가떨어지며 책상에 머리를 부딪쳤다.

머리에서 피가 났다. 피를 보자 미소는 "엉엉" 울어댔다.

곧바로 선생님이 달려왔다. 아이들이 일렀던 것이다.

미소를 데리고 양호실에 다녀 온 선생님이 나를 불러 세웠다.

"야, 니가 무슨 깡패니? 깡패야?"

"아닌데요."

"아니긴 뭐가 아냐? 이거 완전 깡패나 하는 짓인데."

"선생님은 이유도 물어보지 않고 왜 나만 갖고 그래요?"

나도 모르게 똑바로 쳐다보며 덜컥 이렇게 말하고 말았다.

"뭐라고? 너, 지금 그 태도가 뭐야? 어디서 배워먹은 태도야. 너, 그러고 보니 완전히 웃기는 애구나."

선생님은 이렇게 말하고는 책으로 내 머릴 탁탁 치며 씩씩거렸다.

나는 아무 말도 못하고 그냥 있었다.

"너, 낼 까지 반성문 써와. 분량은 에이 포 용지 3장이야. 알았어!"

"……."

"대답 안 해!"

"……."

"너 완전히 내 놓은 아이구나."

선생님은 화가 나서 반 얘들이 보는 앞에 나를 내놓은 아이로 취급했다. 그 후로 나는 내놓은 아이가 됐던 것이다.

나는 어딜 가도 늘 혼자였다. 집에서도 혼자였고 학교에서도 혼자였다.

아이들은 미소와의 일이 있은 후부터는 날 놀리거나 직접거리지 않았다. 그 도 그럴 것이 미소는 6학년 아이들도 건들지 못하는 여자아이들의 짱이었다. 그런데 그런 미소를 내가 단번에 이겨버렸으니 아이들이 날 함부로 할 수 없는 것은 당연했다. 어쨌든 내 놓은 아이라는 말을 듣는 대신 날 괴롭히는 일은 없으니 그것만으로도 다행이라고 여겼다.

그러던 어느 날 아침 일찍 학교에 가던 길에 지갑을 주었다. 지갑엔 돈 같이 생긴 빳빳한 종이가 가득 들어있었다. 그래서 나는 선생님한테 알려야 하나, 아니면 경찰서에 갖다 주어야 하나 한참을 고민하다 그냥 학교로 갔다.

그런데 그 날 한 아이가 돈을 잃어버렸다고 해서 소지품검사를 한다고 했다. 선생님은 내 가방을 검사하다 지갑을 보고 토끼 눈이 되어 말했다.

"얘, 너 이거 어디서 났어?"

"학교에 오다 주웠어요."

"솔직히 말해. 이거 어디서 났어?"

선생님은 아예 내 말은 믿으려고도 하지 않았다.

"정말 주웠어요."

"정말이야?"

"네."

"너 알아보고 아니면 각오해!"

선생님은 마치 내가 훔치기나 한 것처럼 말하고는 교무실로 갔다. 그리고 잠시 후 나는 교감 선생님한테 불려갔다.

교감 선생님은 사실대로 말 안하면 혼을 내겠다며 으름장을 놓았지만 나는 아무 말도 할 수 없었다. 사실을 믿어주지 않는데 더 이상 할 말이 없었던 것이다.

"너, 나중에 사실이 탄로 나면 혼날 줄 알아?"

"네⋯⋯. 그렇지만 그런 일은 없을 거예요."

"거참, 담임선생님 말처럼 맹랑한 아이네."

교감선생님은 이렇게 말하며 끌끌 혀를 찼다. 나는 완전히 죄인이 된 기분이었다.

꽤 여러 날이 지난 어느 날 교장선생님이 날 찾는다고 해서 교장실로 갔다. 교장실엔 웬 신사아저씨와 경찰아저씨와 교감선생님과 담임선생님도 있었다. 순간 나는 더럭 겁이 났다. 날 잡아가려고 하나 하는 생각이 들었던 것이다.

"어, 어서 오너라. 이 아이가 유보립니다."

"아, 예. 참 예쁘게 생겼구나."

신사아저씨는 날 보고 예쁘다며 칭찬을 해 주었다. 그러자 교감선생님도 모범생이라며 나를 칭찬해주었다. 담임선생님은 웃으며 내 머리를 쓰다듬어 주기까지 했다. 난 뭔가에 홀린 것 같았다.

그 신사아저씨는 재미교포인데 미국 유명한 대학교 교수라고 했다. 그런데 한국에 왔다가 며칠 전 밤에 지갑을 잃어버렸단다. 지갑엔 여권이 있고, 1만 달러나 있었다고 했다. 그 돈같이 생긴 종이가 말로만 듣던 달러였던 것이다.

나는 그 일로 지역 텔레비전 방송국 뉴스에도 나오고, 모범어린이 표창장도 받고, 신사아저씨로부터 내가 갖고 싶었던 컴퓨터를 선물 받았다. 그로인해 나는 순식간에 내놓은 아이에서 모범생으로 바뀌었다.

나는 어른들의 생각이나 행동을 이해할 수 없었다. 내 말을 믿어주지 않았던 담임선생님은 물론, 교감 선생님도 이해할 수 없다. 그리고 날 한 번도 대한 적도 없는 교장선생님이 전교생이 지켜보는 가운데 유보리처럼 착하고 올바른 마음을 가지라고 한 말도 믿을 수가 없다.

담임선생님은 그 일이 있은 후에도 여전히 날 달가워하지 않았다. 심지어는 이런 말도 서슴지 않았다.

"얘, 너 내가 앞으로 더 두고 볼 거야."

나는 선생님을 정말 이해 할 수가 없다. 교장실에서 내 머리를 쓰다듬고 웃은 것은 뭐란 말인가. 그러나 난 개의치 않을 것이다.

그리고 더 나를 황당하게 만든 일은 그때까지만 해도 나를 왕따시키며 모르는 척 하던 아이들이 나에게 말을 걸어오는 거다. 나와친구가 되고 싶다는 아이도 있다. 하지만 아이들의 그런 태도가별로 반갑지 않다. 도리어 슬픈 생각이 들었다.

난 내놓은 아이도 아니고 모범생도 아니다. 그냥 할머니와 단 둘이 사는 가난한 유보리 일뿐이다.

저 하늘에 밝게 빛나는 태양처럼 그렇게⋯⋯.

이는 〈내 이름은 유보리입니다〉라는 동화로, 엄마 없이 할머니와 살면서도 당당하게 살아가는 어린이의 용기가 잘 나타난 동화이다. 동화 속의 어린이는 자신을 몰라주는 담임선생님이나 친구들의 외면에도 절대 기죽지 않는다. 그리고 한번도 마주한 적이 없는 교장선생님과 자신의 말을 믿어 주지 않던 교감선생님이 자신을 모범생이라고 추켜세우고 칭찬하는 이중적인 태도를 이해하지 않으려고 한다. 자신의 주체성이 확실한 어린이이다.

이 동화를 읽은 어린이들은 무슨 생각을 할까? 이 동화 속의 유보리처럼 용기 있고 주체성이 강한 어린이가 되어야겠다고 생각하지 않을까 한다.

셋째, 어린이가 자각自覺할 수 있도록 써야 한다.

동화는 어린이들이 읽고 스스로를 돌아보게 하는 자각능력을 길러주어야 한다. 재밌고 유쾌한 내용을 통해서도 자각할 수 있고, 차분하고 진지한 내용으로 깊은 울림을 주면서 자각하도록 할 수 있고, 슬픈 이야기를 통해서도 자각하게 할 수 있다. 어린이들은 이런 동화를 통해 부모의 사랑을 깨닫게 되고, 남을 배려하고 사랑하는 마음도 배우게 된다. 자각이란 어린이의 마음을 밝게 비추는 환한 빛과 같다.

다음은 이에 대해 잘 알게 하는 동화이다.

영웅이는 학교에서 돌아오자마자 냉장고부터 열었어요. 냉동실에는 아이스크림도 있고, 냉장실에는 잘 썰어서 통에 넣어둔 과일도 있어요. 우유랑, 야쿠르트도 '날 좀 먹어주세요' 하는 듯 얌전히 놓여 있지요. 식탁 위에 과자도 있고, 빵도 있어요.

그런데 영웅이는 저금통에서 동전을 꺼냈어요. 학교 앞 문방구로 달려가 쫄깃한 쥐포도 사 먹고, 꽁꽁 얼린 콜라맛 음료도 사고, 파란 가루, 빨간 가루가 잔뜩 묻은 껌인지 사탕인지 모를 것도 한 봉지 샀지요.

그것들을 거실 바닥에 펼쳐놓고는 손가락으로 집어서 입속에 쏙 넣었다가 뺐다가 하면서 진득진득한 손으로 만화책을 넘겼어요.

하지만 만화책 세 권을 읽고 나니까 그것도 싫증이 났어요.

영웅이는 손가락을 바지에 쓱쓱 비비고 컴퓨터 앞에 다가갔어요. 게임을 할 수는 없어요. 지난 며칠 동안 학교 갔다 와서 게임을 하느라고 학원가는 것을 잊어버려서 엄마가 인터넷을 끊어버렸거든요.

그런 줄 알면서도 영웅이는 컴퓨터 자판기를 아무렇게나 두드렸어요. 까만 모니터를 노려보다가, 이번에는 마우스를 마구 움직였어요. 급기야는 컴퓨터 본체를 발로 뻥 차버리고 말았지요.

"에잇! 짜증나!"

영웅이는 쇼파 위에 벌렁 누워버렸어요. 아무도 없는 집안이 조용했어요.

그 때 "꾸루우 꾸루우" 하는 이상한 소리가 들렸어요. 눈을 돌려 창밖을 보니, 거기 하얀 비둘기가 있는 거예요. 하얀 비둘기는 영웅이를 쳐다보고 있는 것 같았어요.

영웅이는 벌떡 일어나 하얀 비둘기에게 다가갔어요. 비둘기는 온 몸이 눈처럼 하얀 색깔인데다, 눈동자는 까만색이었어요. 어느 마법사의 심부름을 온 것처럼 신비했지요.

"우-와, 이건 뭐냐?"

처음에는 하얀 비둘기가 신기했어요. 그래서 요리조리 살펴봤죠. 하얀 비둘기도 얌전히 있었고요. 그런데 뭔가 이상했어요.

'뭘까?'

영웅이는 고개를 갸웃거렸어요.

"아, 이제 알았다!"

하얀 비둘기의 다리가 빨갛게 보였어요. 그런데 한쪽 발이 없는 거예요.

"에잇, 장애인 비둘기잖아. 바보 멍청이 같으니라고!"

영웅이는 바지 주머니를 뒤져 지우개를 꺼냈어요. 손톱으로 지우개를 잘게 자른 다음 그것을 하얀 비둘기에게 휙 뿌렸지요. 하얀 비둘기는 날개를 '퍼드덕 퍼드덕'하더니 멀리 날아가 버렸어요.

"우헤헤헤헤헤, 까불고 있어. 쳇!"

영웅이는 날아가는 하얀 비둘기 뒤에 대고 화를 냈어요. 집에는 아무도 없었거든요. 그래서 갑자기 나타난 하얀 비둘기에게 괜한 심술을 냈지 뭐예요.

하얀 비둘기가 날아가 버리자 집안은 더욱 조용해진 것 같았어요.

"학원이나 가야겠다."

엄마가 전화해서 호통치기 전에, 영웅이는 학원 가방을 들고 집을 나왔어요. 나오면서 축구공도 잊지 않고 가져왔죠. 공을 좀 차다가 학원에 갈 생각이에요.

영웅이가 아파트 현관을 나오자, 앞쪽에서 하얀 비둘기가 뒤뚱거리며 걸어가고 있는 게 보였어요.

'어, 아까 그 비둘기인가?'

하얀 비둘기는 기우뚱기우뚱 몇 걸음 걷더니, '퍼드덕 퍼드덕' 좀 날기도 했어요. 맞았어요. 아까 그 비둘기인 게 분명해요. 영웅이는 하얀 비둘기를 따라갔어요. 비둘기는 아파트 건너편 공원 쪽으로 들어갔어요.

공원은 제초작업이 한창이었어요. 아저씨들이 긴 전기톱으로 시끄러운 소리를 내면서 풀을 깎고 있는 거예요.

그 공원에는 놀이기구가 없어요. 그래서 영웅이와 친구들은 이 공원에서 놀지 않아요. 하지만 엄마는 이 공원이 안전하다고 여기에서 놀라고 하셨어요. 찻길 건너 큰 놀이터에는 놀이기구가 많긴 하지만, 위험한 일이 많다고요. 비둘기 덕분에 영웅이는 엄마 말대로 이 공원에서 놀게 되었지 뭐예요.

그런데 공원 안으로 들어온 하얀 비둘기가 감쪽같이 사라졌어요.

영웅이가 잠깐 제초작업 하는 데에 눈길을 돌린 사이 하늘로 치솟았는지, 땅으로 꺼져 버렸는지 알 수가 없어요.

'분명히 이리로 왔는데……'

영웅이는 고개를 갸웃거리며 공원 여기저기를 둘러보았어요. 하늘도 올려보고, 나뭇가지도 살펴보고, 수풀 사이도 두리번거렸어요. 그러나 눈에 띄지 않았어요.

"에이, 바보 같은 놈이 빠르기도 하네."

영웅이는 공원 화장실 벽에 대고 축구공을 뻥 차버렸어요. 축구공은 벽에서 튕겨나가 화장실 뒤 수풀 속으로 사라졌어요.

"앗!"

귀찮기는 하지만 축구공을 찾으러 수풀을 뒤져야 했지요.

영웅이가 수풀 속으로 들어섰을 때, 낮은 관목에 걸린 축구공이 쉽게 눈에 띄었어요. 축구공을 번쩍 들고 나오다 보니, 어두컴컴한 수풀 속에서 뭔가 움직이는 것 같았어요. 뭔가 살펴보려고 가까이 다가갔다가 영웅이는 깜짝 놀라고 말았어요. 그곳에 하얀 비둘기가 있는 거예요.

'사람들 눈에 잘 띄지 않는 이런 곳에서 사는구나.'

그런데 하얀 비둘기는 혼자가 아니었어요. 하얀 비둘기 말고도 자그마한 새들이 하나, 둘, 셋, 넷, 다섯 마리나 있었어요. 그런데 어떤 새는 날개가 찢어졌고, 어떤 새는 다리가 하나 없고, 어떤 새는 한쪽 눈이 찌그러졌어요. 어떤 새는 부리가 깨져서 먹이를 쪼아 먹지 못하고 있었어요. 하얀 비둘기는 그 못난 새들에게 먹이도 먹여 주고, 목을 비벼 주기도 했어요. 그 새들을 돌보는 엄마 같았어요. 사실 하얀 비둘기도 한쪽 발이 없는데 말이죠. 그 모습을 보고 있는 것이 마치 꿈속인 것처럼 느껴졌어요.

"얘야, 이리 나와라."

제초작업을 하는 아저씨가 영웅이에게 소리쳤어요. 영웅이는 순간 정신이 번쩍 들었어요.

"아, 네에……. 축구공이 여기로 들어와서요."

영웅이가 축구공을 들어보였어요.

"이놈아, 네가 공을 거기로 찼겠지. 공이 저절로 들어갔겠니?"

아저씨가 소리쳤어요.

"……"

영웅이는 어깨를 한번 들썩했어요. 할 말을 잃고 축구공을 들고 나왔지요.

아저씨들이 풀을 베기 시작했어요. 공원은 온통 풀 냄새로 진동을 했어요.

'풀에게서 이렇게 진한 향기가 나다니…….'

영웅이는 이렇게 진한 풀냄새를 처음 맡았어요. 콧구멍에서 목구멍까지 풀냄새로 따끔거렸어요. 아마도 풀들은 아프다는 비명 소리를 못 지르는 대신 이렇게 진한 향기를 내는 것이라고 영웅이는 나름대로 생각했어요. 그러자 풀들이 불쌍하다는 생각이 들었어요.

'에구, 말도 못하고…… . 안됐다.'

그날 영웅이는 학원이 끝나고 집으로 돌아오면서 친구들에게 하얀 비둘기를 본 적이 있냐고 물었어요.

"하얀 비둘기? 그런 색깔 비둘기는 없어."

자신 있게 말하는 폼을 보니 윤석이는 하얀 비둘기를 본 적이 없는 거예요.

"아냐, 난 봤어. 이 두 눈으로 똑똑히 봤다니까."

영웅이가 큰 소리로 말했어요.

"그렇다면 그건 돌연변이야."

똑똑하기로 소문난 호영이의 대답에 아이들은 고개를 끄덕였어요.

"맞아. 그런 건 돌연변이야."

친구들이 모두 호영이 말에 맞장구를 쳐 주었어요. 영웅이의 기분은 썩 좋지 않았지요.

시무룩하게 집에 들어오는데 마침 전화벨이 울렸어요.

"여보세요?"

"영웅아, 학원 갔다 왔어?"

"네, 엄마."

"별일 없지?"

"네. 근데 엄마, 어디 있어요?"

"알면서 뭘 물어 보니? 엄만 어린이 집에 있지."

"언제 와요?"

"얘가 왜 이래? 일이 끝나야 가지…… . 태권도 끝나고 어린이 집으로 와. 같이 들어가게.”

“네.”

태권도장 앞에 엄마가 일하시는 어린이 집이 있어요. 외동아들 영웅이를 위해서 엄마는 가까운 곳에 일자리를 잡았지만, 영웅이에게는 엄마가 멀리 있는 것처럼 느껴졌어요. 엄마는 항상 앞치마를 두르고 다른 아기들을 안고 계셨어요. 그래서 엄마 옆에 가까이 다가갈 수 없었어요.

영웅이는 태권도복을 꺼내 입고 집을 나왔어요. 태권도장으로 가면서 엄마가 일하는 어린이 집 간판을 쳐다봤지요.

〈동화 속 어린이집〉

까만 초크판에 알록달록 예쁘게 글씨를 쓴 그 간판은 영웅이 엄마가 만든 거예요.

태권도가 끝나고 영웅이가 어린이 집에 들렀을 때, 엄마는 갑자기 일이 생겼다고 했어요.

“아빠에게 전화했으니까, 아빠 기다렸다가 같이 저녁 먹어라.”

엄마는 미안하다며 영웅이를 혼자 집으로 보냈어요.

‘쳇, 어린 아기들이 모두 집으로 돌아갔는데 뭐가 바쁘다는 거야?’

영웅이는 혼자 터덜터덜 집으로 돌아왔어요. 엄마는 그날따라 밤늦게 돌아왔어요.

“아유, 피곤해. 온몸이 다 쑤시네.”

엄마의 얼굴은 땀으로 번들거렸어요.

다음 날 아침, 아빠가 영웅이를 깨웠어요.

"영웅아, 엄마가 좀 피곤한 것 같아. 엄마 깨우지 말고 우리끼리 빵 먹고 가자."

아빠가 소곤소곤 말했어요.

그런데 영웅이가 세수를 하고 나왔을 때 엄마는 부엌에 나와 계셨어요.

"그래도 우리 영웅이 아침밥 먹여 보내야지."

엄마는 혼잣말처럼 중얼거리며 아침밥을 식탁 위에 차려 놓으셨어요.

"하루 종일 혼자 노는데 아침밥이라도 잘 먹여야지! 영웅아, 아침밥 많이 먹고 가. 아침을 잘 먹어야 하루가 힘차다."

아침마다 듣는 말이지만, 왠지 영웅이의 가슴은 뭉클해졌어요.

영웅이는 밥 한 그릇을 뚝딱 먹고, 아빠와 함께 현관문을 나섰어요. 엄마가 현관 앞에서 영웅이 엉덩이를 토닥토닥 두드렸어요.

"엄마, 아프면 참지 말고 병원에 가. 일이 너무 힘들면 어린이 집을 그만 두던지!"

영웅이가 뾰로통하게 말했어요.

"우리 영웅이 다 컸네. 엄마 걱정도 하고……. 학교나 잘 갔다 와."

엄마가 웃었어요.

엘리베이터 앞에서 손을 흔드는 엄마의 얼굴이 유난히 하얗게 보였어요. 갑자기 엄마의 얼굴에서 하얀 비둘기의 모습이 떠올랐어요. 못난이 새들을 돌보던 하얀 비둘기 말예요.

"아빠, 우리 동네에서 하얀 비둘기 본 적 있어요?"

"아니. 비둘기가 하얀 색이야?"

"네. 아주아주 하얀 비둘기가 우리 집 베란다 난간에 앉아 있어요. 그런데 호영이는 그게 돌연변이래요."

"그럴 수도 있겠지. 아니면 특별히 우리 영웅이에게만 나타난 천사일지도 모르고."

아빠가 한쪽 눈을 찡긋해 보였어요.

"천사요?"

영웅이는 두 눈을 동그랗게 뜨고 아빠를 쳐다봤어요.

"우리 영웅이 학교 잘 갔다 와라."

아빠는 씽긋 웃으며 영웅이 어깨를 툭 쳤어요. 그리고는 주차장으로 내려가셨어요.

영웅이는 학교 가려던 발길을 멈췄어요. 뭔가 생각난 듯 공원으로 달려갔지요. 공원 화장실 뒤쪽, 하얀 비둘기와 그 못난이 새들이 있던 곳을 찾아간 거예요. 하지만 거기엔 아무 것도 없었어요. 풀더미도 치워졌고요.

어제 제초작업으로 인해 풀들이 까까머리가 되어버렸지 뭐예요. 풀끝마다 이슬인지, 뭔지 모를 하얀 축축함이 배어 있었어요. 만약 풀이 피를 흘린다면, 이것은 풀이 흘린 하얀 핏방울인지도 모르겠다고 영웅이는 생각했어요. 그동안 함부로 나무를 꺾고, 풀을 뜯고, 꽃을 꺾던 자기 모습도 떠올랐어요.

'아, 이젠 그러지 말아야지.'

새나 강아지, 고양이에게 괜히 돌멩이를 던지지도 말아야겠다고
다짐했어요.

영웅이는 갑자기 풀들에게, 꽃들에게, 나무에게, 날아가는 새들
에게, 강아지들에게, 또 모든 자연에게 미안한 마음이 들었어요.

순간, 하얀 비둘기가 엄마처럼 영웅이를 지켜보고 있었던 것이
아니었을까 하는 생각이 들었어요. 엄마는 비록 앞치마를 두르고
다른 집 아기를 안고 있지만, 하루 종일 영웅이 생각을 하고 있었
는지도 몰라요. 갑자기 그런 생각이 들자, 콧등이 시큰했어요. 콧
물도 퐁 흘러내렸죠.

'아차, 학교 늦겠다.'

영웅이는 소매로 쓱 콧물을 훔쳐내고 학교로 달려가기 시작했어
요. 그 때 어디에서 나타났는지 하얀 비둘기 한 마리가 영웅이 머
리 위로 푸드득 날아가는 게 아니겠어요?

이는 어린이 문학잡지 《시와 동화》에 실린 동화로, 제27회
'새벗문학상' 수상작가인 장재옥의 〈하얀 비둘기〉이다. 이 동
화속의 영웅이는 엄마아빠가 맞벌이를 하는 관계로 학교를
마치고 와도 반겨 주는 사람이 없다. 그러다 보니 컴퓨터게임
에 빠져 학원을 빼먹는 바람에 엄마가 인터넷을 끊어 버렸다.
그런 까닭에 여러모로 엄마에게 불만이 많다.

그러던 어느 날 한쪽 다리가 없는 하얀 비둘기가 날개가 찢
어지고, 다리가 하나 없고, 한쪽 눈이 찌그러지고, 부리가 깨

져서 먹이를 쪼아 먹지 못하는 어린 새들을 보살피는 것을 보게 된다.

그 후 어느 날 아침 피곤한 가운데서도 자신에게 아침밥을 차려 주는 엄마를 보며 가슴 뭉클함을 느낀다. 또 어린이집에서 힘들게 일하는 엄마를 생각하고는 콧등이 시큰거린다. 영웅이가 이런 마음을 갖게 된 것은 어린 새들에게 사랑을 베푸는 하얀 비둘기를 통해서다. 왜냐하면 하얀 비둘기의 모습에서 자나 깨나 자신을 생각하고 있을 엄마를 떠올렸기 때문이다.

이처럼 동화는 어린이를 자각하게 하는 힘이 있을 때 좋은 동화로서의 역할을 다 하게 된다.

이 외에도 우정에 대해, 배려와 사랑에 대해, 은혜에 대해 생각하기에 따라 다양한 동화를 쓸 수 있다. 동화 또한 소재의 제약이 따르지 않는 장르로서 무엇을 어떻게 쓰던 최선의 동화가 되게끔 쓰는 것이 최대의 관건이라고 하겠다.

◦ 좋은 동화란 이런 것이다

미국의 가수이자 동화작가인 셸 실버스타인의 《아낌없이 주는 나무》는 좋은 동화의 표본이라고 할 수 있다. 단순한 구성으로 쓰여진 작품이지만 이야기가 주는 깊이와 감동은 실로 크다. 이 짧은 이야기에는 인간이 어떻게 살아야 하는지에 대한 삶의 철학이 마치 잘 익은 사과처럼 영글어 있다. 사랑과 희생의 가치가 인간에게 얼마나 깊은 감동을 주는지를 잘 알게 한다.

셸 실버스타인은 아낌없는 주는 주체를 '나무'로 설정하여 공감의 폭을 확대시켰다. 나무는 열매를 주고, 무더운 여름엔 그늘을 만들고, 집을 짓는 재목으로 쓰이고, 땔감으로도 쓰이며, 가구를 만드는 데도 쓰인다.

이렇듯 나무는 무엇 하나 필요치 않은 것이 없는 아낌없는 존재이다. 사람이 나무와 같을 수만 있다면 그 사람은 최선의 사랑이 무엇이며 최고 인생의 가치가 무엇인지를 잘 아는 사람이다.

그러나 이런 사람을 찾아보기란 쉽지 않다. 하지만 흉내는 낼 수 있다. 물론 그렇게 하는 것도 쉽지는 않다. 많은 인내와 절제가 있어야 하고, 사적인 이익을 위해서도 아니 되고, 어떤 고통이 따르더라도 아무렇지 않은 듯 받아들일 줄도 알아야 하기 때문이다.

다음은 《아낌없이 주는 나무》의 줄거리이다.

소년과 나무는 서로 친구가 되어 날마다 만나서 놀았다. 소년은 나뭇잎으로 왕관을 만들어 쓰고 숲속의 왕 노릇을 하며 즐겁게 지냈다. 소년은 나무줄기를 타고 올라가기도 하고 사과를 따서 맛있게 먹었다, 신나게 놀다 피곤하면 소년은 나무가 만들어 준 그늘에서 달콤한 잠을 자기도 했다. 소년은 나무를 좋아했고 나무는 즐거워하는 소년의 모습에서 행복을 느꼈다. 시간이 흐르고 소년은 점점 나이를 먹어 갔다. 나무는 혼자 있는 시간이 많아졌다.

그러던 어느 날 소년은 나무를 찾아갔고 나무는 소년을 반갑게 맞아주었다. 나무는 예전처럼 신나게 놀라고 말했지만 소년은 어린 시절처럼 놀지 않았다. 소년은 이미 어린이가 아니었다. 소년은 돈이 필요하다고 말했고, 나무는 자신의 열매인 사과를 따다 팔라고 말했다. 소년은 사과를 따서는 가 버렸다. 나무는 자신의 과일을 사랑하는 소년에게 줄 수 있어 참 행복했다.

오랜 시간이 지나도록 소년은 나무를 찾지 않았다. 나무가 슬픔에 잠겨 있던 어느 날 소년이 나무를 찾아왔다. 나무는 뛸 듯이 기뻤다. 나무는 즐겁게 놀라고 소년에게 말했지만 소년은 따뜻한 집이 필요하다고 말했다. 나무는 자신의 가지를 잘라가라고 했다. 소년은 나무 가지를 잘라가지고 갔다. 나무는 자신의 가지를 소년에게 줄 수 있어 행복했다. 그리고 오랜 세월 소년은 오지 않았다. 나무는 또 다시 슬퍼졌다.

그러던 어느 날 소년은 나무를 찾아왔고, 나무는 반갑게 소년을 맞아주었다. 나무는 신나게 놀자고 했지만 소년은 나이가 들어서 그럴 수 없다고 말했다. 소년은 배가 필요하다고 말했고, 나무는 자신의 줄기를 베어다가 배를 만들라고 했다. 소년은 나무를 잘라서 가지고 갔다. 나무는 자신의 몸을 소년에게 줄 수 있어 참 행복했다.

오랜 세월이 지나고 소년이 나무를 찾아왔다. 나무는 이제 더 이상 줄 수 있는 게 없어서 미안하다고 말했다. 그러자 소년은 자신도 이젠 필요한 게 없다고 말하며 피곤해 했다. 그 모습을 보고 나무는 밑동밖에 안 남은 자신에게 앉아 쉬라고 했다. 소년은 나무의 말대로 밑동에 앉아 쉬었다. 그러자 나무는 매우 행복해 했다.

이 이야기에서 보듯 소년은 나무에게 받기만 하고 나무는 소년이 말만 하면 자신의 모든 것을 다 주었다. 그리고 언제나 행복해했다. 자신의 모든 것을 주고도 행복해 하는 나무, 나무는 진실한 사랑의 실체이자 표본이라고 할만하다.

《아낌없이 주는 나무》를 읽은 어린이는 누군가에게 사랑을 베푸는 일이 얼마나 아름다운 일인지를 잘 알게 될 것이다. 또한 어린이 마음속에도 참된 사랑이 새록새록 피어나게 될 것이다.

이처럼 좋은 동화란 깊은 울림과 감동을 주어야 한다. 그런 까닭에 좋은 동화는 시대를 초월하여 두고두고 읽히며 고전으로서의 가치를 지니게 된다. 이런 동화를 쓸 수 있다는 것은 창조주의 은총이자 축복이라고 하겠다.

Chapter 6 ——————— **퇴고**

글다듬기

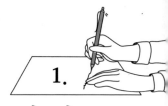

1.

퇴고란
무엇인가?

○ **퇴고란 무엇이며 무엇을 퇴고하는 것일까?**

퇴고推敲란 글을 쓰고 나서 글이 제대로 쓰여졌나, 맞춤법이 잘못된 곳은 없는가, 문장부호는 제대로 했는가, 문장의 어색한 부분은 없는가, 제목은 내용과 잘 맞는가, 주제는 잘 나타냈는가, 등을 살펴보고 다듬는 것을 말한다.

글쓰기와 문예창작을 강의할 때 보면, 글을 쓰고 나서 제대로 퇴고가 되지 않은 글을 제출하는 수강생들이 많았다. 그것은 글쓰기에 대해 제대로 알지 못하기 때문에 생기는 현상이다. 다시 말해 글만 다 쓰면 그것으로 글쓰기를 마친 것으로 아는 까닭이다.

글쓰기에서 처음 쓴 글을 초고草稿라고 한다. 그리고 퇴고의 바탕이 되는 원고도 초고礎稿라고 한다. 여기서 분명히 알아야 할 것은 초고는 완성된 원고가 아니라는 것이다. 여러 번에 걸쳐 퇴고를 한 후 잘못된 곳이 없다고 확신이 들 때 비로소 완성원고라고 한다.

◦ 퇴고할 때 주의할 점

퇴고는 보다 완벽한 원고를 위해 반드시 거쳐야 하는 것이다. 그런데 귀찮다고 해서 대충 한다면 그것은 자신의 원고를 방치하는 것과 같다. 그런 까닭에 퇴고를 할 땐 글을 쓸 때보다 더 꼼꼼하게 살펴야 한다.

왜 그럴까. 남이 쓴 글에서 틀린 것은 잘 찾아내면서, 정작 자신이 쓴 글은 잘못된 것을 보고도 지나치는 경우가 다반사다. 하여, 자신이 쓴 글을 퇴고할 땐 더더욱 세심하게 살피는 자세가 필요하다는 것을 잊지 말아야겠다.

◦ 글에 따라 퇴고하는 방법도 다른 것일까?

퇴고하는 방법은 글의 종류와 상관이 없다. 시든, 소설이든, 수필이든, 독서 감상문이든, 기행문이든, 동시든, 동화든 그 어떤 글도 퇴고하는 방법은 다 같다. 왜냐하면 퇴고할 때 교정부호는 다 같기 때문이다.

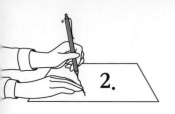

2.

퇴고의
실제實際

  🎵 **예문 1**

자연과 나누는 대화 _ 산문의 경우

거대한

자연은 하나의 ~~한~~ 공연장이다.

수십 명의 오케스트라단원들이 지휘자의 손 끝에 일사분란하게

움직이며 내는 장중한 소리는 가히 음악의 참맛을 느끼게 하듯,

자연은 꾸미지 않아도 저절로 무대를 이루고, 악기가 되며 연주

가 되어 그 어느 음악가도 들려 줄 수 없는 심오한 음악을 연주한

다. 자연의 음악은 듣고 보는 것만으로도 참 행복을 느낀다. 어느

땐 감동에 격해 눈물을 흘릴 때도 있다.

이처럼 대자연의 맑은 숨결은 우리 ~~나라~~ 리 그 어딜 가든 만날 수 있다는 것은 대단히 만족스러운 하늘의 은총이다. 그런 까닭에 자연과 나누는 대화는 넉넉한 품격이 있다. 그 대화는 자유와 평화며 사랑이고 온유함이다. 또한 자연은 생명의 어머니인 동시에 만물 존재의 근원이다.

🖋 예문 2

저녁이 오면 _ 시의 경우

저녁이 오면
시람 사는 마을에 초롱꽃보다
환한 꽃이 피는 경 ~~건~~

학교로
일터로
떠났던 사랑하는 사람들마다

사랑을 안고
웃음을 안고

행복을 풀어 놓기 때문이다.